U0120804

唐燿 成俊卿 朱惠方 柯病凡 葛明裕 申宗圻 王恺年谱

中国林业事业的先驱和开拓者

王希群 傅 峰 刘一星 王安琪 郭保香 ◎ 编著

唐　燿：著名木材学家，木材解剖学家，中国木材学的开拓者
成俊卿：著名木材学家，中国现代木材科学和中国林业科学研究院木材标本馆
　　　　主要奠基人
朱惠方：著名木材学家、林业教育家，中国木材科学研究的开创者
柯病凡：著名木材学家，安徽农业大学木材科学与技术专业奠基人和
　　　　学科带头人
葛明裕：著名木材学家，中国木材学首位博士生指导教师
申宗圻：著名木材学家，中国木材科学教育和现代木材科学的主要奠基人
王　恺：著名木材工业专家，中国木材工业主要奠基人、开拓者

中国林业出版社
China Forestry Publishing House

图书在版编目（CIP）数据

唐燿　成俊卿　朱惠方　柯病凡　葛明裕　申宗圻

王恺年谱/王希群等主编.－－北京：中国林业出版社，
2023.1（2023.12重印）

ISBN 978-7-5219-2092-5

Ⅰ.①唐… Ⅱ.①王… Ⅲ.①林业－科学工作者－年
谱－中国 Ⅳ.①K826.3

中国版本图书馆CIP数据核字（2023）第002488号

策划编辑：王思源

责任编辑：王思源　薛瑞琦

出版发行：中国林业出版社（北京市西城区刘海胡同7号）

电　　话：010-83143580

邮　　编：100009

印　　刷：北京博海升彩色印刷有限公司

版　　次：2023年1月第1版

印　　次：2023年12月第2次印刷

开　　本：787mm×1092mm　1 / 16

印　　张：16.25

字　　数：250千字

定　　价：99.00元

中国林业事业的先驱和开拓者
唐燿　成俊卿　朱惠方　柯病凡　葛明裕　申宗圻　王恺年谱

编著者

王希群　中国林业科学研究院

傅　峰　中国林业科学研究院木材工业研究所

刘一星　东北林业大学

王安琪　旅美学者

郭保香　国家林业和草原局产业发展规划院

集合同志，

共谋中国森林学术及事业之发达！

凌道扬
1917年2月12日

前　言

　　木是五行之一，钻木取火、燧木取火、精卫衔木等，都是来源于中国古代的神话传说，说明木在人类文明产生和发展中具有重要作用。木材加工是人类文明产生的重要标志，不同时代都有代表性的产品，不少木材产品（木器）也代表了当时的最高艺术成就，如山西应县木塔就是最具代表性的。在中国历史上，大约在公元前 450 年的春秋时期有个木匠，姬姓，公输氏，名般（班），鲁国人，由于孜孜学艺、砥志研思、勇于实践，拥有了高超技艺，被誉为木匠鼻祖，人们称他为鲁班，是工匠精神的代表性人物之一，但像鲁班这样的人，不管在任何时代、任何地方、任何单位都是很少的。保加利亚革命领袖格奥尔基·季米特洛夫（Georgi Dimitrov Mikhailov，1882—1949 年）有一句名言：邮票是国家的名片。为了展示中国古代科技成就，树立古代科学家的丰碑，中国邮政从 1955 年开始有计划地发行《中国古代科学家》系列邮票，展示他们尊重实践、学以致用、亲自实验、虚心学习、精益求精、艰苦奋斗、不怕困难的精神，正是这种顽强的精神、崇高的气节，维系着生生不息的中华民族。唐燿、成俊卿、朱惠方、柯病凡、葛明裕、申宗圻、王恺正是具有这种精神和气节的科学家。从 1955 年 8 月 25 日到 2002 年 8 月 20 日，中国邮政共发行 16 位有着突出科技成就的古代科学家邮票 4 套共 20 枚，另发行小型张 4 枚。2019 年 8 月 24 日中国邮政又发行《鲁班》邮票 1 套 2 枚、小型张 1 枚。鲁班，我们木匠的鼻祖，登上了国家的名片。

　　百花齐放，万木争荣。中国林业事业经过百年的积淀，已经有了相当的发展，而林业是百年工程、千年工程，更需要把握历史发展的脉搏，秉承百年历史积淀，再创林业发展的辉煌。材料、信息和能源是现代科学技术的三大支柱，材料科学技术的发展在人类历史上具有重要的地位，人类对材料的认识和利用的能力，决定着社会的形态和人类生活的质量。木材是国家经济建设和人民生活不可缺少的可再生绿色资源，广泛运用于建筑装饰、家具制造、制浆造纸以及国防建设等各领域，是国民经济的重要组成部分。木材学是研究木材构造、性质和用途的一门学科，为林学的一个分支学科。20世纪初以来，唐燿等在我国率先开展木材科学的研究工作并为建立中国木材科学奠定了基础。而后，随着社会进步和经济发展的需要而得到了迅速、全面的发展，才有了今天木材科学和木材加工的繁荣。

唐　燿：著名木材学家，木材解剖学家，中国木材学的开拓者；

成俊卿：著名木材学家，中国现代木材科学和中国林业科学研究院木材标本馆主要奠基人；

朱惠方：著名木材学家、林业教育家，中国木材科学研究的开创者；

柯病凡：著名木材学家，安徽农业大学木材科学与技术专业奠基人和学科带头人；

葛明裕：著名木材学家，中国木材学首位博士生指导教师；

申宗圻：著名木材学家，中国木材科学教育和现代木材科学的主要奠基人；

王　恺：著名木材工业专家，中国木材工业主要奠基人、开拓者。

胡先骕发现唐燿是有故事的。1931年唐燿应胡先骕之邀赴北平静生生物调查所工作，并指定其从事中国木材学的研究，这件事在中国木材学研究史上具有里程碑的意义。1936年12月，唐燿著、胡先骕校《中国木材学》由商务印书馆出版，成为中国木材学形成的重要标志。1939年9月，经济部中央工业实验所在四川北碚创立经济部中央工业试验所木材试验室，是中国第一个木材试验室，唐燿任主任，自此木材试验室成了中国木材学家的摇篮。1979年3月，唐燿在《木材科研工作五十年》一文中说："有人称赞我是木材专家，我的回答是：我钻得还不够，如在国外已有40多年历史的木材超微观构造研究，它和木材材性试验的关系是我们从事木材解剖学的一个新的领域，这在我国还是一个空白"。可以看到一个科学家的高尚情操和对问题的深度思考。1985年9月，他的继任者成俊卿主编《木材学》由中国林业出版社出版，将木材学的研究推到了另一个高点，期间花费了近50年的时间。

《考工记》（据考证成书于春秋齐景公年间）中说："天有时，地有气，材有美，工有巧，合此四者，然后可以为良"，这是我国古人对木材工艺最早的智慧总结和价值判断，其中既蕴含着人与自然和谐的共生关系，也揭示着天人合一的基本内涵。1937年1月中国工业化思想史上的重要代表性人物、中央工业实验所所长、中央大学机械系兼职教授顾毓瑔在《工业中心》第 6 卷第 1 期 1～2 页发表《编辑者言：我们如何为中国工业服务》一文中写道："我们工作的态度，是为工业界服务，工作的主旨，是协助工业考验工业原料，改进制造技术，鉴定工业产品，不管是手工业或是工厂工业，都是我们服务的对象。他们的问题，都是我们访问研究的材料"。他在文中最后说："工业研究与试验，是工业建设的唯一有力的工具，亦是工业进步的唯一可靠的途径。无论工厂工业及手工业，都需要这个工具，都必须取这条途径。我们愿意将这个工具，贡献于中国工业，并愿以服务之态度，来导中国工业走上这条途径"。

中国要从制造大国向制造强国转变，必须培育更多大国工匠，大力弘扬工匠精神。发展要靠积累，科学技术的发展尤为如此，木材科学发展到今天，全球范围内木材标本、世界范围内木材大数据和木材在人类文明发展历程中的作用及产品展示代表着木材科学发展的水平，木材结构、木材工业、木业经济和木文化是木材科学研究永恒的主题。没有无源之水、无本之木，了解我国木材科学先哲的足迹，把握木材科学研究的脉搏，沿着木材科学发展的趋势，站在世界木材科学研究和发展的高台上，不断地发现问题，不断地解决问题，探索科学问题和解释科学规律，把木材科学研究从一个高度推到另一个高度，不断开辟木材科学研究与应用新的领域，这是木材科学研究和发展永恒的道路。

《我爱你中国》是电影《海外赤子》的一首经典插曲，1979 年由瞿琮作词、郑秋枫作曲，歌词的最后一句：我要把美好的青春献给你，我的母亲、我的祖国。是的，一代人有一代人的奋斗，一个世纪有一个世纪的担当，中国木材科学的世纪七星，唐燿、成俊卿、朱惠方、柯病凡、葛明裕、申宗圻、王恺，他们这些中国林业事业的先驱和开拓者已经做到了，他们把一切献给了祖国，献给了党，献给了人民，献给了林业事业，成为现代科学家的丰碑，正如 1965 年美国《音乐之声》中 Edelweiss 中所唱的那样：Bless my homeland forever！我们向他们致敬，向他们学习。

1960 年之后唐燿名写为唐燿，他说自己由火光变成了日光，由主动光变成了被动光；1937 年之后朱会方开始使用朱惠方名，朱惠方、朱会方、朱慧芳并用，特此说明。

王希群

2020 年 3 月 15 日于中国林业科学研究院

中国林业事业的先驱和开拓者

唐燿　成俊卿　朱惠方　柯病凡　葛明裕　申宗圻　王恺年谱

目　录

唐燿年谱

唐燿（自中国科学院昆明植物研究所）

● 1905 年（清光绪三十一年）

1月6日，唐耀、唐耀（Yao Tang，Tang Y），字曙东，生于江苏省江都县（今扬州市），祖籍安徽省泾县榔桥唐村。唐耀祖父唐士坚；父亲唐棣华，泾县秀才；母亲朱氏。

7月，（日）宫崎辰之允《清国林业及木材商况视察复命书》由农商务省山林局出版（明治三十八年七月）。

● 1908 年（清光绪三十四年）

是年，（日）桥本秀久《南满洲木材商况调查书》由农商务省山林局印行。

● 1910 年（清宣统二年）

是年，美国林产品实验室（Forest Products Laboratory，缩写 FPL）建立，位于威斯康星州麦迪逊市，是美国林务局（US Forest Service）的重点实验室，主要工作是应用先进的科研成果来提高木材的利用率，通过资源的高效可持续利用，来促进森林和林业经济的健康发展。美国林产品实验室是世界上馆藏量最大的研究木材标本馆之一（木材标本收藏量超过 103000 号标本，隶属 2700 属；腊叶标本近 29000 份，占木材标本量的 40%；光学显微切 33000 余片）。标本馆利用馆藏标本开展解剖学研究并且在鉴定工作中作为对照凭证。木材解剖研究中心不断增加新的标本，修订更新木材名称和满足美国及世界各国的木材鉴定的需求。现在标本馆已进行数字化，建立了庞大的数据库，包括每种木材和腊叶标本信息，为美国和世界木材行业提供服务。

● 1914 年（民国三年）

1月，《中国森林和木材供应》刊印。

● 1918 年（民国七年）

8月，（日）三浦伊八郎《木材化学》由丸善株式会社出版。

● 1923 年（民国十二年）

8月，唐耀考取南京东南大学理学院植物系。

是年，南满洲铁道株式会社总务部调查课《我国木材需给及满洲木材》由南满洲铁道总务部调查课刊印。

● 1926 年（民国十五年）

1月，商务印书馆创办综合性科技期刊《自然界》，主编周建人，《自然界》首次明确提出科学的中国化的口号，并以此为宗旨，秉持科学本土化的理念，进行科学本土化传播的实践。《发刊旨趣》中说：科学上的理论和事实，须用本国的文字语言为适切的说明，须用我国民所习见的现象和固有的经验来说明；还须回转来用科学的理论和事实来说明我国民所习见的现象和固有的经验。说明科学必须民族化和本土化的重要意义。

4月，唐燿《我国矿产在世界上之地位》刊于《自然界》1926年第4期299～303页。

● 1927 年（民国十六年）

是年春，唐燿从南京东南大学理学院植物系（理科生物系）毕业，期间受到东南大学生物系教授胡先骕指导。

5月，美国芝加哥大学动物学博士、教授纽曼（Dr.H.H.Newman）著，唐燿译《比较解剖学上之天演观》刊于《科学》1927年第12卷第5期584～593页。

● 1928 年（民国十七年）

是年，唐燿在扬州中学担任生物教员，自编教材、开设实验课，时吴征镒为该校学生。《吴征镒自定年谱》载：1931年，15岁。夏，跳考江苏省立扬州中学读高中。"九·一八"事变，写下古风一首《救亡歌》。受唐燿（字曙东）先生鼓励，立志攻生物学。这里可能吴征镒记载有误，时间应该是1930年。

3月，原著者菩罗克，翻译者徐璞《木材》（商业丛书）由商务出版社出版。

7月18日，静生生物调查所委员会成立，由中基会周诒春、任鸿隽、翁文灏、丁文江与尚志学会陈宝泉、王文豹、江庸、祁天赐及范源濂弟范旭东组成，负责对重要事务做出决定。第一次会议在北平南长街22号中基会事务所举行，除江庸和丁文江外，其余委员均出席。会议通过《静生生物调查所委员会章程》《静生生物调查所计划及预算》，推举任鸿隽为委员会主任，翁文灏为书记，王文豹为会计等。秉志提议胡先骕任植物部主任。会议主席说明，秉志不在北平时，由胡先骕代行所长职权。会议决定，静生生物调查所成立日期为10月1日。秉志（1886.4.9—1965.2.21），动物学家。满族，生于河南开封，原名翟秉志。1908年毕业于京师大学堂。1913年、1918年先后获美国康奈尔大学学士和博士学位。美国SigmaXi科学荣誉学会会员。1948年当选为中央研究院院士。1955年被选聘为中国科学院学部委员。曾历任南京高等师范学校、东南大学、厦门大学、中央大学、复旦大学教授，中国科学社生物研究所和静生生物调查所所长，中国科学院水生生物研究所、动物研究所研究员。中国近代生物学的一代宗师，近代动物学的主要奠基人。1915年与留美同学组织了中国最早的群众性学术团体"中国科学社"，并刊行中国最早的学术刊物《科学》。1922年8月18日创办我国第一个生物系——南京高等师范学校生物系。1922年与胡先骕、杨铨（杏佛）共同建立我国第一个生物学研究机构——中国科学社生物研究所。1928年与植物学家胡先骕创建了北平静生生物调查所。中国动物学会创始人之一，并任第一届理事长。为中国培养了王家楫、伍献文、欧阳翥、卢于道、张孟闻、张宗汉等大批生物学家。研究领域广泛，在昆虫学、神经学、动物区系分类学、解剖学、形态学、生理学及古动物学等领域均有许多开拓性工作，对进化理论深有研究。晚年从事鲤鱼实验形态学的研究。秉志的代表性学术论文及专著有《咸水蝇生物学的研究》《白鼠上颈交感神经大形细胞之生长的研究》《江豚内脏之解剖》《中国白垩纪之昆虫化石》《鲤鱼解剖》和《鲤鱼组织》等。他博学多才，善诗文，留下诗作近200首，厦门大学何历先生代为批点编次，在秉志百年诞辰时，由中国动物学会印成专集出版。曾当选为河南省人大代表及第一、二、三届全国人民代表大会代表。

10月1日，静生生物调查所成立典礼在石驸马大街83号举行。中基会董事会职员、尚志学会职员、静生生物调查所委员会委员、该所职员、北平博物会职员、各学校生物教授等中外宾客50余人出席。静生生物调查所设动物部和植物部，分别由秉志、胡先骕任主任。植物部成员有唐进、汪发缵、李建藩、冯澄如、张东寅等。

● 1930 年（民国十九年）

7 月 5 日，中央工业实验所成立，成立后隶属国民政府实业部。所长徐善祥。徐善祥（1882—1969 年），字凤石，上海人，获耶鲁大学理学学士学位和哥伦比亚大学哲学博士学位。曾任中央大学、东吴大学教授，中央工业试验所所长，国民党政府实业部技监。中华人民共和国成立后，历任商务印书馆董事、上海市科技协会会长，中国最早设计接触法制硫酸设备的专家，并完成上海新业硫酸厂建设，对推动中国化学工业的发展起了重要作用。著有《英汉化学新字典》《定性分析化学》《中国油漆之研究》。曾主编民国新教科书（数理化）10 种。

12 月，工商部与农矿部合并成为实业部。工商部中央工业试验所更名为实业部中央工业试验所。

● 1931 年（民国二十年）

1 月 1 日，唐燿与扬州中学附属小学教师曹觉结婚。

2 月，胡先骕邀唐燿赴北平工作。唐燿蜜月未满，便只身北上到静生生物调查所工作。自此，唐燿走上了一条探索木材的奥秘、开拓中国木材学的道路。

9 月 25 日，河北第一博物院，院长严智怡，并身兼河北省教育厅厅长之职，创刊《河北第一博物院半月刊》，每期四版，半月出一期，各版均采用图文并茂之形式。严智怡（1882—1953 年），中国近代博物馆事业开拓人。字慈约，天津市人，早年受业于著名教育家张伯苓。1903 年留学日本，1907 年毕业于东京高等工业学校。1913 年任直隶商品陈列所所长，主张收集民族、民俗实物材料。1915 年出席巴拿马万国博览会，考察美国教育与博物馆后，携回印第安人民俗文物多种，把征集民俗文物的范围扩及国外。1916 年组织天津博物院筹备处。1922 年任该院院长，兼天津公园董事会会长。1925 年任天津广智馆董事会董事、董事长。1928 年天津博物院改为河北第一博物院，仍为院长，努力推进院务，扩充陈列，发行院刊，使博物馆初具规模。同时竭力倡导保护地方文化古迹，多次组织河北各县古物遗迹调查及植物标本采集。1935 年 3 月在天津病逝。

是年，国际木材解剖学家协会（International Association of Wood Anatomists，IAWA）成立，IAWA 是木材科学领域重要的国际学术组织，长期致力于全球木材解剖学及木材科学与技术的发展与进步。

● 1932 年（民国二十一年）

6 月 15 日，唐燿著 "Timber Studies of Chinese Trees Ⅰ: Timber Anatomy of Rhoipteleacea"《中国木材志（一）：穗果木科木材解剖之研究》刊于《静生生物调查所汇报》1932 年第 3 卷第 9 号。

7 月 4 日，Y. TANG（唐燿著）"Timber Studies of Chinese Trees Ⅱ: Identification of Some Important Hardwoods of Northern China By Their Gross Structure Ⅰ"《中国木材志（二）：华北阔叶树材之鉴定（Ⅰ）》刊于《静生生物调查所汇报》1932 年第 3 卷第 13 号。

9 月，《河北第一博物院半月刊》由河北第一博物院在天津主办，出第 1 期，半月刊，此刊于抗战爆发后不久停刊，期间曾数次更改刊名，1932 年 11 月 25 日出版第 29 期时，改称《河北第一博物院半月刊画报》，1933 年 9 月第 49 期起改名为《河北第一博物院画报》，1935 年 1 月第 80 期起改名为《河北博物院画报》，1937 年 7 月停刊，共出 140 期。严智怡《发刊词》：本院乃普通之博物院，而非专门之博物院，其天职，盖在阐明文化，发扬国光，以辅助学校教育社会教育之不逮，所负之使命至重且大也。夫欲文化之普及，非宣传不为功，欲广宣传，必以印刷品为唯一利器。本刊刊行之主旨，盖在普及文化教育，并以引起一般人士对于博物院之注意而已。本刊内容，分自然科学与历史学术两大纲，于文化教育以及社会需要之知识，罔不力事灌输，并竭力征求中外古今学者之著作，广为发表，以为社会与文化沟通之枢纽，尤力避枯燥之弊，务以增加读者兴趣为归。惟就内容门类言，其界限固极广泛，而本院所定标准，务摈糠秕，专采精英，择别既严，取材自非易易，敝同人等，力本绵薄，鸟能臻于美备，倘荷海内学者不吝教言，时加匡正，则本院之幸，亦社会之幸也，若夫观是刊而兴起，惠然来观，是尤本院所最欢迎希冀者矣，第一期编次既就，将付手民，爰志数语于简短。

11 月 24 日，唐燿著 "Timber Studies of Chinese Trees Ⅲ: Identification of Some Important Hardwoods of South China By Their Gross Structure Ⅰ"《中国木材志（三）：华南阔叶树材之鉴定（Ⅰ）》刊于《静生生物调查所汇报》1932 年第 3 卷第 17 号 253 ～ 338 页和附图。

11 月 25 日，《河北第一博物院半月刊》第 29 期，改名《河北第一博物院半月刊画报》。

12 月,《静生生物调查所第四次年报》14 ~ 15 页载:唐燿君专攻中国木材之研究及其在经济上之价值,本年将自中国各地采集之大批木材加以鉴别者计有 117 属,172 种,其中 22 属为裸子植物,此外制成切片约 500 张,木材显微镜照片 100 余张,木材比重上之研究数十种。唐君复作中国珍奇木材之研究如 *Rhoipetelea chiliantha* Diels et Hand.(马尾树)及 *Bretschneidera sinensis* Hemsl.(南华木)等。

是年,国民政府中央工业试验所木材试验室在南京建立了一个木材标本馆。

是年,广西农学院林学分院木材本室由谢福惠教授创立,收藏木材标本计针叶树材 8 科 19 属,阔叶树材 95 科 295 属,1000 余种。

● 1933 年(民国二十二年)

2 月,唐燿《对于实业部拟创立造纸厂评议》刊于《科学的中国》1933 年第 2 期 11 ~ 13 页。

3 月,唐燿《对于实业部拟设造纸厂之意见》刊于《浙江省建设月刊》1933 年第 3 期 36 ~ 248 页。

3 月 16 日,Y. TANG(唐燿著)"*Timber Studies of Chinese Trees Ⅳ: Anatomical Studies and Identification of Chinese Softwoods Ⅰ*"《中国木材志(四):中国裸子植物各属木材之研究(一)》刊于《静生生物调查所汇报》1933 年第 3 卷第 13 号。

4 月,唐燿《对于实业部拟创立造纸厂评议》刊于《农业周报》1933 年第 2 卷第 17 期 4 ~ 6 页。

6 月,唐燿《中国木材问题》刊于《科学的中国》1933 年第 1 卷第 12 期 13 ~ 16 页。唐燿《中国之木材问题》还刊于《农业周报》1933 年第 2 卷第 14 期 9 ~ 14 页。

7 月,唐燿《木材识别法》刊于《科学》1933 年第 17 卷第 7 期 1049 ~ 1079 页。

10 月,唐燿《木材识别法(续第 17 卷第 7 期)》刊于《科学》1933 年第 17 卷第 10 期 1659 ~ 1696 页。

是年,唐燿当选为国际木材解剖学家协会会员。

是年,(日)关谷文彦《木材工艺学》由东京养贤堂出版。

是年,(日)北岛君三《树病学及木材腐朽论》由东京养贤堂出版。

● 1934 年（民国二十三年）

3 月，《中国植物学杂志》创刊，由中国植物学会编行。唐燿《中国木材问题》刊于《中国植物学杂志》第 1 卷第 1 期 36 ~ 40 页，该文论述中国进口木材（分北美、日本、南洋、印度、苏联及欧洲等地）的种类、性能等；同期，唐燿著《评印度商用木材》刊于 99 ~ 103 页。

3 月，唐燿《对于实业部创立造纸厂之评议》刊于《中华农学会报》1934 年第 122 期 35 ~ 37 页。

是年春，中央工业实验所林械组成立材料试验室，林祖心任室主任，开始木材及其他材料试验研究。林祖心（1905—1971 年），年轻时在比利时沙城大学学习航空机械，回国后在南京国民政府实业部任技师兼任中央工业试验所材料试验室主任。1937 年中工所西迁重庆，林祖心未随单位西迁，在中央陆军军官学校（其前身为著名的黄埔军校）特别训练班任交通教官。1942 年初，林祖心任卡拉奇专员，参与了闻名于世的中印空中航线"驼峰航线"。中华人民共和国成立后，1958 年被任命为福建省交通厅科学研究所（即福建省交通科学技术研究所前身）所长。

3 月 16 日，唐燿《中国木材志（四）· 中国裸子植物各属木材研究（一）》刊于北平静生生物调查所印行《静生生物调查所汇报》第 4 卷第 7 号。该文记载裸子植物 6 科 24 属 41 种，大部分仅根据一号标本记载树径、产地、材性、树皮及工艺性质，是用放大镜和显微镜的观察。

8 月，《中山文化教育馆季刊》创刊于上海，由中山文化教育馆编辑，中山文化教育馆出版物发行处发行，胡先骕《树木学和木材学之研究与国民经济建设》刊于《中山文化教育馆季刊》1934 年创刊号 252 ~ 255 页。

9 月，唐燿《输入外材之研究（附有关木材识别上及材性上之重要典籍举隅）》刊于《中国植物学杂志》1934 年第 1 卷第 2 期 169 ~ 199 页。

是年，苏联 С. И. 瓦宁（С. И. Ванин）著《木材学》教科书出版，成为世界上第一部木材学教科书。该书第 3 版（1949 年出版）由申宗圻、黄达章、白同仁译，1958 年由中国林业出版社出版。斯蒂芬 · 伊万诺维奇 · 瓦宁（Stepan Ivanovich Vanin, S. I. Vanin），苏联科学家，著名森林植物病理学家和木材学家，被认为是苏联森林植物病理学的奠基人。瓦宁 1891 年 1 月 11 日生于俄罗斯梁赞州车里雅宾斯克（Kasimovsky, Ryazan Oblast, Ruslan）。1902—1909 年在教区学校和卡西莫夫完成小学教育，并在卡西莫夫中学机械学校完成中学教育。1910 年进入圣彼得堡林学院（林业研究所）学习，并在 A S Bondartsev 教授的指导下，在圣彼得堡帝国植物园中央植物病理站实习，1914 年完成了一本寄生虫和危害木材的第一本书，1915 年毕业并获得学士学位。之后在著名林学家 G F 莫洛佐夫的指导下完成研究并取得了最高工程师文凭。1917—1919 年在圣彼得堡帝国植物园中央植物病理站担任研究人员，1919 年担任站长助理，1919 年 3 月调到沃罗涅日农学院工作，他开始讲授农业和森林植物病理学课程同时进行科学研究，1922 年回到列宁格勒林学院担任助教一直到教授，1924 年担任植物病理系和木材科学系主任，1930 年领导并创办了单独的木材科学系。1931 年他汇集 10 年的研究成果编写了第一本《森林植物病理学》Forest Phytopathology 科教书，1934年出版了《木材学》，在木材科学实验中，他研究了木材的物理、机械和化学特性，特别是高加索和卡里米亚的乔木和灌木的木材。1935 年瓦宁在没有经过论文答辩而基于一系列科学著作而被授予农学博士学位。1938 年他和 S E Vanina 发表了一系列古代世界家具的文章，他还在 Nature 上发表了关于古埃及和巴比伦的花园和公园的论文。他一生写了 140 多篇论文、专著、教材，很多作品多次修订和重新出版，被翻译成多国文字。他是苏维埃社会主义共和国功勋科学家，并获得斯大林奖。1950 年 2 月 10 日猝然去世。

8 月 10 日，唐燿《中国木材图（续第 69 期）》刊于《河北第一博物院半月刊》1934 年第 70 期 2 页。

8 月 25 日，唐燿《中国木材图（续第 70 期）》刊于《河北第一博物院半月刊》1934 年第 72 期 2 页。

9 月 10 日，唐燿《中国木材图（续第 71 期）》刊于《河北第一博物院半月刊》1934 年第 73 期 2 页。

9 月 25 日，唐燿《中国木材图（续第 72 期）》刊于《河北第一博物院半月刊》1934 年第 74 期 2 页。

10 月 10 日，唐燿《中国木材图（续第 73 期）》刊于《河北第一博物院半月刊》1934 年第 75 期 2 页。

10 月 20 日，唐燿《中国木材图（续第 74 期）》刊于《河北第一博物院半月刊》1934 年第 76 期 2 页。

11 月 8 日，Y. TANG（唐燿著）"Timber Studies of Chinese Trees V: Preliminary Study on the Weight of Some Chinese Woods"《中国木材志（五）：中国木材重量之初

步研究》刊于北平静生生物调查所《静生生物调查所汇报》1931 年第 5 卷（植物）
第 4 号。

11 月 10 日，唐燿《中国木材图（续第 75 期）》刊于《河北第一博物院半月
刊》1934 年第 77 期 2 页。

11 月 25 日，唐燿《中国木材图（续第 76 期）》刊于《河北第一博物院半月
刊》1934 年第 78 期 2 页。

12 月 10 日，唐燿《中国木材图（续第 78 期）》刊于《河北第一博物院半月
刊》1934 年第 79 期 2 页。

12 月 25 日，唐燿《中国木材图（续第 79 期）》刊于《河北第一博物院半月
刊》1934 年第 81 期 3 页。

● 1935 年（民国二十四年）

1 月，唐燿《木材形体学之名词》刊于《中国植物学会汇报》1935 年第 1 卷
第 4 期 428 ~ 441 页。

1 月 10 日，唐燿《中国木材图（续第 80 期）》刊于《河北第一博物院半月
刊》1935 年第 85 期 3 页。

1 月 20 日，唐燿《中国木材图（续第 81 期）》刊于《河北第一博物院半月
刊》1935 年第 86 期 3 页。

是年春，秉志、胡先骕向美国洛氏基金会推荐，申请奖学金，该会副主席东
亚部主任甘氏亲往静生生物调查所加以考察，认为唐燿木材试验室成绩优良，允
为其赞助赴美继续研究。

5 月，唐燿《木材解剖术》刊于《中国植物学会汇报》1935 年第 2 卷第 1 期
554 ~ 563 页。

8 月，《科学》1935 年第 19 卷第 8 期 1330 页刊登《唐燿将赴美研究木材》。

8 月，Y. TANG（唐燿著）"A Preliminary Study on the Identification of the
Economic Woods of China"《中国经济的木材的初步鉴定》刊于中山大学农林植物
研究所 "Sunyatsenia"《中山专刊》1935 年第 3 卷第 1 号。

是年秋，唐燿获得美国洛氏基金会的奖学金，赴美国康涅狄格州纽黑文的耶
鲁大学（Yale University）留学。在耶鲁大学，唐燿跟随 20 世纪国际木材解剖学
大师 Samuel J. Record（1881—1945 年）教授学习木材解剖学、森林利用学等课

程，攻读博士学位。

是年，唐燿完成《中国木材研究》论文（英文）7 篇，编著《中国木材学》。

是年，T. A. MCELHANNEY AND ASSOCIATES *"CANADIAN WOODS THEIR PROPERTIES AND USES"*《加拿大木材的性能和用途》刊印。

● 1936 年（民国二十五年）

9 月，唐燿《国产木材之利用》刊于《中国植物学会杂志》1936 年第 3 卷第 3 期 1137 ~ 1154 页。

12 月，唐燿著《中国木材学》由商务印书馆出版，《中国木材学》约 50 万字，记载我国 300 余种 217 属木材的分类及材性。胡先骕先生对此评价很高，在《中国木材学》序中写道："唐君燿，自民国二十年，即锐意于中国木材之研究，四年以来，筚路蓝缕。举凡典籍材料之搜罗，均已蔚然可观。其在本所用英文发表之论文，计有华北重要阔叶树材之鉴定，华南重要阔叶树材之鉴定，中国裸子各属于木材之初步研究等重要之专刊。在任何文字中，中国木材之有大规模科学的研究，实以此为嚆矢。以是世界上之以木材为专门研究之学者，均极赞许之。异日，倘唐君之《中国木材图志》*"A Mannal of Chinese Timbers"*，全稿完成，其裨益于中国之森林及工程上当更大也。

● 1937 年（民国二十六年）

1 月，唐燿《国产木材之利用》刊于《科学》1937 年第 1 期 16 ~ 33 页。该文还刊于《工业中心》1937 年第 1 期 15 ~ 24 页和《地理教育》1937 年第 2 卷第 2 期 34 页。

3 月，唐燿当选为美国科学学会会员。

6 月至 9 月，唐燿利用暑期访问美国、加拿大的林产研究所。

11 月，实业部中央工业试验所西迁重庆，更名为工商部中央工业试验所，所地址位于重庆沙坪坝对岸的盘溪镇。

● 1938 年（民国二十七年）

6 月，唐燿在耶鲁大学获得博士学位，指导教师 Samuel J. Record，博士论文题目 *"Systematic Anatomy of the Woods of the Hamamelidaceae"*《金缕梅科木材系

统解剖的研究》。唐燿在导师 Samuel J. Record 的允许下，选据了 1000 多属木材标本，得到中华教育文化基金会的资助，利用暑假访问英、德、法、瑞士、意大利等国的有关大学、图书馆和研究机构，先后拍摄近 1219.2 米的文献资料。

6 月至 1939 年 7 月，唐燿获中华教育文化基金会奖学金，自 8 月开始在欧洲进修一年。

6 月 15 日，经济部训令（汉秘字第 1447 号），令中央工业试验所技正顾毓珍、张永惠、杜春宴、罗致睿、唐燿充任该所油脂试验室及化学分析室、纤维试验室、胶体试验室、电气试验室、材料试验室主任。经济部部长翁文灏。

7 月，唐燿在静生生物调查所津贴月薪 80 元。

7 月，静生生物调查所与云南省教育厅和云南大学合办云南农林植物研究所。

9 月至 12 月，唐燿在英国参观林产研究室。

● 1939 年（民国二十八年）

1 月至 2 月，唐燿到英国访问牛津大学森林研究所。

1 月，中央技艺专科学校（简称中央技专）创建，校长刘贻燕。同年秋招生。设有皮革科、造纸科、农产制造科、纺织染科和蚕丝科。开办初期因校舍不足，学校将蚕丝科委托南充蚕丝职业学校代办，皮革科委托成都华西大学化学系代办。其余各科均办在乐山。

2 月，高维乃《木材与化学工业》（化学工业小丛书第十一种）由中华书局出版。

3 月至 6 月，唐燿在德国参观林业研究所、材料试验所、航空研究院、威廉最高科学院；在法国参观各木材研究机关及木材专科学院；在瑞士参观工业大学等机构。

7 月 7 日，唐燿由欧返抵香港，7 月 16 日赴沪探亲。回国之前，唐燿得到中华教育文化基金会的资助，访问英国、德国、法国、瑞士、意大利等国的有关大学和研究机构，并得到 4000 英尺 * 文献资料，1939 年整装归国，他将数年来收集的资料、木材标本共 19 箱（重约 2 吨）托运香港，1941 年 10 月运抵四川乐山。

8 月底，唐燿自欧洲回到上海，稍事停留即往香港，途经滇越铁路到达昆明，于黑龙潭云南农林植物研究所拜访胡先骕，并与在农林所的前静生生物调查

---

* 1 英尺 =30.48 厘米（cm）。

所同仁们相聚。

9 月 2 日，唐燿由沪启程，经海防于 9 月 22 日由昆明飞往重庆，在中央工业试验所开展工作。工业试验所为唐燿配备两名助教，嘱其在北碚筹设中央工业试验所木材试验室。

9 月，经济部中央工业试验所在四川北碚创立经济部中央工业试验所木材试验室，这是中国第一个木材试验室，负责全国工业用材的试验研究。唐燿任静生生物调查所与经济部中央工业试验所在四川乐山合办的木材试验室（1942 年改称木材试验馆）主任，任职至 1949 年 12 月。

12 月，（日）本间一男著《木材工艺法》由工业图书株式会社出版。

● 1940 年（民国二十九年）

1 月，经济部中央工业试验所《木材试验室特刊》在四川创刊，由顾毓琼、唐燿创办，唐燿任主编，经济部中央工业试验所木材试验室农产促进委员会发行，月刊，属于林业刊物，1945 年 3 月停刊，共出版 45 号。唐燿《建树中国林产工业应有之动向》刊于经济部中央工业试验所《木材试验室特刊》1940 年第 1 期 3 ～ 18 页。

2 月，《木材试验室特刊》1940 年第 2 期出刊，共 14 页，唐燿、陈学俊、郭鸿翱《中国木材研究之基本问题》刊于 2 ～ 12 页。

3 月，《木材试验室特刊》1940 年第 3 期出刊，共 9 页，唐燿《中央工业试验所木材试验室计划纲要》刊于 1 ～ 8 页。

3 月，《木业界》创刊于上海，上海市木业教育促进会出版委员会编印。馆址位于上海爱多亚路上海市木业促进会，1940 年底停刊，1946 年 7 月复刊。《发刊词》：敬爱的全体先进和亲爱的全体从业弟兄们：今天，《木业界》创刊号在充满感谢，充满希望，充满惶恐，这几种交织着的情绪下面，和大家相见了。本刊今天能和大家相见，首先得感谢许多热心赞助的先进们！在全民族为着生死存亡而艰苦奋斗着的今天，在上海变成孤岛已经两年多的今天，我们可敬可爱的先进们，不但不因为持久的战争降低了他们的热情，不但没有被孤岛环境磨折了他们的意志，而且能够把眼光看得更远大，把视野放得更辽阔，热心捐助了许多钱，从事本业教育的促进使本刊今天能够以"切磋学术，发表经验，交换意见，沟通消息"的姿态和全体从业弟兄们相见，这不但将成为本业发扬的开端，而且将成为整个民族经济向前发展的征兆。本刊终于在今天开始和大家相见了。敬在这见面时，愿寄其满腔热烈的希望；希望本刊成为全体从业弟兄们自我教育的学校；希望全木业界——从本市的到全国的，因为有了本刊而消除了几世纪来的隔阂，打成一片，合力负起民族经济的建设任务。是的，这些希望，不是能够凭空实现的，必须经过大家的始终的艰苦努力，方才能够实现。我们每一个木业的从业弟兄们的学识经验，由于本国文化程度的一般落后，所以都很有限和贫乏，可并不是一些也没有；从今天开始，应当尽量把所知的随时在本刊发表，自然也能够有切磋发扬的效果。全体从业弟兄们如果能够在本刊上时常交换意见，一定都会得亲亲切切，互助合作，那末，力量的积集，便是事业成就的起点哩。千百年来散漫沉寂的木业界中出现了本刊，这好比黑漫漫的长夜里点起了第一支烛光，惶恐的情绪是难免的。这不是说将因此而战慄，却是说大家应当怎样诚惶诚恐，忍耐细心地负起责任来，做下去。横在我们的面前，是条艰苦崎岖的长路。光明是一定来临的，但也许等着我们去追寻。我们所处是个动荡激变的大时代，因之本刊所负也将是有着非常使命的重任，这只有在本业先进们的经常指导和全体从业兄弟们的通力合作下，本刊方能生存滋长而且也一定会生存滋长的。这些是本刊在交织着情绪下面创刊时所要说的几句话，努力吧！亲爱的全体从业弟兄们！

4月，《木材试验室特刊》1940年第4期出刊，共14页，唐燿《中国林产实验馆计划书草案》刊于1～13页。

3月，唐燿《论川康木材工业》刊于《建设周报》1940年第23～26期82～152页。该文还刊于《科学世界》1940年第10卷第3期263～267页。

4月，唐燿《设立中国木材试验室刍议》刊于《科学》1940年第24卷第4期297～303页。《设立中国木材试验室刍议》提出设立该室之目的有数端：一、促进并辅助有关林业之公私机关，进行大规模吾国现有森林之调查和发展；二、调查吾国现在木业之情况，并征集伐木锯木等之方式及其用具，木材干燥法及一切有关木材之制造品，以便厘定名称并改良土法；三、进行中国商用木材及可供开发主要林木各种材性上之试验与研究；四、根据调查及试验与各国成例，改良旧式木工业之制造、处理、应用上各问题，并协助新式木工业之发展。

5月，唐燿《中国林业问题》刊于《新经济半月刊》1940年第3卷第10期18～20页。

5月30日，胡先骕给重熙的信。前函言宗清事，想已入览。近彼又来函，渎援硬谓桂先生营私，语意亦至不逊，时日未到，即索五月薪。渠私人卖家具款亦向骗索付，可谓不明事理已极。已去函浩诚，彼任性如此，恐无法相处矣。划头款已办好否，盼即寄下以应急需，并请函黄绍绪寄我一稿费详账为盼。得唐曙东函，云彼须在沪购照相用具、一部分仪器书籍，曾作数函奉托，尚未见复，不知是否因社务事冗，抑嫌曙东絮烦，或不谙人情？曙东缺点甚多，然努力工作之情，殊堪佩仰。吾在国家兴建立场，宜不吝相助，且木材研究仍为静生之事业，尚望为骗为之帮助也。彼现有充分经费，惟颇缺助理人，彼甚需工科毕业生为助，尚望特为留意。如有此项优等毕业生，有志于研究而不图近利者，请特为介绍，如有长于中英文而愿任编辑之人，彼亦乐用之也。专此，即颂 近祉 先骗 拜启 五月卅日 [1]。刘咸（1901—1987 年），字重熙，笔名观化、汉士等。江西都昌人。著名生物学家、人类学专家，复旦大学人类学教授。早年就读于江西省立第一中学。1925 年毕业于东南大学生物学系，留校任助教。后任台湾清华大学生物系讲师。1928 年留学英国牛津大学，修人类学，1932 年获硕士学位。曾入选英国皇家学会人类学会会员、巴黎国际人类学院院士、国际人类考古学会议中国委员。回国后，任山东大学生物系教授兼系主任，从事体质人类学研究。1935 年任中国科学社编辑部部长，主编《科学》。1945 年任上海临时大学教务长。1946 年任暨南大学教授，兼人类学系主任、理学院院长。1949 年 5 月上海解放后担任复旦大学社会学系主任、人类学教授。1952 年任复旦大学生物学系人类学教研室教授。后兼任上海人类学会理事长、中国民族学会顾问、上海自然博物馆顾问、《中国动物学》杂志主编等。1987 年 9 月 23 日因病去世，享年 86 岁。刘咸曾将收集的高山族民俗文物 400 多件（套）全部捐赠复旦大学。著有《动物学小史》《印度科学》《海南黎族起源之初步探讨》《岭南从猿到人发展史》《猿与猴》等教科书和著作。

6 月，《木材试验室特刊》1940 年第 5、6 期出刊，共 19 页，唐燿《木材之力学试验》刊于 1 ~ 18 页。

6 月，中央工业试验所木材试验室遭日军轰炸。

7 月，唐燿《中国林产促进讲话（绪言）》刊于《农业推广通讯》1940 年第 2 卷第 7 期 16 ~ 17 页。

7 月 8 日，胡先骗给重熙的信。重熙仁弟惠鉴：前函述及陈封怀薪金，计已达览。自七月份起，辅仍聘唐曙东为本所（静生）兼任技师，月薪百元。七月份

[1] 周桂发，杨家润，张剑. 中国科学社档案整理与研究·书信选编 [M]. 上海：上海科学技术出版社，2015：126.

款拨到即以百元送予其夫人，如能代为先筹百元送去，尤恳。盖具大人迎月生产，费去五百余金，经济十分窘迫也。六月廿四日，北碚被炸，中工所全部被焚，曙东之衣物文稿全部被毁，国外所抄之文献亦被毁一部，可谓惨矣。专此，敬颂 近祺 先骕拜 七月八日 [2]。

7月10日，胡先骕给重熙的信。重熙仁弟惠鉴：六月十七日手书拜悉。唐曙东疏于人事，脯所素悉，彼在社呵斥传达事，骕此次在渝即曾告诚？尊函所言种切当再告彼，惟尚乞念彼人本不坏，而在同门中又为最能努力学问之人，此次在渝所遭又酷，务请在可能范围内尽力为之帮忙为荷。此函到沪时，宜之度已南下，渠此次之行纯应秉师之招，如秉师不能设法为之筹得旅费，则彼将无办法矣。中正事先尚无确讯，仲吕所言彼亦曾函告，信否不可知，此事骕无所容心。滇所得各方补助，前途至为光明。此外一方既有种苗公司之组织，一方黄野萝又能在美集得巨资回国，经营农林事业。故除非各方推挽，必须骕为桑梓服务，骕亦无须自寻麻烦也。然苟骕终回赣者，则至迟一二年后必办理学院，仍盼吾弟能回赣相助也。李羽笙已赴沪，曾晤见否？余容后详。即颂 近祺 骕拜启 七月十日 致秉师一笺，乞转交为荷 [3]。

7月，唐燿《中国林产促进讲话》刊于《农业推广通讯（1939年）》1940年第7期7～18页。

8月，中央工业实验所木材试验室迁至乐山，曹觉到木材试验室担任工作人员。

8月，《木材试验室特刊》1940年第7、8期出刊，共23页，唐燿《影响木材力学性质诸因子》刊于1～22页。

10月，《木材试验室特刊》1940年第9、10期出刊，共18页，唐燿《木材力学试验指导》刊于1～17页。

11月，《木材试验室特刊》1940年第11期出刊，共12页，唐燿《建树（简述）吾国航空用木材事业刍议》刊于1～11页。

12月，《木材试验室特刊》1940年第12期出刊，共23页，唐燿《林产利用术语释义（1940年草案）》刊于1～19页。

[2] 周桂发、杨家润、张剑.中国科学社档案整理与研究·书信选编[M].上海：上海科学技术出版社，2015：129.
[3] 周桂发、杨家润、张剑.中国科学社档案整理与研究·书信选编[M].上海：上海科学技术出版，2015：130.

12月，经济部中央工业试验所《木材试验室特刊》（第1卷，民国二十九年出版）由经济部中央工业试验所木材试验室刊印，由顾毓琼、唐燿主编，包括《建树中国林产工业应有之动向》第1号、《中国木材研究之基本问题》第2号、《中央工业试验所木材试验室计划纲要》第3号、《中国林产实验馆计划书草案》第4号、《木材之力学试验》第5号、《建树吾国航空用木材事业诌议》第6号、《林产利用术语释义》第6号。

是年，唐燿编译《林产利用术语释义》（经济部中央工业试验所《木材试验室特刊》）由经济部中央工业试验所木材试验室、农产促进委员会刊印。

● 1941年（民国三十年）

1月，《木材试验室特刊》1941年第13期出刊，共21页，唐燿《技术丛编（一）》刊于1～21页。

2月，抗日战争开始后，中华林学会中断活动，在姚传法等的倡议下，在大后方的林学界人士在重庆召开中华林学会第五届理事会，姚传法为第五届理事会理事长，梁希、凌道扬、李顺卿、朱惠方、姚传法为常务理事，傅焕光、康瀚、白荫元、郑万钧、程复新、程跻云、李德毅、林祜光、李寅恭、唐燿、皮作琼、张楚宝为理事。中华林学会名誉理事长：蒋委员长、孙院长、孙副院长、陈部长伯南。名誉理事：于院长、戴院长、翁部长咏霓、张部长公权、陈果夫先生、陈部长立夫、吴一飞先生、朱部长骝先、吴鼎昌先生、林次长翼中、钱次长安涛、邹秉文先生、穆藕初先生、胡步曾先生[4]。

2月，唐燿奉农林部派代农林部中央林业试验所简任技正兼副所长辞未就。

3月，《木材试验室特刊》1941年第14、15期出刊，共21页，唐燿《中国木材用途之初步记载（一）》刊于第14期1～11页，唐燿《木材之干燥》刊于第15期12～17页。

4月，《木材试验室特刊》1941年第16期出刊，共15页，唐燿《记美国林产研究所》刊于1～13页。

4月，唐燿《中国木材初志（上）松柏材类》刊于《工业中心》1941年第8卷第3、4期38～44页。

---

[4] 中国第二历史档案馆. 中华民国史档案资料汇编 [第五辑·第二编·文化（二）] [M]. 南京：江苏古籍出版社，1998：455.

5 月，《木材试验室特刊》1941 年第 17、18 期出刊，共 22 页，唐燿《木材之水分》刊于第 17 期 1 ~ 12 页，唐燿《中国木材物理性质试验报告一：青杠含水量之分析》刊于第 18 期 13 ~ 19 页。

7 月，《木材试验室特刊》1941 年第 19、20 期出刊，共 40 页，唐燿《木材之收缩》《中国木材物理性质试验报告二：青杠收缩之研究》刊于 1 ~ 40 页。

7 月，唐燿《建树中国林产工业应有之动向》刊于《全国农林试验研究报告辑要》1941 年第 1 卷第 5 期 136 ~ 137 页。

8 月 10 日，胡先骕复任鸿隽函，告知在四川乐山开辟木材实验馆之唐燿，应当得到静生所之津贴。其中提道：唐燿为静生成就最大之一人。

9 月，《木材试验室特刊》1941 年第 21、22 期出刊，共 28 页，唐燿《木材之密度及比重》刊于第 21 期 1 ~ 20 页，唐燿《中国木材物理性质试验报告三：青杠比重之初步试验》刊于第 22 期 21 ~ 25 页。

9 月，唐燿《论川康木材工业》刊于南京《科学世界》1941 年第 10 卷第 5 期 263 ~ 267 页。

10 月，《中华林学会会员录》刊载：唐燿为中华林学会会员。

10 月，姚传法、唐燿《中国林学研究之展望》在《林学》1941 年第 7 号 8 ~ 10 页刊登。文中提出：我国林业教育多年来始终为农业教育之附属品，事关利用全国土地 1/2 之森林，迄今仍无一所专科学校或林学院，农林二者性质不同，农林教育之宗旨与方法各异，中华林学会之历届年会均有决议案送请教育部以筹设林科大学或大学林学院，均被搁置。已有之林业专门人才，必宜善为利用，确加保障；将来之林业人才，必宜从速造就，以符"百年树人"之明训。今日应为国家找人才，不应任专家随便找事，应为国家造就人才，不应任青年随便读书。彻底改造全国森林教育，俾有独立之系统，视全国林业之环境，分区设立林科大学或大学林学院，提高师资，充实设备，精分课目，以造就适应时代之林业专门人才，并树立森林教育之中心。

10 月，唐燿讲演，余继泰记《抗战期间中国木材利用问题》（应中华自然科学社嘉定分会学术讲演）刊于《林学》1941 年第 7 期 33 ~ 37 页。

10 月，唐燿《中国木材初志》刊于《全国农林试验研究报告辑要》1941 年第 1 卷第 5 期 135 ~ 136 页。

10月7日，唐燿寄存于香港华南植物所书籍、标本共 19 箱，经仰光由渝运抵乐山。

12月，《木材试验室特刊》1941 年第 23、24 期出刊，共 23 页，唐燿《木材之防腐剂》刊于 1～23 页。

12月，经济部中央工业试验所《木材试验室特刊》（第 2 卷，民国三十年出版）由经济部中央工业试验所木材试验室刊印，由顾毓琼、唐燿主编，包括《技术丛编（一）》第 13 号、《中国木材用途之初步记载（一）》第 14 号、《木材之干燥》第 15 号、《记美国林产研究所》第 16 号、《木材之水分》第 17 号、《中国木材物理性质试验报告一：青杠含水量之分析》第 18 号、《木材之收缩》第 19 号、《中国木材物理性质试验报告二：青杠收缩之研究》第 20 号、《木材之密度及比重》第 21 号、《中国木材物理性质试验报告三：青杠比重之初步试验》第 22 号、《木材之防腐剂》第 23 号。

● 1942 年（民国三十一年）

2月，唐燿《木材试验室概况》刊于《工业中心》1942 年第 1、2 期 1～8 页。

3月，《木材试验室特刊》1942 年第 26 期出刊，1～10 页收录克拉克著，唐燿译《植物细胞壁之结构》。

3月，《木材试验室特刊》第 25、26、27 期出刊，共 51 页。

6月，《木材试验室特刊》第 28、29 期出刊，共 30 页，唐燿《木材之韧性》《国产木材韧性研究之一：两峨产阔叶材之初步记载》刊于经济部中央工业试验所《木材试验室特刊》第 3 卷第 2 期（28、29 号合订本）1～30 页。

6月，唐燿《中国木材研究之基本问题》刊于《新生路月刊》1942 年第 5、6 期 11～17 页。

7月，《木材试验室特刊》1942 年第 3 卷第 30 期出刊，共 18 页，唐燿《国产木材工作应力之初步检讨（一）》《林木研究文献》刊于第 3 卷第 30 期 1～2 页。

8月，在中央工业试验所的协助下，唐燿在乐山购下灵宝塔下的姚庄，将中央工业试验所木材试验室扩建为木材试验馆，唐燿任馆长。根据实际的需要，唐燿把木材试验馆的试验和研究范畴分为八个方面：①中国森林和市场的调查以及木材样品的收集，如中国商用木材的调查；木材标本、力学试材的采集；中国林区和中国森林工业的调查等。同时，对川西、川东、贵州、广西、湖南的伐木工业和枕木资源、木材生产及销售情况，为建设湘桂、湘黔铁路的枕木供应提供了依据。还著有《川西、峨边伐木工业之调查》《黔、桂、湘边区之伐木工业》《西南木业之初步调查》等报告，为研究中国伐木工业和木材市场提供了有价值的实际资料。②国产木材材性及其用途的研究，如木材构造及鉴定；国产木材一般材性及用途的记载；木材的病虫害等。③木材的物理性质研究，如木材的基本物理性质；木材试验统计上的分析和设计；木材物理性的惯常试验。④木材力学试验，如小而无疵木材力学试验；商场木材的试验；国产重要木材的安全应力试验等。⑤木材的干燥试验，如木材堆集法和天然干燥；木材干燥车间、木材干燥程序等的试验和研究。⑥木材化学的利用和试验，如木材防腐、防火、防水的研究；木材防腐方法及防腐工厂设备的研究；国产重要木材天然耐腐性的试验。⑦木材工作性的研究，如国产重要木材对锯、刨、钻、旋、弯曲、钉钉等反应及新旧木工工具的研究。⑧伐木、锯木及林产工业机械设计等的研究。

8 月，《木材试验室特刊》1942 年第 3 卷第 31、32 期出刊，共 33 页，唐燿、屠鸿远《国产重要木材之基本比重及计算出之力学抗强》刊于 2 ~ 30 页。

8 月，姚传法、唐燿《从中国森林谈到中国木材问题》刊于《林学》1942 年 1 ~ 4 页。

8 月，唐燿《中国商用木材初志》刊于经济部中央工业试验所《木材试验室专报》1942 年第 1 号 1 ~ 55 页。

8 月，国民政府交通部、农林部筹办木材公司，委托中央工业试验所木材试验室主任唐燿组织中国林木勘察团，调查四川、西康、广西、贵州、云南五省林区及木业，以供各地铁路交通之需要，共组织五个分队，结束之后均有报告问世，唐燿为之编写《中国西南林区交通用材勘察总报告》。川康队由柯病凡担任，负责勘察青衣江及大渡河流域之森林及木业，注重雅安一带电杆之供应，及洪坝等森林之开发。曾就洪雅、罗坝、雅安等地调查木材市场，就天全之青城山勘察森林；复经芦山、荥经，过大相岭抵汉源，勘察大渡河及洪坝之森林，更经富林，由峨眉返乐山。行程 1700 余里*，共历时 69 日。西南队由王恺担任，勘察赤水河流域附近之森林，都柳江（都江、榕江、融江）一带之林木，以及桂林、长沙等地木业市场。其由乐山出发，沿长江而下，调查宜宾、叙永、古蔺、赤水、合江等地之森林及木业；复由贵阳乘车至都匀，经墨充步行转黄山勘察森

---

* 1 里 =500 米（m）。

林，更乘车往独山，起旱至三都（三合都江），沿都江乘船赴榕江；路行至黎平、从江（用从下江）、榕江三县交界之增冲、增盈勘察森林，调查伐木；再沿榕江下行，经从江、三江至长安镇，调查木业。抵融县后，曾由贝江河溯流而上，至罗城三防区之饭甑山，勘察森林，调查该区伐木状况后，折返融县，沿融江经柳城至柳州，乘车至桂林，调查该二地之木业情况；复乘湘桂路往湖南之衡阳，转粤汉路往长沙，调查木业，沿湘江，经洞庭湖边境至常德，转桃源之辄市调查木业。此行经过四省，历时约四月。黔桂分队：系王启无担任，勘察黔东、桂北一带之林木；并就广西罗城北部之天然林作较详细之勘察。其沿清水江而下，勘察林木，在剑河之南哨以上，发现大片原始林，在锦屏之小江口、八卦河、平路、隅里、稳洞、偏坡（湖南）、远口，岔初、中林、鳌鱼嘴、楼梯坡等苗寨墟市，勘察杉木；更由黎平之蹲硐、扫硐、八洛，而入广西之福禄、长安等地，由融江转入寺门河，抵罗城，详勘罗城北部森林一月。然后由罗城北部之杆岗，越九万山，复入贵州之从江，勘察榕江北部寨高以上之林区。惜该时适值苗变，未能深入。总计此行，经3000里以上，历时近三月。广西分队，主要勘察湘桂铁路广西境内枕木之供应，系由广西大学森林系汪振儒教授主持，由蔡灿星、钟济新沿湘桂路勘察恭城、灌县、全县、兴安、灵川、临桂、百寿、永福八县之林木，为时约二月。湖南分队：主要勘察湘桂及粤汉两路间三角形地带内枕木之供应，系由中山大学蒋英教授主持，由林锡勋往祁阳、零陵、道县、永明、江华五县，由曾昭钜往宜章、临武、蓝山、嘉禾、桂阳、郴州六县勘察。

9月，唐燿《中国木材标准化之商榷》刊于南京《科学世界》1942年第11卷第5期273～278页。

是年，中央技艺专科学校校长周原枢聘请唐燿兼任乐山的中央技艺专科学校教授，讲授木材造纸、林产制造、木材化学等课程，期间唐燿编写《木材力学试析》《木材力学试验指导》讲义。

12月，经济部中央工业试验所《木材试验室特刊》（第3卷，民国三十一年出版）由经济部中央工业试验所木材试验室刊印，由顾毓琼、唐燿主编，包括《川西伐木业之调查》第25号、《植物细胞壁之结构》第26号、《木材力学抗强在维持饱和度下调整之方法》第27号、《木材之韧性》第28号、《国产木材韧性研究之一》第29号、《国产木材工作应力之初步检讨（一）》第30号、《国产重要木材之基本比重及计算出之力学抗强》第32号。

12 月，唐燿、屠鸿远《国产重要木材基本比重及计算出之力学抗强等级衣》刊印。

是年，唐燿以从美寄回的资料标本扩建"木材试验馆"。唐燿一方面参考国外带回的图纸，并借用武汉大学迁到乐山的部分机电设备，解决了木材试验设备；另一方面组织人力赴峨边、峨眉采集木材标本。木材试验馆先后取得 42 种国产木材的韧性、121 种国产重要木材的基本比重和力学抗强、中国西部重要商品材及其材性、中国木材的基本收缩率、乐山 5 种木材的平均含水量、8 种国产木材的天然抗腐性等一大批科研成果。

● 1943 年（民国三十二年）

1 月，昆明泰山实业公司编印的《工程学报》创刊，季刊，出版 1943 年第 1 期，由陈克诚编辑，四川乐山文化印书馆刊印，昆明泰山实业公司发行。

1 月，唐燿《林木研究通俗讲座（六）：森林与国防》刊于《农业推广通讯》1943 年第 5 卷第 1 期 81 ~ 84 页。

3 月，唐燿《水土保持讨论特辑（上）：林木研究通俗讲座（八）：现阶段中之林业建设》刊于《农业推广通讯》1943 年第 5 卷第 3 期 45 ~ 47 页。唐燿《水土保持讨论特辑（上）：林木研究通俗讲座（八）：吾国森林调查之回顾与前瞻》刊于《农业推广通讯》1943 年第 5 卷第 3 期 47 ~ 48 页。

4 月，姚传法、唐燿《森林与国防》刊于《林学》1943 年第 9 号 14 ~ 16 页。

4 月，唐燿、刘晨《林木研究通俗讲座（九）：木材的新用途》刊于《农业推广通讯》1943 年第 5 卷第 4 期 35 ~ 41 页。

4 月 10 日，唐燿《林木研究文献》刊于《林木》1943 年第 4 期 1 ~ 2 页。

5 月下旬，英国李约瑟博士为调查战时中国各地科研情况，对四川西南部进行访问。在乐山的五天内参观了武汉大学、中央技专和中央工业试验所的木材试验室。

6 月，唐燿、王恺《林木研究通俗讲座（十一）：吾国战后十年内工程建国上所需木材之初步估计》刊于《农业推广通讯》1943 年第 5 卷第 6 期 44 ~ 48 页。同期，唐燿、王恺《林木研究通俗讲座（十一）：中国木材储量及伐木量之初步估计》刊于 48 ~ 50 页。

7 月 1 日，《静生生物调查所汇报》新 1 卷 1 号在战时地址中正大学所在地

（江西泰和杏岭村）印行，卷号从新 1 卷 1 号起重新编序，胡先骕撰写前言。Yao Tang（唐燿著）"*Systematic Anatomy of the Woods of the Hamamelidaceae*"《金缕梅科木材系统解剖的研究》刊于《静生生物调查所汇报》1943 年新 1 卷 1 号 8 ~ 63 页。

7 月，唐燿、柯病凡《林木研究通俗讲（十二）：数种航空兵工用材产量之记载》刊于《农业推广通讯》1943 年第 5 卷第 7 期 60 ~ 61 页。

7 月，唐燿《木材与工程》刊于《工程学报（昆明）》1943 年第 1 卷第 3 期 53 ~ 54 页。

9 月，唐燿《木材之干燥》刊于《农业推广通讯》1943 年第 9 期 49 ~ 52 页。

9 月，唐燿《国产重要木材基本比重及计算出之力学抗强（松柏材或软材）》刊于中国工程师学会衡阳分会《工程》1943 年第 16 卷第 3 期 77 ~ 78 页。

10 月，唐燿《林木研究通俗讲座（十五）：木材与工程》刊于《农业推广通讯》1943 第 5 卷第 10 期 28 ~ 30 页。

10 月，唐燿《国产木材天然耐腐性记载（一）：乐山区之数种重要木材》刊于经济部中央工业试验所《木材试验室特刊》第 3 卷第 34 期。

12 月，唐燿《木材之工作性》刊于经济部中央工业试验所《木材试验室特刊》第 3 卷第 36 期。

12 月，唐燿、屠鸿远《吾国西部产重要商用材及其材性简编》刊于经济部中央工业试验所《木材试验室特刊》第 3 卷第 37 期。

12 月，唐燿、屠鸿远《技术丛编（二）》刊于经济部中央工业试验所《木材试验室特刊》第 3 卷第 38 期 48 ~ 63 页。

12 月，《木材试验室特刊》1943 年第 33 ~ 38 期出刊，共 68 页。

12 月，经济部中央工业试验所《木材试验室特刊》（第 4 卷，民国三十二年一月至十二月出版）由经济部中央工业试验所木材试验室刊印，由顾毓琼、唐燿主编，包括《乐山区木材平衡含水量之记载》第 43 号、《乐山区木材天然防腐性之记载》第 44 号、《黔贵湘边区之伐木工业》第 45 号、《木材之工作性》第 46 号、《吾国西部产重要商品材及材性简编（附计算出工作应力表）》第 47 号、《技术丛编（二）》第 48 号。

12 月，唐燿著《中国西南林区交通用材勘查总报告》（44 页）由交通部林木勘查团、农林部林木勘查团刊印。

● **1944 年（民国三十三年）**

2 月，（日）厚木胜基《木材化学及化学的应用》由诚文堂新光社出版。

3 月，唐耀《十年来中国木材研究之进展》刊于《农业推广通讯》1944 年第 3 期 11 ~ 13 页。

4 月，唐耀《林木研究通俗讲座（二十一）：木材化学近年来在国内外之进展》刊于《农业推广通讯》1944 年第 6 卷第 4 期 33 ~ 36 页。

7 月，唐耀《林木研究通俗讲座（二十三）：林木研究文献（三十二年四月）》刊于《农业推广通讯》1944 年第 6 卷第 7 期 40 ~ 42 页。

8 月，唐耀《编订中国木材规范刍议》刊于《农业推广通讯》1944 年第 8 期 63 ~ 64 页。

8 月，唐耀《十年来中国木材研究之进展》刊于《科学》1944 年第 27 卷第 7 ~ 8 期 47 ~ 50 页。

8 月，唐耀《中国木材材性之研究（一）：木荷》刊于经济部中央工业试验所《木材试验室特刊》1945 年第 4 卷第 39 期。文中载：本文材料，系中国木业公司四川分公司所赠，由技士王恺在四川峨边沙坪林区所采得。力学试机，系借武大材料实验室进行。收缩试验、比重测定，系由屠技士鸿远主其成、已故助理员王华世佐其事，历时二载以上；纤维及导管之测定有助理研究员成俊卿佐其事；从事力学试验者由助理研究员何定华、何天相（协助分配试材）助理工程员张定邦及武大机械系学生多人；协助整理力学试验结果者有屠鸿远、整理比重者有技士柯病凡、制表绘图者有魏亚、李先荫等，校对则有柯病凡、魏亚任其劳。本文自试材之采集、锯制、分配、试验及整理，前后历时三载，惟以战时人力物力之种种困难，苟非各方之协助及本馆工作人员之热忱从事，则此草创之作，尚难睹其成也。

9 月，唐耀《中国木材材性之研究（二）：丝栗》刊于经济部中央工业试验所《木材试验室特刊》1944 年第 4 卷第 40 期 58 ~ 92 页。

9 月，唐耀、樊文华《尿素木之研究与进退》刊于《海王》1944 年第 17 卷第 11 期 84 ~ 86 页。

10 月，唐耀《国产木材基本收缩率之初步记载（一）》刊于经济部中央工业试验所《木材试验室特刊》1944 年第 4 卷第 41 期 93 ~ 96 页。

11 月，唐耀《手刨手锯初步之研究：中工木材馆》刊于经济部中央工业试验所《木材试验室特刊》1944 年第 4 卷第 42 期 97 ～ 100 页。

12 月，唐燿《技术丛编（三）》刊于经济部中央工业试验所《木材试验室特刊》1944 年第 4 卷第 43 期 101 ～ 118 页。

12 月，《木材试验室特刊》1944 年第 39 ～ 43 期出刊，共 135 页。唐燿《本刊之回顾与前瞻》刊于 2 ～ 4 页。

● 1945 年（民国三十四年）

1 月，《木材试验室特刊》第 44 期出刊。

1 月，唐燿《本刊之回顾与前瞻》刊于唐燿、顾毓琼主编经济部中央工业试验所《木材试验室特刊》1945 年第 5 卷第 45 期 1 ～ 3 页。

10 月，经济部派唐燿前往东北参加工业试验所接收东北大陆科学院，辞未就。

12 月，唐燿《中国木材材性之研究（一）：木荷》"*Properties of Chinese Timbers Ⅰ Muho：Schima crenata Korth*" 刊于《经济部中央工业试验所木材试验室专报》第 2 号 1 ～ 55 页。

12 月，经济部中央工业试验所《木材试验室特刊》（第 5 卷，民国三十三年至民国三十四年出版）由经济部中央工业试验所木材试验室刊印，由顾毓琼、唐燿主编，包括《中国木材材性之研究（一）：木荷》第 39 号、《中国木材材性之研究（二）：丝栗》第 40 号、《国产木材基本收缩之初步记载（一）》第 41 号、《手刨手锯初步之研究》第 42 号、《技术丛编（三）》第 43 号。

12 月，唐燿《经济部中央工业试验所木材试验馆著作品》刊于《经济部中央工业试验所木材试验室专报》1945 年 4 页。

12 月，唐燿《中国木材材性之研究（二）：丝栗》刊于《经济部中央工业试验所木材试验室专报》第 3 号 8 ～ 42 页。

是年，唐燿著《经济部中央工业试验所木材试验馆五年来工作概况及成效二十九年至三十三年》（经济部中央工业试验所木材试验馆工作报告）由经济部中央工业试验所刊印。

是年，经济部中央工业试验所《木材试验室特刊》改名为《木材技术汇报》后没能继续刊行。

● 1946 年（民国三十五年）

6 月，唐燿、屠鸿远《木材天然耐腐性及平衡含水量之记载》刊于《农业推广通讯》1946 年第 6 期 20 ～ 22 页。

9 月，（英）Beaulieu. A. E. 著，王承运译《实用木材学》在《木业界》1946 年新第 3 期开始连载，至 1948 年新 2 第 8 期共连载 20 余期。

6 月 15 日，胡先骕致函韩安，催促落实合作采集经费，及商讨如何将木材试验馆由经济部改隶农林部。竹坪所长吾兄勋鉴：六月十日手书并悉，冯、吕二君俸津均已收到。江西、云南两省采集队均整装待发，而贵所采集费迄未拨下，坐视好采集季节之消失，至为可惜。吾兄果诚意合作采集者，望于得此函后，即日将采集费分别电汇庐园与滇所，至以为祷。吾兄欲邀唐曙东来贵所任顾问，兼木材系主任甚佳。弟意宜商之左舜生，请其与陈启天部长酌商，将整个木材试验馆由经济部拨归农林部，则一切设备材料图书皆可移转，庶唐君多年心血所积不至因来贵所而抛弃也。木材试验馆之成立，静所曾有所协助，而陈部长又为东南大学毕业生，弟可为此事作函分致左、陈二公。彼二人同党，应更易商量也。不知兄意如何？专此候复，敬颂 台祺 弟胡先骕拜启 六月十五

6 月 20 日，韩安复函胡先骕，告知采集经费已分别汇出。步曾吾兄惠鉴：拜读六月十五日大函，祇悉种切。前遵雅嘱，于五月廿日将赣、滇二处合作采集费各五百万分别汇出；一汇九江牯岭庐山植物园；一汇昆明云南农林植物研究所，此刻定克收到。本所具万分诚意与贵所合作，一切事宜自当遵约履行，祈勿疑念。至聘唐曙东事，已上书左部长，请与陈部长磋商，能将木材试验馆由经济部拨归农林部，尤为欣幸。备请分神代向两部长进言，以便促成，至深拜感。唐君本人意见如何，亦乞代征询。迩绥 韩安拜 六月廿日

是年，唐燿加入中国植物学会。

● 1947 年（民国三十六年）

1 月，唐燿《木材的新利用》刊于《雷达》1947 年第 79 期 7 页。

2 月，唐燿《木材新制品》刊于《木业界》1947 年新 2 第 2 期 28 页。

2 月，唐燿《木材新制品（续）》刊于《木业界》1947 年新 2 第 3 期 54 页。

7 月，唐燿当选国际木材解剖学家协会常务理事。《科学》1947 年第 29 卷第 7 期 215 页刊登《国内消息：唐燿博士——荣誉》。国际木材解剖学家协会——

为世界性之专业学会，成立于 1931 年，有专门会员百余人，隶属三十余国。近据英国牛津大学该会秘书宣布，经两次复选，吾国唐燿博士已当选为该会下届理事，任期三年，谓是吾国参与国际学术之一荣誉。据悉唐氏从事吾国木材研究已十余载，现任主办经济部中工所木材试验馆于乐山云。

9 月，张英伯《滇西数种木荷属分类与木材解剖之研究》（中央研究院工学研究所研究报告第二号）由中央研究院工学研究所刊印。

是年，Alexander L. Howard "*Trees in Britain and Their Timbers*"《英国的树与木材》由 Country Life Ltd 出版。

● 1948 年（民国三十七年）

1 月，唐燿《木材之干燥》刊于《木业界》1948 年新 2 第 5 期 99 ~ 101 页。

3 月，唐燿《中国之森林资源》刊于《思想与时代》1948 第 53 期 21 ~ 34 页。

3 月，唐燿《中国主要林区之分布》刊于《木业界》1948 年新 2 第 7 期 147 页。

4 月，Yu，C. H. "*Anatomy of the Commercial Timbers of Kansu*"《甘肃商品木材解剖》刊于 *Bot.Bull.Acad.Sin.* 1948 年第 2 卷第 2 期 127 ~ 130 页。喻诚鸿（Yü Cheng-Hung，Yu，C. H.，1922—1993 年）。江西南昌人。1944 年 8 月毕业于西北农学院森林系，获学士学位。同年 9 月在四川乐山中央工业试验所木材试验馆任助理工程师，至 1947 年 5 月，其间曾任中学教师。1947 年 6 月至 1950 年 9 月在上海中央研究院植物研究所森林生态室任助理员，从事木材解剖工作。1950 年 10 月至 1958 年 12 月在北京中国科学院植物分类研究所（1953 年改名为植物研究所）工作，先任助理研究员，1956 年获四等科学奖金，1957 年升为副研究员。1951 年 10 月加入九三学社。1959 年 1 月至 1962 年 2 月在兰州中国科学院兰州农业物理所（后改名为生物土壤所）工作，研究经济植物罗布麻。1962 年 3 月调至华南植物研究所，帮助开展形态解剖学领域的研究，当时挂靠在植物分类研究室，下设形态研究组。喻诚鸿先生 1979 年任华南植物所情报研究室主任。1980 年华南植物所建立形态室，喻诚鸿先生兼任形态室主任。1981 年 2 月任华南植物所副所长。1982 年升为研究员。1984 年 3 月起任广东省五、六届政协常委，九三学社广东省委员会第一、二届副主任。

是年，（日）田中胜吉《木材干燥论》（订正版）由丸善社出版。

是年，安徽大学农学院林学系木材标本室设立，收藏木材标本约 4572 号，857 属，专门研究安徽木材和东南亚木材。

● 1949 年

5 月，中央林业实验所华北林业试验场合并到华北农业科学研究所，成立华北农业科学研究所森林系。

9 月 27 日，中国人民政治协商会议第一届全体会议一致通过，中华人民共和国采用公元纪年。

9 月 27 日，中国人民政治协商会议第一届全体会议通过的《中华人民共和国中央人民政府组织法》第十八条的规定，于 1949 年 10 月设置中央人民政府林垦部，主管全国的林业工作。

9 月 29 日，中国人民政治协商会议第一届全体会议通过《中国人民政治协商会议共同纲领》第三十四条规定，林业的方针是："保护森林并有计划地发展林业"。

11 月，松本文三著、孟宪泰译《木材干燥法》由青岛中纺公司编辑委员会印行。

12 月 16 日，乐山解放，唐燿怀着喜悦的心情，与妻子曹觉"箪食壶浆，以迎王师"。

是年，H. P. Brown, A. J. Panshin, C. C. Forsaith "*Textbook of Wood Technology*"由 McGraw Hill Book Company 出版。

● 1950 年

1 月，木材试验馆由乐山专署接管，唐燿留任木材试验馆负责人，又被选为乐山县首届人民代表大会代表，同时被任命为川南人民政府公署财经委员会委员。

1 月 27 日，乐山县人民政府函聘唐曙东（唐燿）为乐山县各界人民代表会议代表。

3 月，唐燿出席西南军政委员会农林部召开的农业生产会议。

4 月，云南农林植物研究所转属中国科学院，更名为中国科学院植物分类研究所昆明工作站。

7月，唐燿曾草就向中央林垦部乐山中央工业实验所木材试验馆工作报告。

7月，经中央人民政府财经委员会批准，乐山木材试验馆隶属中央林垦部，并改名为中央林垦部西南木材试验馆，该馆于1952年5月迁至重庆化龙桥，同年12月下旬，奉中央林业部令迁北京。

7月5日，中央人民政府林垦部（林利字第31号）通知乐山木材试验馆改称中央林垦部西南木材试验馆。

7月21日，川南行政公署通知，根据政务院41次会议，任命唐燿为川南行署财政委员会委员。

8月，唐燿应邀参加西南军政委员会农林部农业生产会议，在林业组宣读《西南林业建设商榷》。

10月，中央技艺专科学校更名为乐山技艺专科学校，隶属西南军政委员会文教部，校址仍在乐山岷江东岸。1952年10月撤销乐山技专，校名改称重庆纺织专科学校；次月，校名更改为四川纺织工业学校，并交由西南纺织管理局领导。

10月，唐燿起草《中国木材研究专业之过去和展望》。

11月20至26日，林垦部在北京召开全国木材会议，决定统一调配木材，管理木商，合理使用木材，并讨论1951年木材生产与分配问题。

12月，唐燿完成《木材试验馆十年来工作概况（1939—1950）》。

● 1951年

2月26日，中国林学会正式宣告成立，成立中国林学会第一届理事会，理事长梁希，副理事长陈嵘，秘书长张楚宝，副秘书长唐燿，常务理事王恺、邓叔群、乐天宇、陈嵘、张昭、张楚宝、周慧明、郝景盛、梁希、唐燿、殷良弼、黄范孝，理事王恺、王林、王全茂、邓叔群、乐天宇、叶雅各、李范五、刘成栋、刘精一、江福利、邵均、陈嵘、陈焕镛、佘季可、张昭、张克侠、张楚宝、范济洲、范学圣、郑万钧、杨衔晋、林汉民、金树源、周慧明、梁希、郝景盛、唐燿、唐子奇、袁义生、袁述之、黄枢、程崇德、程复新、杰尔格勒、黄范孝。

5月，梁世镇、区炽南、张景良《国产针叶树材构造研究》由南京大学林业系利用组刊印。梁世镇（1916—1996年），木材学家。湖北省沙市人，1916年5月7日生。1945年毕业于中央大学农学院，获农学硕士学位。同年10月赴英国，在阿伯丁大学专攻木材学，1948年毕业，获博士学位。1948—1954年任南京大学副教授，并先后兼任该校林业专修科主任。1955—1958年在苏联列宁格勒林学院专修木材干燥学。1959—1960年任南京林学院教务长。1960—1984年任南京林学院林工系教授，并曾兼任该系系主任和木材加工专业博士研究生导师。还担任过国务院学位委员会第二、三届学科评议组成员、中国林学会木材工业学会理事。梁世镇早期从事木材细微构造的研究，曾发表《川西175种木材之细微构造》《国产针叶树材细微构造》《论落叶松木材细微构造的变异性》等研究报告，对中国木材学的发展起了推动作用。1949年后从事木材干燥研究工作，1957年翻译出版苏联《木材干燥学》，1960年编写出版了中国第一部《木材干燥学》；1964年编著出版了《木材水热处理》，1981年主编出版了《木材干燥学》。先后发表了《木材过热蒸汽干燥的理论与实践》《论木材干裂势》《论红木的胀缩及其与高温快速干燥的关系》等论文。主持研究出常压过热蒸汽干燥木材的技术，1982年获国家科委、国家农委科技成果推广一等奖。主编有《木材水热处理》。

8月17日，《人民日报》第1版第1条刊登中央人民政府政务院总理周恩来签署的《中央人民政府政务院关于节约木材的指示》。随着生产建设事业的逐渐开展，木材需要量亦迅速大量增加。但我国现有森林面积原不敷需要，加以森林区偏僻，运输困难，因而形成目前木材供不应求的状况。而另一方面，许多公营企业、机关、部队、学校和团体，在使用木材上，却又存在着严重的浪费和不合理的现象。为保证建设需要，除责成各级人民政府大力发动群众进行护林造林工作，以求逐渐增加木材供应量外，对木材采伐和使用，全国必须厉行节约，防止浪费。为此，特作如下指示：一、各级人民政府财政经济委员会，应根据国家缺乏木材的情况，严格审查各需要木材单位的计划，严禁虚报多领；对工程建筑计划，亦应根据木材的来源，进行严格审查，决定批准与否，以避免计划批准了、但因为木材供应不上、又使计划落空的错误，从而招致不应有的损失。二、各需要木材的部门，经国家统一计划调拨到的木材，除贸易部门外，一律不得转让或出售，违者依法论处；其有剩余木材时，应报请省以上财政经济委员会处理。三、地方人民政府除国家布置伐木任务应予完成外，不得再用采伐木材方式，解决地方财政问题，违者依法论处。四、任何公营企业、机关、部队、团体和学校，不得以任何理由用任何名义采伐木材和经营买卖木材生意，违者依法论处。五、各公营企业、机关、部队、团体和学校的一切工程建筑，应将需用木材数量，切实核减至最低标准：非迫切需要的，应缓用或少用；可以其他材料如竹头、水泥、砖、石等代替的，应不用或减用。六、使用木材应本节约原则，力求经济合理：禁止大材小用、长材短用、优材劣用；提倡在不妨害工程安全的条件下，适当利用杨木、桦木、柳木和陈材、废材（例如矿场推行收回矿柱运动）。七、枕木、电杆和某些土木工程用材，应逐渐进行防腐，延长木料使用年限。八、造纸原料，应尽量利用竹头、芦苇或其他纤维植物；利用木材作原料的纸浆厂，不论新设或恢复和扩大旧厂，均须报经中央人民政府轻工业部会同中央人民政府林垦部批准，始得实行。九、在习惯上使用木材、木炭当作燃料的地区，除应积极推广种植薪炭林外，如当地煤源并不缺乏，应提倡逐步改用煤炭燃料，并禁止将良好的成材木料劈作燃料出售。十、奖励研究利用废材和用其他材料代替木材的发明和发现，胶合板是节省木材的一种好的利用形式，应在适当地点奖励恢复和设立胶合板厂。鼓励营造生长迅速的各种林木（如杉木、桉树、泡桐、白杨、洋槐等）。十一、各级人民政府各主管部门和监察机关，应经常注意检查各公营企业、机关、部队、团体和学校使用木材的情况，对节用木材有成绩的，予以表扬奖励；对违反本指示第二、三、四等项规定及其他有浪费木材行为的，予以惩处。十二、凡使用木材较多的单位，应由各该单位负责人员，根据本指示，召开会议，进行检讨，对今后节用木材问题，作出具体决议，规定检查制度，并对干部和工人进行教育，发动他们把节约和合理使用木材，订入爱国公约，使节约木材成为群众性的工作。总理 周恩来 一九五一年八月十三日

　　8月17日，《人民日报》发表社论《坚决制止浪费国家木材资源的行为》。木材问题，现在已成为全国的重要问题之一。中央人民政府政务院特为此发布了节约木材的指示，号召全国人民认真节约木材，坚决反对一切浪费木材的现象。这个指示是切合时宜的。因为木材是国家生产建设的重要资源之一，我们现时的情形是需要日广，资源不足，而浪费严重。各种浪费木材的现象，如不及时纠正，将对国家建设工作造成极为不良的后果。浪费木材资源的现象，目前最主要的有两个方面：第一是某些地方机关乱伐森林，第二是某些机关、部队以木材作为机关生产的主要对象。地方政府以滥伐森林为方法来解决地方财政问题，对国家木材资源是最大的威胁。从地方财政的要求出发，他们往往对所辖林区在国家布置的采伐任务之外，又大量加以采伐，有的地区的采伐量甚至比国家布置的任务大三倍以上。有的地区公开提倡"大力砍伐、大力经营来开发财源"；有的

地区公开向上级请求，允许他们采伐"财政材"；有的地区为了从木材上获取暴利，不惜滥用行政权力，对私有林的木材以低价强制收购，然后以高价卖出，造成农民大批砍伐森林的现象；有的地区为了向需要木材的工矿交通部门索取高价，竟使某些矿山发生停工待料的现象。对木材资源另一个大的威胁，是某些机关、部队、学校，为了机关生产，大规模地做木材生意。他们凭借着国家赋予它们的权力，采取了许多非法的措施。如把国家调拨给它们自用的木材私自以高价出卖；如以建筑为名作木材买卖；如利用军政机关的便利，由东北等地贩卖木材入关；甚至为了获取厚利，勾结非法私商，在购买许可证和调拨运输车辆等方面，通同作弊。有些单位公然在市场上抢购和囤积木材，造成木材市价波动，木材市场陷于非常混乱的局面。在这种情况下，真正需要木材的单位反而不容易得到木材，这对于建设事业是十分有害的。发生这些严重现象的主要原因，是有些同志对木材问题有许多糊涂思想。第一个糊涂思想是认为中国木材资源十分充足，可以取之不竭，用之不尽，根本就没有考虑过木材不足的问题。实际上，根据一般的研究，任何国家的森林面积必须占有国土面积百分之三十以上，还要分布适当，才能减免天然灾害，并在木材的供应上满足国家的需要。但我国森林面积仅占国土面积的百分之五，且多分布在偏僻地区，交通不便，开发困难，因而木材供应特感缺乏。再过几年之后，随着国家建设的进展，需要木材的数量，必然比现在要大大增加。如果我们对国家现时仅有的一些森林资源，不能厉行节约，而是随意浪费，滥加砍伐，对于我们国家今后工业建设上木材需要，是断然无法满足的。中国农业之所以不断发生水旱之灾，也正是森林不足的结果。第二个糊涂思想是只看到局部利益，没有看到整体利益。他们只看到砍伐木材和买卖木材是解决地方财政和机关生产的有效方法，而没有看到这样做已经和正在对国家造成了严重的恶果。例如北京市是木材买卖者得利最大的城市之一，木材堆积甚多，但有些必需木材的厂矿，却得不到木材的供应。以中国木材资源之不足，需要量之大，对于现有的木材资源应特别加以爱护，应尽量使之用于重要的方面，用最经济合理的方法，为整个国家经济建设服务。很显然，地方财政和机关生产的利益，若同整个国家经济建设的利益比较，是十分渺小的。我们不应该为了某些地方和某些机关目前的小的利益，而危害国家整体的和长远的利益。局部利益应服从整体利益，眼前利益应服从长远利益。第三个糊涂思想是不重视国家关于木材的法令。机关、部队、团体经营木材买卖是非法的，政府早有明文规定。但有些同志并不遵守这个规定，他们只图赚钱，把国家法令置于脑后。一九五○年一月五日政务院财政经济委员会发出了关于分配给各单位之使用木材均不得出卖的通知，一九五○年一月六日，政务院财政经济委员会又发出过关内各部及所属企业今后不得在东北采购木材的通知，一九五一年四月二十七日政务院财政经济委员会又发布了关于木材供应及收购问题的决定。所有这些法令，均未被严格遵守，这是完全不应当的。有些同志以政府允许机关部队从事"土产交流"为借口，认为经营木材买卖仍是合法的。须知"木材"非一般"土产"，而且政府早有规定，不能以此为非法贸易辩护。当然做这些违法贸易的干部中，并不是全都知道法律的。有些人是明知故犯，他们以为"赚钱反正是为公，犯点法，没关系。"于是理直气壮地从事木材买卖。另外有些人则是对自己业务有关的各种法令，素来采取不闻不问的态度，于是糊里糊涂地犯了法令。这两种人虽然表现形式不一样，其犯法则一。为了停止一切在木材问题上违反法令的现象，对于那些不遵守法令的人应给以适当的处分。政务院在节约木材的指示中，一再强调"违者依法论处"的原则，是完全必要的。反对浪费木材，是一个紧急的斗争任务。有关地区的党政领导机关，应根据政务院关于节约木材指示的精神，首先在干部中进行思想教育，展开思想批评，务使所有干部都能了解我国木材资源缺乏的情况及森林对国家经济建设的重要性，反对狭隘的局部观点，制止一切违法乱纪的行为，把政务院这一指示贯彻到实际的行动中去。当日《人民日报》还刊登了《北京永茂公司违法经营木材贸易 木材联合检查组已对该公司进行检查》《奉政务院指示 成立木材联合检查组 暂以北京为中心进行检查》《东北森林工业管理工作混乱 木材不合规格好坏不分造成许多浪费 用材部门只知要红松而不主动利用杂木的现象也应纠正 反对浪费木材，反对滥伐林木！》《西南各地滥伐木材损失很大 林业机关和各有关部门应及时制止 反对浪费木材，反对滥伐林木！》。

11 月 5 日，中央人民政府委员会第十三次会议决定，将中央人民政府林垦部更名为中央人民政府林业部，其所管辖的垦务工作移交给中央人民政府农业部负责。

11 月，唐燿应邀参加中央人民政府林业部第一届木材会议。

是年，J. H. Jenkins "*Canadian Woods Their Properties and Uses*"《加拿大木材的性能和用途》出版。

● 1952 年

10 月，乐山技艺专科学校撤销，校名改称重庆纺织专科学校。次月，校名更改为四川纺织工业学校，并交由西南纺织管理局领导。唐燿 1942—1958 年在乐山中央技艺专科学校兼任教授期间，编写《木材力学试析》《木材力学试验指导》讲义，讲授木材造纸、林产制造、木材化学等课程。

11 月，顾宜孙、杨耀乾《木材结构学》（大学丛书）由商务印书馆出版。

12 月，西南木材试验馆迁北京，改隶林业部，与中央人民政府林业部林业科学研究所（筹）合并，唐燿调北京任中央人民政府林业部林业科学研究所研究员兼副所长。随迁人员包括唐燿、李源哲、汤宜庄、张寿和、曹觉、张寿槐、罗良才、徐连芳、赖羡光、陈孝泽、李元江、崔竞群、徐耀龙 13 人。

是年，西北农学院木材标本室设立，室主任汪秉全教授（兼），收藏木材标本计 3000 余件，达 1089 种。

是年，东北林学院木材标本室设立，收藏木材标本约 100 科 350 属 976 种，专门研究商用木材。

● 1953 年

1 月 1 日，中央人民政府林业部林业科学研究所成立，陈嵘任所长，第一副所长陶东岱（林业部造林司副司长），第二副所长唐燿（中央林垦部西南木材试验馆负责人）。

2 月 21 日，中央人民政府林业部林业科学研究所召开全体人员大会，宣布中央人民政府林业部林业科学研究所（中林所）正式成立，会上由参加筹备工作的王宝田报告筹建工作，陈嵘所长宣布林业所办所方针、任务和组织机构，业务上设置林业系（负责人侯治溥）、木材工业系（负责人唐燿副所长兼）、林产化学系（负责人贺近恪）以及编译委员会。

3 月，中国科学院植物分类研究所昆明工作站更名为中国科学院植物研究所昆明工作站。

7 月 12 日，中国林学会在林业部召开常务理事和在京理事联席会议，决定增设副理事长和副秘书长各一人，常务理事二人，并选举陈嵘为副理事长，唐燿为副秘书长。原候补理事殷良弼、唐燿经改选为常务理事。会议将通讯处移至北京万寿山中央林业部林业科学研究所内。

8 月 7 日，中国林学会由中央林业部移于中央林业部林业科学研究所。7 月 18 日起陈嵘所长，唐燿副所长为中国林学会常务理事，侯治溥为北京分会的筹委。

11 月，唐燿《东北桦木利用问题》刊于《中国林业》1953 第 11 期 20 ~ 21 页。

11 月，郑止善编著《木材保存学》由永祥印书馆出版。

• 1954 年

11 月 13 日，中央林业部林业科学研究所召开林业研究座谈会，郑万钧、邓叔群、沈鹏飞、干铎、邵均、李范五等林业部、高教部领导等 30 人代表 19 个部门参加座谈会，会议形成《为组织全国力量从事林业科学研究草议》。

• 1955 年

5 月，喻诚鸿、李云编《中国造纸用植物纤维图谱》由科学出版社出版。

10 月，A. A. 耶曾柯 – 郝墨列夫斯基等著，喻诚鸿译《木材解剖与双子叶植物的生态进化》（科学译丛）由科学出版社出版。

12 月 22 日，中华人民共和国文化部、中国文字改革委员会《关于发布〈第一批异体字整理表〉的联合通知》，把"燿"作为"耀"的异体字。

• 1956 年

1 月，魏亚、黄达章、白同仁《对发展我国木材科学的初步意见》刊于《科学通报》1956 年第 2 期 81 ~ 82 页。文章中提出：随着国民经济建设的飞速发展，木材用量正以空前的速度在日益增长，因此节约与合理利用木材已为科学工作者面临着的重大任务。

2 月，唐燿加入九三学社。

3 月，林业部林业科学研究所唐燿《关于我国木材研究远景规划问题的商榷》刊于《科学通报》1956 年第 4 期 53 ~ 80 页。

3 月，《林业科学》编委会产生，编委陈嵘、周慧明、范济洲、侯治溥、唐燿、殷良弼、陶东岱、张楚宝、黄范孝，至 1962 年 12 月。

5 月 12 日，全国人民代表大会常务委员会第 40 次会议决定，成立中华人民共和国森林工业部。

9 月，国务院第七办公室批准林业科学研究所分为林业与森工两个研究所。

9 月 22 日，森林工业部第 13 次部务会议决定成立森林工业科学研究所，任命李万新为筹备处主任。

12 月，喻诚鸿《木材解剖在植物分类研究中的意义》刊于《植物学报》1956 年第 5 卷第 4 期 411 ~ 425 页。

• 1957 年

1 月，（苏）别列雷金（Л. М. Перелыгин）著《木材学实验指南》由中国林业出版社出版。

是年初，唐燿草就《木材科学技术方面工作报告》。

3 月 14 日，森林工业部森林工业科学研究所成立。

4 月 29 日，唐燿在国家经委及计委召开的"林业和森林工业问题座谈会"上发言。

6 月，唐燿《怎样合理使用木材》刊于《科学大众（中学版）》1957 年第 6 期 267 ~ 269 页。

7 月，唐燿参加了森林工业部北欧森林考察团，访问了苏联、芬兰、瑞典、挪威、民主德国等有关木材研究机构。

9 月 2 日，唐燿奉调至中国科学院工作。

• 1958 年

2 月，B. E. 维赫罗夫、唐燿《苏联木材构造及工艺性质与生长条件关系的研究总结》刊于《植物学报》1958 年第 2 期 97 ~ 122 页。

2 月，谢福惠《广西木材初步识别》由森林工业出版社出版。谢福惠，木材解剖专家，广西大学木材学科创建者、奠基人之一，广西大学林学院木材标本馆创建人。1915 年 2 月生，壮族，广西贵港市人。1941 年毕业于广西大学农学院，留学校任教，曾任广西农学院林学系木材解剖教研室主任。1987 年离休，2015 年 11 月去世，享年 91 岁。主要研究木材解剖、木材识别及木材性质与用途，擅长木材解剖与识别，完成的专著与教材有《广西木材初步识别》《木材树种识别材性及用途》《广西木材识别与利用》《广西木材手册》《广西木材性质汇编》《广西珍贵木材（第一集）》《木材树种简易识别》《木材学》《木材商品学》等。曾任第三届全国人大代表，第六届全国政协委员。

是年，福建林学院木材学实验室创建，1972 年重建，收藏木材标本 65 科 163 属 307 种，重要收藏福建主要商品材近 300 种。

是年，北京林学院森林工业系木材标本室建立，1958 年北京林学院成立森林工业系，由木材加工教研组负责木材标本收集，学校于 1969 年迁往云南，标本大量散失。1979 年迁回首都，重新建室。收藏木材标本计针叶树材 7 科 33 属 119 种，1637 块；阔叶树材 99 科 341 属 732 种，5343 块，供教学、科研之用。

● 1959 年

2 月，九三学社昆明分社筹委会召开第三次社员大会，成立昆明分社委员会，在第一次分社委员会上推选曲仲湘任主任委员、刘尧民为副主任委员兼秘书长。

4 月 23 日，国家科委批准成立中国科学院昆明植物研究所，任命吴征镒为所长（兼北京植物所副所长），蔡希陶、浦代英为副所长。设有植物分类研究室、资源化学研究室、植物生理研究室、昆明植物园、西双版纳热带植物园、大勐笼热带森林生物地理群落定位观察站、丽江高山植物园和元江引种站。同年，开始建设西双版纳热带植物园，正式选定园址于勐腊县勐仑镇。

7 月，中国科学院昆明植物所木材研究室设立，中国科学院调唐燿任昆明植物研究所研究员。木材研究室工作人员唐燿研究员（木材构造与材性和利用），唐致勤（木材制片，主要协助曹觉完成相关工作）。本室重要收藏中国裸子植物各属木材：其中，四川木材 261 种、海南木材 321 种，云南热带及亚热带木材、美洲木材 1000 余属。

7 月 5 日，唐燿等《木材解剖学名词译名商榷 世界木材解剖学会提出的建议》刊印。

7 月，唐燿《木材解剖学名词译名商榷：世界木材解剖学会提出的建议》刊于《科学》1959 年第 3 期 188 ~ 196 页。

9 月，唐燿《木材解剖学名词译名商榷：世界木材解剖学会提出的建议（续）》刊于《科学》1959 年第 4 期 241 ~ 246 页。

是年秋，中国科学院调唐燿至云南昆明植物研究所工作，组织关系转入九三昆明分社。

是年，广东省林科所木材标本室建室，收藏木材标本 4130 号，共 1030 属 2322 种。其中广东、海南木材 960 种，其他省木材 372 种，国外木材 90 种（北

美、中非为主，南洋材、南美材少数）。专门研究广东木材材性和东南亚进口木材。

• 1960 年

1 月，中国科学院广西植物研究所编《广西野生经济植物手册（木材类）》由中国科学院广西植物研究所刊印。

7 月，九三、民盟、民进、农工四个民主党派中央在北京举行全国会议，九三学社昆明分社社员曲仲湘、唐燿、李清泉、李枢、杨貌仙赴北京参加由四个民主党派中央联合举行的全国会议，受到党和国家领导人的接见。

是年夏，中国科学院领导张劲夫到云南昆明植物研究所视察，提出要植物所搞代食品，由研究室秘书周俊组织冯国楣、唐燿等写成《橡子》一书，1963 年 4 月科学出版社出版发行，该书由周俊、冯国楣主编。

是年，云南省林科院林产工业研究所木材标本室设立，收藏云南木材标本约 80 科 180 属 500 种。

• 1961 年

8 月，九三学社昆明分社第二届委员会成立，主任委员曲仲湘（兼组织部部长），副主任委员刘尧民（兼秘书长）、方国瑜，委员方国瑜、李清泉、卢俊（兼宣传部部长）、曲仲湘、刘尧民、李枢、李清泉、李榆仙、诸宝楚、唐燿、潘炳猷、戴丽三。

9 月，南京林学院木材学及木材水热处理教研组编《木材学》（高等林业学院试用教科书）由农业出版社出版。

• 1962 年

10 月，朱振文《河南省十一种主要针阔叶树种木材物理力学性质的试验研究——油松、华山松、穗子榆、五角枫、青冈、水曲柳、桦木、白榆、椴树、旱柳、泡桐》刊于《河南农学院学报》1962 年第 2、3 期 45～59 页。朱振文（1918—1982 年），江西大余人，1940 年考入中正大学森林系首届，1944 年毕业并留校任助教，讲授森林利用学等课程，1948 年夏到大余中学任教，不久赴农林部东江水土保持试验区赣州工作站任技正。1950 年春回南昌大学任教，1952 年 10 月全国高等院校调整，他随森林系转入华中农学院林学系晋升为讲师，1955 年 8 月部分院系再度调整，到河南农学院林学系，1979 年 12 月晋升为副教授,任森林利用学教研室主任。发表论文 30 多篇,主持《沙兰杨、意大利杨和加杨木材材性与利用研究》获 1978 年河南省科学大会科研成果奖,曾任《中国木材学》副主编并参与审稿工作,他的《木材构造》入选北京林学院《森林利用学》,翻译《木材采伐作业机械(俄文)》和《美国木材试验方法(英文)》。

是年,中国科学院植物研究所报告昆明分所学术委员会成员:吴征镒、蔡希陶、唐耀、冯国楣、段金玉、曲仲湘、朱彦丞、林镕、秦仁昌、陈焕墉、黄鸣龙、殷宏章、李庚达。

• 1963 年

3 月 19 日,《竺可桢日记》载:竺可桢牙痛,曲仲湘与植物所唐耀午后到昆明翠湖看望。

8 月,九三学社昆明分社召开第四次社员大会,选举产生第二届昆明分社委员会。方国瑜、卢濬、刘尧民、曲仲湘、李枢、李清泉、李瑜仙、唐耀、潘炳猷、诸宝楚、戴丽三 11 人当选为委员。在二届一次委员会上,推选曲仲湘为主任委员,方国瑜、刘尧民为副主任委员,刘尧民兼秘书长。

10 月,中国植物学会编《中国植物学会三十周年年会论文摘要汇编》由中国科学技术情报研究所出版,其中刊载唐耀《中国壳斗科木材系统解剖的初步研究》《略论木材解剖学近半个世纪以来在国内外的进展及研究方向》和《云南热带材及亚热带材》。

12 月,唐耀当选为云南省第三届人大代表。

• 1966 年

是年,唐耀开始云南热带材及亚热带材研究。

是年,唐耀完成《云南热带材及亚热带材》书稿,43 万字,图 79 幅,包括 60 种 161 属木材的系统解剖的原始记载。

• 1968 年

是年,Franz F. P. Kollmann, Wilfred A. Côté Jr. "*Principles of Wood Science and Technology I : Solid Wood*" 由 Springer-Verlag Berlin and Heidelberg Gmbh & Co. Kg 出版。

● 1970 年

是年，国际木材解剖学杂志（IAWA Bulletin）创刊。由国际木材解剖学家协会主办（International Association of Wood Anatomists），季刊，至 1979 年。

● 1973 年

10 月，唐燿著《云南热带材及亚热带材》由科学出版社出版。《云南热带材及亚热带材》首次揭示云南丰富的热带、亚热带木材的奥秘，为合理利用祖国这一宝贵财富提供了科学依据。云南林业学院徐永椿教授写信称：此书"写出了新的水平，不但在热带材方面做了许多工作，提供了完整的比较系统的材料，也对热带树木分类、生态、林木组成和木材使用方面的问题，将自己的心得，从不同方面表达出来……感谢你的著作。它为我们今后搞业务工作的同志，做出了新的榜样"。

是年，唐燿编写《木材解剖学》一书，讲述木材解剖的基本理论和操作方法。

● 1975 年

是年，日本农林省林业试验场木材部编《世界の有用木材 300 种——性质とその用途》由日本木材加工技术协会出版。

是年，E. W. Kuenzi, Franz F. P. Kollmann, A. J. Stamm "*Principles of Wood Science and Technology Ⅱ : Wood Based Materials*" 由 Springer-Verlag Berlin and Heidelberg Gmbh & Co. Kg 出版。

● 1977 年

12 月，唐燿当选为云南省第五届人民代表大会代表。

● 1978 年

3 月，唐燿当选为中国人民政治协商会议第五届全国委员会委员。

是年，朱振文译《杨树木材的性质及采伐利用》由河南农学院园林系木材利用组刊印。

• 1979 年

3 月，唐耀完成《我从事木材科研工作的回忆》。

6 月，国家科委批准云南昆明植物研究所主办《云南植物研究》学报。吴征镒任主编，蔡希陶任副主编，王灵昭、冯国楣、冯耀宗、曲仲湘、朱彦丞、李锡文、张敖罗、周俊、段金玉、徐永椿、唐耀、臧穆等组成第一届编委会，由吕春朝任编辑。

12 月，唐耀当选为中国林学会第五届理事会理事（1982 年 12 月）。

• 1980 年

2 月，九三学社昆明分社举行第五次社员大会，大会选举产生昆明分社第三届委员会。委员马光辰、方国瑜、卢濬、曲仲湘、任玮、李枢、李清泉、李榆仙、张以文、诸宝楚、唐耀、秦瓒、潘炳焜；常务委员马光辰、方国瑜、曲仲湘、李枢、李清泉、唐耀、秦瓒；主任委员曲仲湘，副主任委员方国瑜、李清泉、秦瓒，秘书长李清泉（兼）。

9 月，Carl De Zeeuw，A. J. Panshin "*Textbook of Wood Technology: Structure, Identification, Properties, and Uses*" 由 McGraw-Hill College 出版。

12 月，Timell T E. "*Karl Gustav Sanio and the First Scientific Description of Compression Wood*" 刊于 "*IAWA Bull*" 1980 年第 1 卷第 4 期 147 ~ 153 页，系统地介绍了卡尔·古斯塔夫·桑里奥和他的科学贡献。1860 年，著名德国植物学家卡尔·古斯塔夫·桑里奥（Karl Gustav Sanio）在研究欧洲赤松管胞长度的变异时，发现管胞长度存在径向和轴向的变异规律，通常称之为 Sanio 规律，至今在研究针叶材管胞长度变异还是在他的研究范围之内，卡尔·古斯塔夫·桑里奥被认为是木材解剖学的奠基人。

是年，唐耀完成《中国裸子植物及木材解剖》，该书记载裸子植物 120 种，隶 33 属 11 科。根据 300 多号木材标本，论述主要内容包括主要工业用材的名称、鉴定、材性、用途、现代裸子植物分类、有关化石的鉴定等。新著从宏观上总结国内外有关研究成果，通过木材解剖的比较研究，探讨我国裸子植物各属的发展演变及其木材的特征。原论文记载裸子植物 41 种，隶 24 属 6 科，大部分仅根据一个标本记载树径、产地、材性、树皮及工艺性质，是用放大镜和显微镜观察的。

是年，国际木材解剖学杂志（IAWA Journal）创刊。

● **1981 年**

8 月，唐燿《木材科研工作五十年》刊于《中国科技史料》1981 年第 4 期 47 ~ 55 页。他在该文中说：有人称赞我是木材专家，我的回答是："我钻得还不够，如在国外已有 40 多年历史的木材超微观构造研究，它和木材材性试验的关系是我们从事木材解剖学的一个新的领域，这在我国还是一个空白"，这也正反映了唐燿先生在木材科学研究领域的学识博大精深之处。

是年，中山大学生物系植物研究室建立，何天相教授主持木材解剖，收藏木材标本约 1800 号，有 250 余属，1000 余种。重要收藏海南、广东、云南等地一部分木材；菲律宾、澳大利亚、美国等一部分木材。

● **1982 年**

5 月，《云南林业》1982 年第 2 期 20 ~ 21 页刊登《愿留青翠萌后人——访著名木材学专家唐燿教授》。

是年，唐燿编译，肖绍琼校《木材解剖学基础》由云南林学院刊印，全书 10 万余字，分上、下两篇，上篇扼要阐述木材的结构，下篇介绍木材解剖的记述及木材解剖学的名词解说。

● **1983 年**

1 月，唐燿《云南西双版纳的热带珍贵用材》刊于《云南林学院学报》1983 年第 1 期 1 ~ 5 页。

6 月，九三学社昆明分社曲仲湘、唐燿、赵丛礼当选为中国人民政治协商会议第六届全国委员会委员。

9 月，为适应云南省政治、经济形势发展的需要，九三学社成立云南省工作委员会，主任委员曲仲湘，副主任委员方国瑜、李清泉、卢濬、郑玲才（兼秘书长），委员方国瑜、马光辰、卢濬、曲仲湘、任玮、李枢、李清泉、李榆仙、张以文、郑玲才、诸宝楚、唐燿、秦瓒、潘炳猷。

是年，唐燿《我从事木材科研工作的回忆》由中国科学院昆明植物研究所刊印。《我从事木材科研工作的回忆》包括前言、从家世谈个性和求学经历、从中学教师到科研机构、我怎样从事木材研究的准备工作、我在四川创办木材研究事业的回忆、中华人民共和国成立后我从事木材研究的一些工作、五十年来从事专业研究的一些经验和体会以及附件（简历及从事木材研究的经历、著作品目录）。

• 1984 年

2 月，何天相《中国木材解剖文献评论（1931—1981 年）》由中山大学刊印。何天相（1916—1997 年），木材解剖学家，广东中山人，1938 年毕业于广东省立勷勤大学教育学院博物地理系，曾任中山大学农学院讲师，中央研究院植物研究所助理研究员。中华人民共和国成立后，历任中国科学院实验生物研究所助理研究员，华南农学院、广东林学院、中南林学院副教授，广东农林学院副教授、教授，中山大学教授，是国际木材学家协会终身会员。发表有《大叶桉的生长轮》《广东壳斗科木材的宏观结构及其与分类分布的关系》等论文，编著有《华南阔叶树木材识别》《木材细胞壁超微结构》《木材解剖学》3 部，其中《木材解剖学》获得 1979 年广东省科学大会奖。

9 月，《木材学与木材工艺学原理 人造板》"*Principles of Wood Science and Technology*"由中国林业出版社出版。该书由（德）F. F. P. 科尔曼，（美）E. W. 库恩齐，A. J. 施塔姆著（Kollmann，Franz F. P.，Kuenzi，Edward W.，Stamm，Alfred J.），杨秉国译，梁世镇校。

10 月，唐耀加入中国共产党。

12 月，九三学社云南省工作委员会在昆明召开第四次社员代表大会，正式宣布成立九三学社云南省委员会，主任委员曲仲湘，副主任委员李清泉、卢濬、郑玲才、赵丛礼，秘书长陈辅德，常务委员马光辰、卢濬、任玮、曲仲湘、朱瑞麟、刘清和、孙剑如、何大章、李枢、李清泉、杨绍廷、陈辅德、郑玲才、赵丛礼、唐耀、诸宝楚、黄学伦。

是年，《杰出的木材学家：中国科学院昆明植物研究所教授唐耀同志事迹》刊于《中国林学会通讯》1984 年 16 页。

是年，中南林学院木材标本室设立，收藏木材标本计针叶树 21 属，阔叶树 240 属。重要收藏海南标本（1965 年），湖南新增标本——莽山 150 种、张家界 50 种、桑植 20 种、通道 300 种、城步 30 种。

• 1985 年

2 月，何天相《华南阔叶树木材识别》由中国林业出版社出版。

• 1986 年

1 月，谢红《生是花爱是花的蜜——记我国著名木材学家唐耀教授和他的妻子》刊于《家庭》1986 年第 2 期 7 ~ 9 页。

• 1987 年

是年，唐耀在昆明为纪念中国林学会成立 70 周年题词：合理经营、永续利用。

• 1988 年

是年春，《云南植物研究》第二届编委会成立。吴征镒任主编，周俊任副主编，冯国楣、冯耀宗、曲仲湘、朱维明、许再富、孙汉董、李恒、李锡文、杨崇仁、肖常斐、张敖罗、陈宗莲、赵树年、胡忠、段金玉、姜汉侨、徐永椿、唐耀、黄冠鋈、裴盛基、薛纪如、臧穆为编委，黄冠鋈为编辑部主任，岳远征、刘艾琴为编辑。

7 月，九三学社云南省第二届委员会在昆明召开，主任委员刘邦瑞，副主任委员赵丛礼、青长庚，唐耀任第二届委员会顾问。

• 1989 年

9 月，罗良才《云南经济木材志》由云南人民出版社出版。该书分上、下两篇，上篇记述云南经济木材的特征和利用，包括云南重要用材树种 66 科 169 属 303 种和变种。每种木材记载的内容包括：别名、树木及分布、宏观构造、微观构造、主要物理力学性质、加工性质和利用七部分。下篇记述"木材主要用途分类"，供用材部门参考。全书附显微照片 738 张，珍稀木材原色照片 94 张，帮助读者识别木材。

• 1990 年

9 月，中国林业人名词典编辑委员会《中国林业人名词典》(中国林业出版社) 唐耀 [5]：唐耀（1905—），木材学家。安徽泾县人，出生地江苏江都，字曙东。1927 年毕业于东南大学植物学系，1938 年毕业于美国耶鲁大学研究院植物学系，获哲学博士学位。1937 年被授予美国科学研究会会员。曾任北平静生生物调查所研究员、经济部中央工业实验所木材试验室主任、乐山中央技术专科学校教授。中华人民共和国成立后，历任林业部林业科学研究所研究员、副所长，

[5] 中国林业人名词典编辑委员会 . 中国林业人名词典 [M]. 北京：中国林业出版社，1990：276-277.

森工系主任，中国科学院昆明植物研究所研究员。1956年加入九三学社。1984年加入中国共产党。是第五、六届全国政协委员，1942年中华林学会常务理事，中国林学会第一届副秘书长。发表有《华北阔叶树材之鉴定》等论文，著有《中国木材学》《云南热带材及亚热带材》《中国裸子植物及其木材解剖》等。

● 1991年

5月，中国科学技术协会编《中国科学技术专家传略——农学编·林业卷1》由中国科学技术出版社出版。其中收入韩安、梁希、李寅恭、陈嵘、傅焕光、姚传法、沈鹏飞、贾成章、叶雅各、殷良弼、刘慎谔、任承统、蒋英、陈植、叶培忠、朱惠方、干铎、郝景盛、邵均、郑万钧、牛春山、马大浦、唐耀、汪振儒、蒋德麒、朱志淞、徐永椿、王战、范济洲、徐燕千、朱济凡、杨衔晋、张英伯、吴中伦、熊文愈、成俊卿、关君蔚、王恺、陈陆圻、阳含熙、黄中立共41人。其中，第300～312页收录唐耀。

6月，何天相《中国木材解剖学家初报》刊于《广西植物》1991年第11卷第3期257～273页。该文简单地介绍我国六十年以来各位木材解剖学家个人所取得的科研、教学的成果以及结合实际的经验。在诸位学者中，有分别率先的，有承先启后的。他们互相支持、相互促进、为弘扬中国木材解剖科学共同努力。该文记述了终身从事木材研究的（唐耀、成俊卿、谢福惠、汪秉全、张景良、朱振文）；因工作需要改变方向的（梁世镇、喻诚鸿）；偶尔涉及木材构造的（木材科学：朱惠方、张英伯、申宗圻、柯病凡、蔡则谟、靳紫宸；木材形态解剖：王伏雄、李正理、高信曾、胡玉熹）；近年兼顾木材构造的（刘松龄、葛明裕、彭海源、罗良才、谷安根），最后写道展望未来（安农三杰：卫广扬、周鉴、孙成志；北大新星：张新英；中林双杰：杨家驹、刘鹏；八方高孚：卢鸿俊、卢洪瑞、郭德荣、尹思慈、唐汝明、龚耀乾、王婉华、陈嘉宝、徐永吉、方文彬、腰希申、吴达期）；专题人物（陈鉴朝、王锦衣、黄玲英、栾树杰、汪师孟、张哲僧、吴树明、徐峰、姜笑梅、李坚、黄庆雄）。该文写道：唐耀老先生以其顽强的意志、刻苦的精神，开辟了我国木材构造的系统研究，为国家首创木材的科学试验机构（1939—1949）。唐老在六十年来著述甚丰，其《中国木材学》《云南热带及亚热带木材》《金缕梅科木材之系统解剖》等，诚为我国木材解剖文献的精华。目前唐老正在编著的《中国木材属志》如果付梓出版，则更应永垂青史！

● 1993 年

3月，中国农业百科全书总编辑委员会《中国农业百科全书·森林工业卷》由农业出版社出版。该书根据原国家农委的统一安排，由林业部主持，在以中国林业科学研究院王恺研究员为主任的编委会领导下，组织160多位专家教授编写而成。全书设总论、森林工业经济、木材构造和性质、森林采伐运输、木材工业、林产化学工业六部分，后三部分含森林工业机械，是一部集科学性、知识性、艺术性、可读性于一体的高档工具书。《中国农业百科全书·森林工业卷》编辑委员会顾问梁昌武，主任王恺，副主任王凤翔、刘杰、栗元周、钱道明，委员王恺、王长富、王凤翔、王凤翥、王定选、石明章、申宗圻、史济彦、刘杰、成俊卿、吴德山、何源禄、陈桂陞、贺近恪、莫若行、栗元周、顾正平、钱道明、黄希坝、黄律先、萧尊琰、梁世镇、葛明裕。其中收录森林利用和森林工业科学家公输般、蔡伦、朱惠方、唐耀、王长富、葛明裕、吕时铎、成俊卿、梁世镇、申宗圻、王恺、陈陆圻、贺近恪、黄希坝、三浦伊八郎、科尔曼 F. F. P.、奥尔洛夫，C. φ、柯士，P.。其中360～361页刊载唐耀。唐耀（1905— ）中国著名木材学家，号曙东，安徽省泾县人。1905年1月6日出生于江苏省江都县（今扬州市）。1927年毕业于东南大学理学院，获理学学士。1931—1935年担任静生生物调查所研究员。1935年赴美国留学，并考察美、德、法、加拿大等国的林产工业，1938年获美国耶鲁大学研究院哲学博士。1939年回国后，历任原中央工业实验所技正，原乐山中央技术专科学校教授，中央林业部林业科学研究所副所长、研究员，中国科学院昆明植物研究所研究员。唐耀是中国木材解剖学的主要开创者。中华人民共和国成立前，曾两度筹建中国木材实验馆。早在30年代初，就从事木材解剖研究，科学论著《华北阔叶树材之鉴定》《华南阔叶树材之鉴定》和《中国工业用材之鉴定》的发表，引起国内外科学界的重视，被选为世界木材解剖学会和美国科学研究会会员。1936年出版《中国木材学》，为中国第一部木材学专著，记载217属300余种的木材解剖特征，约50万字。该书系统总结前人研究成果，理论联系实际，为中国木材的研究奠定基础。他从事中国木材学的研究工作50余年来，先后发表论文、专著90余篇（部）。主要论著除上述《中国木材学》等外，还有《金缕梅科木材系统解剖研究》《中国商用木材初志》《中国木材材性之研究（一）木荷、（二）丝栗》《云南热带材及亚热带材》等。

5月25日至28日，中国林学会第八次会员代表大会在福建厦门召开，会上颁发了第二届梁希奖和陈嵘奖，对从事林业工作满50年的84位科技工作者给予表彰，有云南省林学会许绍楠、徐永椿、唐燿等。

● 1994 年

11月，何天相编著《木材解剖学》由中山大学出版社出版。

● 1995 年

1月6日，中国科学院昆明植物所党政领导为唐燿先生90华诞举行祝寿会。

● 1998 年

6月6日，唐燿因病去世，享年93岁。唐燿与曹觉育有8个儿女。中国科学院学部委员秦仁昌，对唐燿的工作给予高度评价：唐燿同志是我国杰出的木材学家，五十年来一贯从事于我国建筑和工业木材的研究工作，发表了许多有系统的重要著作，奠定了我国木材科学的基础，受到国内外学者的赞许。他的主要成就有以下四个方面：一、对我国主要经济木材结构的研究进行了深入细致的工作，出版了多种有系统的木材解剖专著，对我国丰富的森林木材种类的生物学特征做了详细的解剖研究，对于各种树木种类的亲缘关系和进化过程的研究提供了基本资料，对用材树的选择提供了标准。二、通过物理力学试验摸清了我国主要木材的力学性质和安全系数，对木材合理使用提供了科学依据，减低了木材利用中的浪费现象。三、三十年代他在国外搜集了有关木材研究的大量文献资料和木材样品标本，为我国建立木材学的研究工作的体制，提供了必要条件，有利于我国木材科学研究赶超国际水平。四、他培养了一批科学干部，使我国木材学的研究工作后继有人。

12月，《云南统一战线》刊登《他把一生献给了祖国的木材研究事业》。我国木材学的开拓者，著名的木材学家唐燿，在经历了93年的人生旅程后，于今年6月6日因病与世长辞。唐先生的一生，曲折坎坷，遭受了许多磨难和风霜，但他始终追求真理，不畏艰险和劳苦，孜孜不倦地为我国木材学研究事业而奋斗，为我国木材学的创立和发展做出了突出的贡献，奠定了我国木材科学的基础。唐燿1905年出生于江苏省江都县，其父英年早逝，其母含辛茹苦把他抚养大。由于母亲对他的教育十分严格，使他从小就养成了勤俭好学、不怕困难、勇于进取的性格。1927年春，唐耀毕业于南京东南大学理科植物系，后到江苏扬州中学任生物教员。1930年，北平静生生物调查所胡先骕邀请唐耀北上从事中国木材解剖学的研究，从此，唐耀走上了从事木材学研究的道路。青年时代的唐耀，面对疮痍满目的祖国，便立下了为中国人争光，建立中国自己的木材解剖学的志向和理想。为此，他把全部精力都投入到木材学的研究事业中。1932年至1935年，唐耀完成了《中国木材研究》论文（英文）7篇，编著出版了中国第一部木材学专著《中国木材学》。该书由商务印书馆出版，约50万字，记载了我国300余种，217属木材的分类及材性。1935年秋，唐耀获得美国洛氏基金会的奖学金，赴美国耶鲁大学留学，1938年，他以优异的成绩获得了美国耶鲁大学研究院的博士学位，其博士论文《金缕梅科木材系统解剖的研究》也被收入耶鲁大学的博士论文集。在美国留学期间及毕业后的一段时间里，唐耀把精力都集中在学习和参观考察上。他先后参观了美国、加拿大的一些林产研究所。尔后，又到欧洲的英、法、德、瑞、意等国的林产研究机构及木材、森林研究单位考察学习。1939年夏天，唐耀怀着一颗赤诚的爱国之心，带着重约两吨共19箱木材研究标本和资料，历经几个国家的周转终于回到了祖国。当时的中国正遭受日本帝国主义的蹂躏，加之国民党的黑暗统治，到处兵荒马乱。在极其艰难的条件下，唐耀于1939年9月，在四川北碚草创了中国第一个国家级的木材研究机构"中工所木材试验室"，开展我国木材材性的研究。然而，在半殖民地半封建社会的旧中国，一个科学家要实现自己的科学梦是何等的艰难。中华人民共和国成立后，党和政府对唐耀开创的木材研究机构十分重视，把它扩建为"西南木材试验馆"。1952年，根据国家发展的需要，西南木材试验馆迁到北京，合并筹建为林业部中央林业科学研究所。唐耀任副所长、森工系主任及研究员。为了新中国的社会主义建设，唐耀一心扑在木材学的研究上，他不辞劳苦，从北到南，几乎走遍了祖国的大小林区，翻越了无数的崇山峻岭。他的一项项木材学的科研成果，解决了我国工业建设中使用木材上遇到的许多难题，同时也避免了许多木材利用中的浪费现象。1959年，唐耀调到中科院昆明植物研究所工作。在云南这个植物王国里，他如鱼得水，成果倍出。在植物所工作期间，他先后出版了《云南热带材及亚热带材》《中国裸子植物及木材解剖》《木材解剖学》等近百万字的著作，同时还发表了许多学术论文，他的这些著作和论文，奠定了我国木材学的基础，受到了国内外学者的赞许。唐耀还为国家培养了许多木材研究人员，其中有的后来成为我国知名的木材学家，如何天相、王恺、屠鸿远等。他把一生都献给了祖国的木材学研究事业。在他的家里，到处是木材的标本和研究木材的资料，他把这些视为他的生命，十分珍惜。十年浩劫期间，他被戴上了反动学术权威的帽子，受到残酷打击和迫害，他的妻子、儿女也遭受株连，甚至被毒打，但他横眉冷对，宁折不屈，没有落一滴泪。但当他看到自己苦心研究一生的几百块木材标本被人烧毁、被抛弃时，痛心疾首，落下了痛苦的泪水。"四人帮"被粉碎后，唐耀迎来了科学的春天，他仿佛青春焕发，更加惜时如命，不知疲倦地忘我工作，把全部身心都倾注在木材学的研究事业上，为了祖国科学事业的发展，发挥了最后的一点光和热。唐耀在他的一篇回忆文章中结合自己的亲身经历总结道："在中国，只有在中国共产党的领导下，我国的科学事业才能名副其实地得到蓬勃发展"。唐耀于 1956 年加入九三学社，曾先后担任九三学社昆明分社第二、三届委员，九三学社云南省工作委员会委员，九三学社云南省第一届委员会常务委员，第二届名誉顾问。并当选过全国政协第五、六届委员会委员，云南省第三、第五届人大代表。他的一生，是奋斗的一生，他为科学事业而攀登的精神，为祖国繁荣昌盛而献身的精神，永远值得我们学习。

● 2003 年

8 月，胡宗刚《唐耀与中国木材学研究》刊于《中国农史》2003 年第 3 期 27 ~ 33 页。

12 月，李家寅、聂岳《中国木材学的奠基者唐耀》收入扬州市政协文史和学习委员会编《扬州文史资料》2003 年第 23 辑 115 ~ 120 页。

● 2004 年

7 月，牟宝恒《他把一生献给了祖国的木材研究事业——忆九三社员，著名木材学家唐耀》。

● 2008 年

10 月 28 日，中国科学院昆明植物研究所迎来 70 周年华诞。昆明植物所在

70 年的发展历程中，以"原本山川、极命草木"的创新理念和精神，经由几代人的科学实践与心智发展而凝聚合成，进一步凝练和升华了"献身科学，无私奉献；协力创新，再铸辉煌；和衷共济，革故鼎新；自强不息，引领未来"的优秀传统、意志品格和思想境界。中国老一辈植物学家胡先骕、蔡希陶、严楚江、郑万钧、汪发缵、俞德浚、陈封怀、唐耀、冯国楣、周俊、孙汉董和生物化学家彭加木等曾先后在该所任职或工作，辛勤耕耘在云南这片植物王国的神奇的红土地上，写下了光辉的篇章。

● 2011 年

10 月，《20 世纪中国知名科学家学术成就概览：农学卷·第一分册》由科学出版社出版，其中载陈嵘、沈鹏飞、蒋英、陈植、叶培忠、郝景盛、唐耀、郑万钧等。国家重点图书出版规划项目《20 世纪中国知名科学家学术成就概览》，以纪传文体记述中国 20 世纪在各学术专业领域取得突出成就的数千位华人科学技术和人文社会科学专家学者，展示他们的求学经历、学术成就、治学方略和价值观念，彰显他们为促进中国和世界科技发展、经济和社会进步所做出的贡献。农学卷记述了 200 多位农学家的研究路径和学术生涯，全书以突出学术成就为重点，力求对学界同行的学术探索有所镜鉴，对青年学生的学术成长有所启迪。本卷分四册出版，第一分册收录了 54 位农学家。

● 2014 年

12 月 8 日至 14 日，首届上海木文化节在上海尊木汇国际艺术广场举行，上海木文化博物馆同期开馆。上海木文化博物馆，坐落在宝山区沪太路 2695 号，场馆面积 13000 平方米，是国内唯一以木文化为主题的博物馆，集名木科普、木雕艺术、家具建筑、文化传播于一体，有机地将原生态名木文化与木雕工艺相融合，引导一种尊木爱木，木尽其用、可持续发展的价值观。

● 2016 年

6 月，张在军著《发现乐山：被遗忘的抗战文化中心》由福建教育出版社出版。其中第九章刊载"唐耀与中国第一个木材研究馆"以及"第二节 唐耀开拓中国木材学"和"第三节 木材试验馆创建始末"。

• 2017 年

8 月，云南省老科技工作者协会编《科技楷模：云南省杰出科技专家传略（二）》由云南科技出版社出版。其中 199 ～ 204 页刊登《"木"倚"才"而成"材"——中国木材学的创始人和奠基者唐燿》。

• 2019 年

3 月 21 日，姜笑梅研究员和殷亚方研究员访问中国科学院昆明植物研究所，参观了植物标本馆与木材标本馆，重点了解木材标本与切片的保存与利用现状。22 日拜访了唐燿先生的儿子唐致沪先生，与唐致沪先生一起回顾了其父生前工作经历，表达了中国林业科学研究院木材工业研究所拟溯源木材所的历史，宣传唐燿先生对中国木材学所做的开创性工作的意愿，希望亲属提供更多的资料。唐致沪先生当场拿出其父在耶鲁大学博士毕业及父母亲在云南的照片。

成俊卿年谱

成俊卿（自中国林业科学研究院）

● **1915 年（民国四年）**

11 月 14 日（农历十月八日），成俊卿（CHENG Junqing, CHENG Chün-Ching）生于四川省江津县。

● **1931 年（民国二十年）**

是年，成俊卿从四川江津白沙镇区立高等小学校小学毕业。

● **1933 年（民国二十二年）**

是年，成俊卿从四川江津白沙镇区立高等小学校附设商科初中简易班初中毕业。

● **1935 年（民国二十四年）**

6 月，省立安徽大学农学院创立。

11 月，四川大学农学院农林系分为农艺系和森林系，由木材学专家程复新教授担任森林系主任。程复新（1894—1956 年），林学家，山东东平人。1917 年毕业于燕京大学理科。1931 年毕业于美国纽约州立林学院，获林学硕士学位。1948 年加入中国民主同盟。曾任浙江大学、四川大学教授兼森林系主任。中华人民共和国成立后，历任四川大学农学院院长（1950 年 1 月—1956 年 8 月），四川省农林厅、林业厅厅长，中国林学会理事、四川省林学会第一届理事长，四川省科普协会第一届主席。著有《台湾之森林》《中国木本植物学名解》，编有《中国木材识别检索表》。

● **1937 年（民国二十六年）**

是年，成俊卿从四川江津中学（四川江津第一中学）三十班毕业。

● **1938 年（民国二十七年）**

9 月，成俊卿考取四川大学农学院森林系。

● **1939 年（民国二十八年）**

9 月，四川省立遂宁高级农业职业学校创建。1940 年秋，遂宁高级农业职业学校增设森林科，招生一个班，1950 年 2 月遂宁农校并入川北遂宁师范学校，1953 年 8 月该校森林科合并组建四川省灌县林业学校。

9 月，国民政府经济部中央工业试验所在重庆北碚创建木材试验室，负责全国工业用材的试验研究，这是中国第一个木材试验室。编印《木材试验室特刊》，每号刊载论文一篇，至 1945 年，共出版 45 号，其作者主要有唐燿、王恺、屠鸿达、承士林等。

● 1940 年（民国二十九年）

6 月，中央工业试验所木材试验室毁于日机轰炸。

8 月，木材试验室迁至乐山。

● 1942 年（民国三十一年）

7 月，成俊卿从四川大学农学院森林系毕业，获农学学士学位。

8 月，在中央工业试验所的协助下，唐燿在乐山购下灵宝塔下的姚庄，将中央工业试验所木材试验室扩建为木材试验馆，唐燿任馆长。根据实际的需要，唐燿把木材试验馆的试验和研究范畴分为八个方面：①中国森林和市场的调查以及木材样品的收集，如中国商用木材的调查；木材标本、力学试材的采集；中国林区和中国森林工业的调查等。同时，对川西、川东、贵州、广西、湖南的伐木工业和枕木资源、木材生产及销售情况，为建设湘桂、湘黔铁路的枕木供应提供了依据。还著有《川西、峨边伐木工业之调查》《黔、桂、湘边区之伐木工业》《西南木业之初步调查》等报告，为研究中国伐木工业和木材市场提供了有价值的实际资料。②国产木材材性及其用途的研究，如木材构造及鉴定；国产木材一般材性及用途的记载；木材的病虫害等。③木材的物理性质研究，如木材的基本物理性质；木材试验统计上的分析和设计；木材物理性的惯常试验。④木材力学试验，如小而无疵木材力学试验；商场木材的试验；国产重要木材的安全应力试验等。⑤木材的干燥试验，如木材堆集法和天然干燥；木材干燥车间、木材干燥程序等的试验和研究。⑥木材化学的利用和试验，如木材防腐、防火、防水的研究；木材防腐方法及防腐工厂设备的研究；国产重要木材天然耐腐性的试验。⑦木材工作性的研究，如国产重要木材对锯、刨、钻、旋、弯曲、钉钉等反应及新旧木工工具的研究。⑧伐木、锯木及

林产工业机械设计等的研究。

8月，成俊卿任四川省乐山县中央工业试验所木材试验室技佐，后任助理研究员，至1945年。

● 1945年（民国三十四年）

9月，四川省立遂宁高级农业学校校长蓝正平聘成俊卿任森林科主任，成俊卿讲授除测量学以外的全部林业课程，至1947年。蓝正平，四川荣昌人，四川大学农学院农艺学系毕业。

● 1946年（民国三十五年）

1月25日，国民政府教育部作出决定，重建安徽大学，由教育部直接管辖，称安徽大学，同时立即成立安徽大学筹备委员会，朱光潜、陶因、高一涵、叶云龙、杨亮功、章益、刘真如、张忠道、汪少伦、程演生、刘英士和王培仁为筹备委员，任命朱光潜为筹委会主任，陶因兼任筹委会秘书。

7月，安徽大学陶因致信兰州西北农业专科学校校长齐坚如，希望其回皖任安徽大学农学院院长。

11月，安徽大学在安庆恢复，齐坚如由兰州西北农业专科学校回安徽，任安徽大学农学院首任院长。齐坚如多方延揽人才，申请经费，创立农学、森林和园艺3个系，聘请杨著诚、吴清泉、沈寿铨等知名专家任系主任，并建立苗圃、农场和畜牧场。

5月7日和11日，国民政府即决定继续选派自费留学生出国，并组织全国性的公费留学生考试选派工作，先后公布《自费生留学考试章程》和《公费生留学考试章程》，决定本年度无论公费生还是自费生均须通过留学考试合格，方可出国。

11月，《教育部三五年度自费留学考试录取名单》公布：森林（8名）：陈启岭、袁同功、黄中立、阳含熙、葛明裕、黄有稜、成俊卿、王业遽。

● 1947年（民国三十六年）

12月，成俊卿兼任四川农业改进所技佐，至1948年。

● 1948 年（民国三十七年）

是年，成俊卿赴美国西雅图华盛顿大学（University of Washington）林学院攻读林产工业专业。

9 月 12 日，上海《申报》刊登一则消息称：安徽大学校长杨亮功今夏在京（指南京），新聘大批教授，计有方重、陈顾远、樊映川、孙华等，该校定于 9 月 20 日开学，27 日上课。

● 1949 年

4 月 22 日，人民解放军进入安庆，并接管安徽大学。

10 月，许杰任安徽大学校长，至 1954 年 2 月。

13 日，安徽大学开始招收数学、物理、化学、土木工程、农艺、森林、园艺 7 个系新生及插班生，考区设在芜湖、安庆、合肥、南京 4 处。

12 月，安徽大学从安庆迁往芜湖，与安徽学院合并，恢复校名安徽大学，正式成立校务委员会，委员有许杰、靳树鸿、刘乃敬、吴锐、吴遁生、齐坚如、詹云青、黎洪模等 12 人，许杰任校务委员会主任委员。

12 月 16 日，乐山解放。

● 1950 年

1 月，木材试验馆由中国共产党四川省乐山专员公署接管。

7 月，乐山木材试验馆隶属政务院林垦部，并改名为政务院林垦部西南木材试验馆。

● 1951 年

7 月，柯病凡在安徽大学农学院森林系内筹建成立森林利用组，卫广扬从安徽大学农学院森林系毕业，留校任柯病凡助手。成俊卿到安徽大学农学院后，卫广扬担任成俊卿助手。

10 月，成俊卿从美国西雅图华盛顿大学林学院毕业，获林学硕士学位，论文题目《华南主要树种的木材解剖》。

11 月 8 日，成俊卿回到广州，之后任安徽大学农学院副教授，至 1956 年。成俊卿先后编写《木材学》《木材干燥》《木材防腐》《胶合板》4 门课的教材，

这是我国较早较完整的木材科学教材。

是年，安徽大学农学院树木标本室建立。

● 1952 年

2 月，成俊卿编《木材防腐学》油印。

10 月，成俊卿副教授编著《薄木层板与层板胶》由安徽大学农学院油印。

12 月，中央人民政府政务院林垦部西南木材试验馆 13 人从四川迁北京并入中央人民政府林业部林业科学研究所筹委会。

● 1953 年

6 月，安徽大学林学系林产利用组《上海之木材工业》刊于《技术丛刊》1953 年第 1 号。

9 月，成俊卿摘译《木材构造图》由安徽大学农学院刊印。

10 月，为适应安徽农业发展的需要，高等教育部决定安徽大学农学院在芜湖独立建院，成立安徽农学院，干仲儒同志任首任院长、党委书记。

11 月，成俊卿《华东重要木材识别之初步研究》（研究报告 第 1 号）由安徽大学林学系林产利用组刊印。

● 1954 年

1 月，安徽大学林学系林产利用组《一九五四年级上海实习总结》刊于《技术丛刊》1954 年第 2 号。

5 月，安徽大学林学系林产利用组《东北森林工业实习总结》刊于《技术丛刊》1954 年第 3 号。

6 月，成俊卿、卫广扬《华东松属木材解剖性质及用途之研究》（研究报告 第 2 号）由安徽农学院林学系林产利用组刊印。

● 1955 年

是年，成俊卿摘译《木材构造图》（第一次修订）由安徽农学院林学系林产利用组刊印。

● 1956 年

2 月，成俊卿《木材解剖在被子植物发育研究中的任务》由安徽农学院森林利用教研组刊印。

8 月，成俊卿借调至林业部林业科学研究所任研究员、木材工业研究室负责人。1956—1960 年期间，成俊卿仍兼授安徽农学院林学系木材学课程。

9 月，成俊卿《国产主要乔木树种木材检索表（根据肉眼及 10X 放大镜下所见的特征）》（研究报告 第 4 号）由安徽农学院林学系林产利用组刊印。9 月 22 日，森林工业部第 13 次部务会议决定成立森林工业科学研究所，任命李万新为筹备主任，张楚宝、唐燿、成俊卿、黄丹、贺近恪为委员，成俊卿任木材构造及性质研究室负责人。

12 月，喻诚鸿《木材解剖在植物分类研究中的意义》刊于《植物学报》1956 年第 5 卷第 4 期 411 ～ 425 页。

12 月，安徽农学院成俊卿副教授等完成《中国裸子植物材解剖性质及用途的初步研究》，起止日期 1956 年 12 月至 1964 年 10 月。

是年，成俊卿《国产主要乔木树种木材检索表》由安徽农学院森林利用教研组刊印。

● 1957 年

3 月，成俊卿、卫广扬《针叶树材解剖性质记载要点和说明》刊于《植物学报》1957 年第 6 卷第 1 期 53 ～ 72 页。

6 月，《安徽农学院学报》创刊，干仲儒撰写《把科学研究建立在实践的基础上——代发刊词》。

● 1958 年

7 月，林业科学研究所、森林工业科学研究所材性研究室木材构造组编《中国重要裸子植物材的识别》由中国林业出版社出版，该书由成俊卿编著。

10 月，中国林业科学研究院成立，成俊卿任中国林业科学研究院森林工业科学研究所研究员、材性室副主任。

11 月，ЛI. M. 别列雷金著，章群等译《简明木材学》由中国林业出版社出版。

1959 年

7 月，成俊卿《针叶树材解剖性质的记载要点和说明》刊于《林业实用技术》1959 年 42 期 12 页。

7 月 7 日，成俊卿、周崟《长白落叶松管胞长度的变异研究》（研究报告森工部分第 3 号，中国林业科学研究院森林工业科学研究所材性研究室）由中国林业科学研究院科学技术情报室刊印。

8 月，成俊卿《选用坑木的依据和树种》刊于《林业实用技术》1959 年 43 期 9 页。

12 月，《安徽农学院林学系森工系研究报告汇编》（第一辑）由安徽农学院林学系森工系刊印，其中 33 ~ 39 页收录成俊卿、柯病凡、徐全章、柴修武、唐汝明、叶呈仁《安徽主要经济木材的材性及用途》。

是年，成俊卿、周崟《长白落叶松管胞长度变异的研究》（森林工业研究报告 3 号）由中国林业科学研究院刊印。

1960 年

1 月，森林工业科学研究所成俊卿、胡荣、张寿和、张文庆完成《北京地区木材平衡含水率及其变异的研究》，起止时间 1957 年 4 月至 1960 年 1 月。课题研究了北京地区主要用材（针阔叶材 14 种，竹材 1 种）的平衡含水率，并就其有关因子（如树种、部位、解锯法、试件大小及放置场所等）亦即变异性进行探讨。结果表明：木材平衡含水率的变异与其试样取自心、边材、锯制方向、尺寸大小、树种等的变异均很小，在实际应用上可不予考虑。平衡含水率主要决定于空气状况，除以相对湿度的影响为主外，温度也起一定作用。已达气干状态的试样，再经过 1 年，即可获得木材平衡含水率，无须长时间。北京地区的木（竹）材平衡含水率，室内和室外的均值分别为 9.4% 和 11.3%（约 9% 和 11%），最大为 13% 和 16.1%，最小为 6.2% 和 7%。

2 月，成俊卿任中国林学会第二届理事会理事。

3 月，中国林业科学研究院将森林工业科学研究所改为木材工业研究所，并将森林工业科学研究所的林化研究室与上海林产试验室合并，在南京成立林产化学工业研究所。

3 月，成俊卿、何定华、陈嘉宝、周崟、孙成志著《中国重要树种的木材鉴别及其工艺性质和用途》由中国林业出版社出版。何定华，河南南阳人，1918年6月20日生，1986年加入中国共产党。1942年毕业于西北农学院森林系。曾任四川乐山木材试验馆研究助理员、技士。中华人民共和国成立后，历任中国林业科学研究院木材工业研究所助理研究员、副研究员、研究员，木材加工研究室主任。主持完成我国红松、水曲柳、落叶松等21种木材干燥基准试验，主要针叶树和软阔叶树材高温干燥工艺研究。与他人合撰发表有《东陵冷杉等成材高温炉干基准的研究》等论文。2009年12月28日去世。

8月2日，成俊卿、李源哲《福建速生丰产杉木的木材构造及其物理力学性质的初步试验研究》（研究报告 代号：035）由中国林业科学研究院科技情报室刊印。

是年，成俊卿、李源哲、文善静完成《合理选用木材、扩大树种利用报告》。

是年，木材工业研究所成俊卿、何定华、李源哲完成《红松和水曲柳的板材干缩研究》，起止时间1959—1960年，试验结果说明红松、水曲柳不同宽度和厚度以及不同角度的板材干缩变化的规律，并据此列出了两种木材宽度10～30cm，厚度1.5～7cm各种尺寸板材的干缩余量表，供木材加工用材部门的参考，以及今后制定标准的基本数据。另外，本文尚总结了各国研究木材干缩产生的原因，和影响木材干缩的因子，并提供今后进行其他种木材干缩余量的测定方法。

● 1961年

是年始，成俊卿赴除新疆、西藏外的重要林区采集标本，采集约2000种成熟干材的4000号木材标本。中国林业科学研究院木材标本馆是在1928年成立的北平静生生物调查所与1939年成立的中央工业试验研究所木材试验室基础上建立起来的。经过几代人的努力和90多年的积累，已建成储藏量中国第一、亚洲第一的木材标本馆。截至2021年5月，中国林业科学研究院木材标本馆共保藏国内外木材标本36000余号，约9638种，隶1954属，260科；木材切片36000余片，约1500种，隶570属，136科；腊叶标本6000余号。初步建成数字化木材标本馆，已完成421种木材标本数字化工作。木材标本产地包括国内木材标本来自全国所有地区（包括台湾地区），保存有正号标本1块，副号标本若干；国外木材标本来自全世界 80 多个国家和地区，包括亚洲、非洲、拉丁美洲、欧洲、大洋洲等地区的濒危木材及珍贵木材。木材标本分类及管理：阔叶树木材标本按哈钦松（Hutchinson）分类系统排列，针叶树木材标本按郑万钧分类系统排列；同时保存 4 套名录检索卡片，即科名卡、属名卡、产地卡、号码卡；标本基本信息在"中国林科院木材标本查询系统"中均可查询，查询信息包括：中文名、拉丁名、科属名、英文名、别名、产地、标本号、标本柜号、木材物理力学加工特性、木材宏微观构造特征、木材宏观照片、木材微观三切面照片等。

是年，木材工业研究所成俊卿、杨家驹完成《阔叶树材粗视构造的鉴别特征》，起止时间 1960—1961 年。研究采用低倍显微照片 42 张，依 1957 年公布的国际木材解剖家协会名词语汇以阐明阔叶树材粗视构造。其内容有生长轮、管孔、轴向薄壁组织、木射线、波痕、其他特征、化学鉴别、物理特性及次要特征等。

• 1962 年

3 月，成俊卿、李源哲、孙成志《人工林及天然林长白落叶松木材材性比较试验研究》刊于《林业科学》1962 年第 7 卷第 1 期 18～27，102～103 页；同期，成俊卿、杨家驹《阔叶树材粗视构造和鉴别特征》刊于 35～44，98～101，104～110 页。

6 月，成俊卿、胡荣、张寿和、张文庆《北京地区木材平衡含水率及其变异的研究》刊于《林业科学》1962 年第 7 卷第 3 期 193～203 页。

12 月，成俊卿、鲍甫成、孙成志《长白落叶松木材导湿性与木材构造—纹孔托位置的关系》刊于《中国林业科学研究院研究报告·森工》[研究报告森工（62）2 号，中国林业科学研究院木材工业研究所材性研究室]由中国林业科学研究院科学技术情报室刊印。

是年，木材工业研究所成俊卿、孙成志、李秾完成《中国松属树种的木材解剖特性与木材归类的研究》，起止时间 1961—1962 年。研究除参考国外根据树木的外部形态及木材的显观构造进行研究外，增加木材的外部特征及物理力学性质，以结合生产上的需要为主，进行归类研究。利用现有松属材料进行粗视（16 种）和显微（25 种）构造及主要物理力学性质（17 种）的比较研究，将人所共知的软木松和硬木松两大类，进一步把我国 20 余种松木分为 6 类，即五针松类、广东松类、白皮松类、油松类、海南松类及南方松类。

• 1963 年

2月，根据中国科学技术协会意见，中国林学会召开在京理事会议，决定在常务理事会下设四个专业委员会，即林业、森工、科学技术普及委员会和《林业科学》编委会，陈嵘任林业委员会主任委员，郑万钧任《林业科学》编委会主编。《林业科学》北京地区编委会成立，编委陈嵘、郑万钧、陶东岱、丁方、吴中伦、侯治溥、阳含熙、张英伯、徐纬英、汪振儒、张正昆、关君蔚、范济洲、黄中立、孙德恭、邓叔群、朱惠方、成俊卿、申宗圻、陈陆圻、宋莹、肖刚柔、袁嗣令、陈致生、乐天宇、程崇德、黄枢、袁义生、王恺、赵宗哲、朱介子、殷良弼、张海泉、王兆凤、杨润时、章锡谦，至1966年。

6月，成俊卿、李源哲、孙成志《东北林区人工林与天然林红松木材材性的比较研究》刊于《林业科学》1963年第8卷第3期195～213页。

是年，成俊卿、孙成志、李秾《中国松属树种的木材解剖特性与木材归类的研究》由中国林业科学研究院木材工业研究所刊印《中国林业科学研究院研究报告·森工》(63)9号。

是年，成俊卿与朱惠方一起组织制定《木（竹）材性研究纲要10年规划》，强调木材化学性质和木材细胞壁亚微观结构研究的重要性。

• 1964 年

3月，中国科学院林业土壤研究所黄达章主编《东北经济木材志》由科学出版社出版。

是年，成俊卿、柯病凡主编《安徽木材（第一辑）》由安徽农学院林学系刊印，由成俊卿、柯病凡、唐汝明、卫广扬、徐全章编写。柯病凡（1915—1995年），湖北应城人。1941年毕业于西北农学院森林系。历任黄河水利委员会技术员，中央工业试验所木材试验馆助理研究员，安徽大学、安徽农学院（安徽农业大学前身）讲师、副教授、森林工业系主任、林学系主任、教授（一级），兼任《安徽农业大学学报》编委会主任委员，林业部科学技术委员会委员、顾问，《中国大百科全书·农业卷》编委会委员，安徽省林学会副理事长，中国林学会理事等职。是安徽农业大学木材科学与技术专业奠基人和学科带头人，先后撰写并发表有关木材物理力学及解剖学方面的论文40余篇；与人合著有《安徽木材》《木材学》《中国主要木材物理力学性质》（国家标准）、《木材物理力学试验方法》

《森林利用学》（国家高等林业院校通用教材）、《山西中条山木材志》及合译《木材学》等著作。

是年，成俊卿译《木材解剖学名词语汇》由国际木材解剖学家协会名词委员会、中国林业科学研究院木材工业研究所刊印。

● 1965 年

5 月 20 日，《成果公报》1965 年总第 19 期公布中国林业科学研究院木材工业研究所成俊卿、杨家驹《阔叶树材粗视构造的鉴别特征》成果。利用肉眼和 10 倍放大镜鉴别木材，对木材生产和使用单位在现场鉴别木材具有现实意义。本文内容有：①生长轮——环、散及半环孔材；②管孔——排列、穿孔、内含物、数目和大小；③轴向薄壁组织——显明度及分布；④木射线——宽度、聚合射线、高度和数目；⑤波痕；⑥其他特征——正常轴向树胶管、髓斑、内涵韧皮部和树皮；⑦化学鉴别法；⑧物理特征——气味、滋味、材色、光泽、纹理、结构、花纹、荧光观象、重量、硬度等；⑨次要特征——油细胞或黏液细胞、异细胞射线、径向树胶管或乳汁管等。

5 月 20 日，《成果公报》1965 年总第 19 期公布中国林业科学研究院木材工业研究所成俊卿、何定华、李源哲《红松和水曲柳的板材干缩研究》成果。利用红松、水曲柳作材料，测定两个树种板材的干缩。内容包括：一、木材干缩理论；二、红松及水曲柳板材干缩试验两大部分。结论为：①红松干缩率比水曲柳小；②水曲柳木材中的水分移动比红松困难，即干燥较难；③木材含水率约在 20% 范围内与干燥的关系成正比；④宽弦锯板比窄弦锯板干缩小；⑤宽生长轮的水曲柳与窄生长轮比，密度和干缩率较大。

5 月 20 日，《成果公报》1965 年总第 19 期公布中国林业科学研究院木材工业研究所成俊卿、胡荣、张寿和、张文庆《北京地区木材平衡含水率及其变异的研究》成果。研究木材在某一气候状态下，特别是在天然状态下的平衡含水率或稳定含水率，在木材干燥和使用上具有重要的意义。因为在建筑方面彻底气干的木材用得很多，特别是长江流域和川南地区，一般室内均无空调设备者更是如此。除研究北京地区内主要用木、竹材 15 种的平衡含水率外，还试图探讨与含水率有关的某些因子。结论是：①试样大小以采用 7.5 厘米 ×2.5 厘米 ×2.5 厘米或 20 厘米 ×2.5 厘米 ×5 厘米为宜；②室内平均平衡含水率（9%）比室外者

（11%）低；③影响平衡含水率的主要因子，首先是相对湿度，第二是温度。

9 月 20 日，成果公报 1965 年总第 21 期中国林业科学研究院木材工业研究所成俊卿、孙成志、李秾《中国松属树种的木材解剖特性与木材归类的研究》。本文系国内研究商品材分类最早者，将我国最常见的松属树种（31 种）分为五针松、广东松、白皮松、油松、海南松和南方松 6 类。文内记载了松属树种的分布、分类系统、木材宏观和微观构造、材性和用途、木材归类及讨论等项。在讨论中提出湿地松的拉丁名的更正问题；黄山松不应并入台湾松内；白皮松兼具硬木松和软木松的性质而为中间类型。

9 月 20 日，成果公报 1965 年总第 21 期公布中国林业科学研究院木材工业研究所成俊卿、周崟《长白落叶松管胞长度的变异研究》成果。采集东北林区主要树种之一的长白落叶松（现称黄花落叶松）3 株，测定管胞长度在不同部位上的变异。①年龄与管胞长度：由髓心向外增加长度，60 年后增长很慢。②树高与管胞长度：由 0.0 米起向上增加至 13.3 米处达到最大，往后减短；1.3 米处的管胞长度更接近全树的平均数。③早、晚材管胞长度的差异：晚材管胞比早材管胞长 18%。④管胞长度在各方向上的差异：东、西、南、北方向上的差异很小。⑤株间差异不及株内不同部分的差异大。⑥采集标本时，宜在 5～9 米间干材或 1.3 米以上采伐，勿在树基或树梢；远离髓心，勿近树皮。

9 月 20 日，成果公报 1965 年总第 21 期公布中国林业科学研究院木材工业研究所成俊卿、李源哲、孙成志《东北林区人工与天然林红松木材材性的比较研究》成果。在草河口红松人工林和立地条件类似的敦化红松天然林内，各选伐 4 株，作木材构造和物理力学性质的比较试验研究，以揭示不同营林方式的红松材性及其在株内的变异。①人工与天然红松林的木材解剖特性和物理力学性质比较，人工林红松比天然林直径生长快 4 倍，高生长约快 3 倍；管胞较长较大；若就相应年轮相比则更重更强。②同高度不同部位上的木材解剖特性和物理力学性质比较，从髓心向外增加。③同部位不同高度上的木材解剖特性和物理力学性质比较，1.3～11.3 米之间管胞长度增加，木材密度减小。④年轮的年龄与密度的关系，密度随年龄而增加，不与年轮宽度相关。⑤人工营造红松林能促进其林木生长，并提前成熟。

是年，成俊卿率队去海南岛考察热带森林并采集热带树木标本，中南林学院黄玲英参加。

● 1968 年

12 月，成俊卿、孙成志、李秾《中国松属树种的木材解剖特性与木材归类的研究》[研究报告森工（63）9号，中国林业科学研究院木材工业研究所材性研究室]由中国林业科学研究院科学技术情报室刊印。

● 1977 年

8 月 8 日，中国农林科学院颁发木材工业研究所印章。

8 月 19 日，"中国农林科学院林业筹备所"暂定为"中国农林科学院森林工业研究所"，并启用"印章"。

是年，成俊卿、李秾编成《中国木材及树种名称》，该书以树木分类系统为基础，按木材特性和用途的异同，将全国近 1000 种用材树种（隶 101 科、约 350 属），归并为商品材 380 类。该书不仅简化木材的基础研究工作，并大大地方便木材合理利用和树种代用的推广工作。

是年，成俊卿开始组织编著《木材学》。

● 1978 年

12 月，成俊卿任中国林学会第四届理事会理事。

是年，成俊卿、李秾《中国木材及树种名称》由中国林业科学研究院刊印并发至有关单位参考。

是年，成俊卿《安徽主要商品材原木识别检索表》由安徽农学院刊印。

是年，成俊卿组织制订《1978—1985 年木材性质重点科研规划》，成俊卿提出添置先进仪器设备，重点研究木材细胞亚微观结构、非破损检验理论和方法、木材学理论、浸提物成分、木质素、半纤维素等，并且非常重视规划的实施。

● 1979 年

1 月 23 日，经中国林学会常务委员会通过，改聘《林业科学》第三届编委会，主编郑万钧，副主编丁方、王恺、王云樵、申宗圻、关君蔚、成俊卿、阳含熙、吴中伦、肖刚柔、陈陆圻、张英伯、汪振儒、贺近恪、范济洲、侯治溥、陶东岱、徐纬英、黄中立、黄希坝，至 1983 年 2 月。

6 月，西北农学院林学系主编，汪秉全编著《陕西木材》由陕西人民出版社出版。该书引用了中国林业科学研究院木材工业研究所等单位的材性试验结果，林学系的材性试验由汪秉全、赵志才、安培钧、李光洁、刘绪森、李锦梅等同志完成。汪秉全（1916—1993 年），木材学专家，安徽芜湖人，九三学社社员。1941 年毕业于中山大学农学院森林系，曾任南京中央林业实验所技士，湖南省立农业学校林科讲师。1949—1950 年进修于英国爱丁堡大学。回国后历任西北农学院林学系、西北林学院教授，陕西省第六届人民代表大会代表。长期从事木材学的教学和研究工作。编著有《木材识别》《陕西木材》《英汉木材工业词汇》《木材科技词典》等。其中《陕西木材》1979 年获陕西省人民政府科技成果三等奖。论文《中国阔叶材管孔式类型的研究》的观点和研究方法受到同行青睐。在中国首届教师节将 10000 元稿费捐赠给学校用作奖学金基金，受到师生称赞。

9 月，成俊卿、杨家驹、刘鹏、卢鸿俊编著《木材穿孔卡检索表（阔叶树材微观构造）》由农业出版社出版。

10 月，中国林业科学研究院科技情报研究所《中国林业科技三十年 1949—1979》由中国林业科学研究院科技情报研究所刊印，中国林业科学研究院作序，其中 408～417 页收录成俊卿、李源哲、周鉴《木材性质的研究》。

● 1980 年

6 月，成俊卿主编《中国热带及亚热带木材：识别、材性和利用》由科学出版社出版。

12 月，Timell T E. "*Karl Gustav Sanio and the first scientific description of compression wood*" 刊于 "*IAWA Bull*" 1980 年第 1 卷第 4 期 147～153 页，系统地介绍了卡尔·古斯塔夫·桑里奥和他的科学贡献。1860 年，著名德国植物学家卡尔·古斯塔夫·桑里奥（Karl Gustav Sanio）在研究欧洲赤松管胞长度的变异时，发现管胞长度存在径向和轴向的变异规律，通常称之为 Sanio 规律，至今在研究针叶材管胞长度变异还是在他的研究范围之内。卡尔·古斯塔夫·桑里奥被认为是木材解剖学的奠基人。

是年，成俊卿《中国热带及亚热带木材：识别、材性和利用》获 1980 年林业部科技成果一等奖。完成人成俊卿、李秾、孙成志、杨家驹、张寿槐、刘鹏，完成单位中国林业科学研究院木材工业研究所，完成时间 1963—1976 年。我国

森林树种十分丰富，绝大部分分布在南方十三省（自治区）。《中国热带木材亚热带木材》概指产自南方十三省（自治区）——广东（包括海南）、广西、福建、台湾、湖南、湖北、江西、安徽、江苏、浙江、四川、云南、贵州林区的重要用材树种而言。全书涉及用材树种470种，隶281属90科，阔叶树材占90%，就商品材而言，基本上包括了全国重要木材的特性和用途，个别北方有的商品材也在属中加以介绍。每种木材记载采用"木材志"方式，包括名称、树木及分布、木材粗视构造、木材显微构造、木材物理力学性质、木材加工性质和木材利用七个部分。最后专章介绍"木材主要用途"，共分二十一大类，大类下又分小类，根据各项用途对材质的要求，列出最适宜、适宜和所利用的树种。使用时即可以按树种查用途，也可以按用途找树种。本书所用的物理力学数据大部分是自己试验，少数参考了其他资料；木材方面增加了性质和用途一部分来自生产上的调查研究，另一部分根据木材特性自己确定。本专著（约100万字，包括木材显微照片975幅）是首次对我国南方主要用材树种的木材构造、材性及利用进行了比较全面的研究，对合理开发和利用南方森林资源将起到很大作用，对于进一步从事木材科学研究和教学也具有重要意义。

是年，成俊卿完成《木材构造图》。

● 1982 年

9月，成俊卿、蔡少松著《木材识别与利用》由中国林业出版社出版。

是年，木材工业研究所《木材名鉴》由中国林业科学研究院木材工业研究所制作刊印。

● 1983 年

3月，《林业科学》第四届编委会成立，主编吴中伦，副主编王恺、申宗圻、成俊卿、肖刚柔、沈国舫、李继书、徐光涵、黄中立、鲁一同、蒋有绪，至1986年1月。

3月，成俊卿《泡桐属木材的性质和用途的研究（一）》刊于《林业科学》1983年第1期57～63，114～116页。

5月，成俊卿《泡桐属木材的性质和用途的研究（二）》刊于《林业科学》1983年第2期153～167页。

5 月，成俊卿被选为中国人民政治协商会议第六届全国委员会委员。

6 月，成俊卿等《泡桐属木材的性质和用途的研究（三）》刊于《林业科学》1983 年第 3 期 284 ~ 291，339 ~ 340 页。

7 月，成俊卿《泡桐属木材的性质和用途的研究》发表后被摘译成英文，作为中国参加国际林联（IUFRO）会议的研究论文。该文试材树种齐全，试验内容广泛和深入，是迄今研究泡桐材材性最为完整的材料。

10 月，汪秉全编著《木材识别》由陕西科学技术出版社出版。

• 1984 年

6 月，成俊卿《泡桐属木材的性质和用途的研究》刊于《泡桐》1984 年（试刊号）1 ~ 42 页。

6 月，刘松龄编著《木材学》由湖南科学技术出版社出版。刘松龄，中南林学院教授，江西省人，1915 年 7 月出生，1937 年毕业于北平大学农学院。中华人民共和国成立后历任湖北农学院、湖南农学院、中南林学院副教授、教授。主讲森林利用学、木材学，并从事科研工作，开创奠定了湖南木材学的基础。"银杉木材构造和性质的研究"填补了银杉木材研究的空白，银杉是第三纪孑遗树种，为我国所独有，这项研究还对植物进化及地史变迁的探索有重大意义。

• 1985 年

9 月，成俊卿主编《木材学》由中国林业出版社出版。《木材学》由成俊卿主编，李正理、张英伯、吴中禄、鲍甫成、柯病凡、李源哲、申宗圻等 30 多位专家合著的中国第一部木材学方面的权威性专著。全书共 7 篇，32 章，178 万字。其中前四篇论述树木的形成、木材的构造、化学性质、物理性质及力学性质；后三篇论述与现实生产极为密切的木材缺陷、木材材性改进和中国重要木材（521 种）的解剖特征和用途。第 1 篇木材构造：1.1 树木生长与构造；1.2 植物细胞壁；1.3 木材构造与识别；1.4 木材花纹；1.5 木材构造与性质和用途的关系。第 2 篇木材化学性质：2.1 木材细胞壁的化学成分；2.2 木材浸提成分；2.3 木材的化学性质；2.4 树皮的化学成分。第 3 篇木材物理性质：3.1 木材与水分；3.2 木材密度；3.3 木材热学性质；3.4 木材电学性质；3.5 木材声学性质；3.6 木材透气性质。

第 4 篇木材力学性质：4.1 基本概念；4.2 木材抗压强度；4.3 木材抗拉强度；4.4 木材抗弯强度；4.5 木材冲击韧性；4.6 木材顺纹抗剪强度和扭曲强度；4.7 木材硬度和耐磨性；4.8 材料抗劈力和握钉力；4.9 木材容许应力；4.10 木材物理力学性质变异的分析。第 5 篇木材缺陷：5.1 天然缺陷；5.2 生物危害缺陷；5.3 干燥及加工缺陷。第 6 篇木材材质改进：6.1 木材干燥；6.2 木材防腐；6.3 木材改性；6.4 材质改进与营抚措施。第 7 篇中国重要木材：7.1 主要商品材的特征和用途；7.2 商品木材主要用途。

● 1986 年

2 月，《林业科学》第五届编委会成立，主编吴中伦，常务副主编鲁一同，副主编王恺、申宗圻、成俊卿、肖刚柔、沈国舫、李继书、蒋有绪，至 1989 年 6 月。

8 月，成俊卿《中国壳斗科商品材识别的研究》刊于《林业科学》1986 年第 4 期 373 ~ 379，449 ~ 450 页。

● 1987 年

9 月，中国林业科学研究院木材工业研究所孟宪树、成俊卿、何定华、周明、祖勃苏、齐维钧、郭玉兰《泡桐、杨树等速生树种材性和利用的研究》通过成果鉴定。我国木材资源不足、发展速生丰产林和木材综合利用是我国林业的两项基本政策。速生树种泡桐、杨树是北方广为造林树种，预计 2000 年年生产能力将达 3000 万立方米商品材，因此杨、桐等速生材的材性和利用是极为重要的问题。本课题研究 8 种泡桐的基本性质，杨木的窑干基准，杨木做建筑材的防腐和杨木、泡桐制造单板、胶合板、刨花板、中密度纤维板的工艺，为速生材杨木、泡桐利用提供良好基础。

12 月 25 日，在北京举行的中国林学会成立 70 周年纪念大会上，由国务委员方毅、中国科协名誉主席周培源、林业部部长高德占等为荣获第一届"梁希奖"的代表颁奖。《木材学》获中国林学会第一届梁希奖，主要完成人成俊卿、李正理、吴中禄、鲍甫成、柯病凡、李源哲、申宗圻；《木材学》1988 年 9 月还获得中国新闻出版署第四届全国优秀科技图书一等奖。

成俊卿年谱

• 1988 年

3 月 6 日，成俊卿被选为中国人民政治协商会议第七届全国委员会委员。

6 月，成俊卿著《中国热带及亚热带木材：识别、材性和利用》由科学出版社出版，李秾、孙志成、杨家驹、张寿槐、刘鹏等参加编著，全书涉及南方（包括西南）13 个省（自治区、直辖市），记述树种 470 种（隶 90 科，281 属），附显微图片近 1000 幅。

12 月，成俊卿、李源哲、周崟、陆熙娴《我院木材科学研究的概况》收入 1988 年《汇编论文》209 ～ 218 页。

• 1989 年

7 月，《林业科学》第六届编委会成立，主编吴中伦，副主编王恺、刘于鹤、申宗圻、冯宗炜、成俊卿、肖刚柔、沈国舫、李继书、栾学纯、鲁一同、蒋有绪，至 1993 年 7 月。

10 月，钱或境、陈欣省《推荐一部木材科学理论的权威性专著——木材学》刊于《林业科技》1989 年第 5 期 63 ～ 64 页。文中写道：木材是人类从古到今，从生产到生活，都离不开的主要产品。因之，受到世界各国的普遍关注，并逐渐形成了一门科学——"木材学"。相继出版了许多著作，如美国 1934 年版《木材学教科书》、1937 年版《木材结构和性质》；德国 1936 年版《木材技术》、1968 年版《木材技术》《木材学与木材工艺学原理》；英国 1955 年版《木材构造》；日本 1978 年版《木材应用基础》；苏联 1949 年版《木材学》、1954 年版《木材构造》等。

12 月，中国林业科学研究院林业研究所、中国林业科学研究院木材工业研究所《泡桐属植物的种类分布及综合特性的研究》获林业部 1989 年科技进步二等奖，主要完成人员竺肇华、成俊卿、黄雨霖、陈章水、熊耀国、陆新育、周明、鲍甫成、洪德元、徐光远、纪成操、苊哲新、胡荣、李跃林、张文庆、刘启慎、白同仁、廖淑芬、李源哲、韩世民、相亚民、卜祖娴、刘鹏、杨家驹。该项研究以泡桐属为对象，比较系统和全面地摸清全国泡桐的种类资源和分布规律，将泡桐属分为 9 种 2 变种，并发现 3 个新种，提出泡桐是属于热带、亚热带起源的树种的新见解；在泡桐生长与土壤条件关系的研究方面，首次提出定量指标，探讨农桐间作条件下的水肥动态规律，从土壤角度阐明合理的农桐间作的群落结构；针对泡桐生长的特殊性，提出"接干形率"新概念，并编制出多种材积表，完成 3 种泡桐立木生长的预测，全面研究泡桐属树种木材的解剖特性、理化特性和工艺性质，为泡桐的合理开发和科学利用提供了依据。关键技术及创新点：①找出了泡桐分类的关键形态特征以及造成泡桐分类混乱的原因，纠正了国内外学者在分类方面的错误，为泡桐分类编出了实用性很强的检索表，发现 2 个新种，提出了泡桐良种区划。②深入分析了泡桐属于东南亚热带、热带区系成分，纠正了过去不少人认为是暖温带起源的错误认识，为南方广大地区发展泡桐提供理论依据。③推导出泡桐生长预测模式。编制了高精度的立木材积表、生长过程表等。通过对树形及立木材积组成结构的研究，为生产上制定了合理经营管理措施。④发现泡桐具有两种不同类型的木纤维。宽年轮的木纤维比量比窄年轮的为高，生长越快的木材，造纸质量越高，还发现桐材的共振性和声辐射品质比制小提琴和钢琴音板的鱼鳞云杉还高，通过与 40 种木材对比，泡桐木材的导热系数最小，是理想的隔热、电绝缘材料，纠正了过去对桐材的许多错误认识，以上重要发现为泡桐木材的合理开发打下了基础。

● 1990 年

4 月，成俊卿《材尽其用》刊于《绵阳农专学报》1990 年第 1 期 20 ～ 22 页。文中写道：木材利用应该是"材尽其用"，成俊卿先生从木材科学的范畴揭示材尽其用中的一些问题，并提出改革意见。用材中存在的问题：目前的用材中存在很多不合理的现象。主要表现在人们未考虑"适材适用"问题。①木材供应与用材要求脱节；②用材单位图省事而随意用材；③优材劣用现象普遍存在；④防虫防腐处理不普遍，引起白蚁、菌类严重危害木材；⑤"片面性""一刀切"等主观主义思想作风在林业建设和木材利用上有害无益；⑥由于树木的名称不统一，很多人没有树木分类知识，用材部门缺乏识别木材的技能，产生名实混淆用材不当等问题；⑦部分木材加工人员缺乏木材知识，用材不当而影响产品质量，降低经济效益；⑧盲目进口外材造成浪费。用材不合理的原因：①我国林业教育存在问题；②木材基础科学研究未得到应有的重视；③在木材利用方面缺少严格的政策和法规，或有规不循。最后提出了建议：①改革林业教育。这是根本的和首要的问题；②统一树木名称，制定商品材及其材质等级标准；③各省应调查研究本省区的木材资源的材质和用途；④造林树种应适当多样化；⑤积极利用木材加工剩余物；⑥加速木材改性研究；⑦制定政策要严肃，执法要严格。另外，应严格禁止木材市场的不正之风。木材市场价格开放是否有好处，应认真研究，使之有利于林业的发展。农村中发展乡镇企业是对的，但也有"靠山吃山""自找出路"等危害林木的严重现象。他们往往从自身利益出发，不顾森林与水源、土壤、农业、生态、风景等的关系，进行有害的"开发"。如果说人民公社、大炼钢铁、"文化大革命"等是对森林的几次大浩劫，那么能不能说林业承包制是再一次失误？这是值得很好研究的问题，望能引起有关部门的重视。

9月，中国林业人名词典编辑委员会《中国林业人名词典》（中国林业出版社）成俊卿[6]。成俊卿，木材学家。四川省江津人。1942年毕业于四川大学农学院森林系，曾任中央工业试验所技佐、助理研究员，四川省立遂宁高级农业学校林科主任。1951年获华盛顿州立大学林学院林学硕士学位。回国后，历任安徽大学副教授，安徽农学院副教授。1956年任中国林业科学研究院材性研究室副主任、主任、研究员。是《林业科学》副主编，《木材工业》杂志副主编，第六届全国政协委员，中国林学会第二、四届理事。长期从事木材学的教学与研究工作，专长于木材构造的研究。通过对600多种木材材性的研究，制订出"木材志"的记载方案和我国商品材的分类；在杉木和柏科等针叶树材中发现"髓斑"；研究证明长白落叶松人工林比天然林生长快，强度也大，纠正了认为针叶树材生长快强度就低的论点；在泡桐材的研究中发现有两种不同形态的木纤维。发表有《中国壳斗科商品材识别的研究》《泡桐属木材的性质和用途的研究》等论文。著有《中国热带及亚热带木材：识别、材性和利用》，1980年获林业部科技成果一等奖。主编《木材学》。

● 1991 年

3月，（美）AJ潘欣等著，张景良、柯病凡等译《木材学》由中国林业出版社出版。张景良（1917—2005年），木材学家，湖北枣阳人。1956年加入中国民主同盟。1938年湖北汉阳高级工业学校肄业，1943年西北农学院森林系毕业。曾任中央林业实验所技佐、技士。中华人民共和国成立后，历任湖北农学院森林系讲师，华中农学院森林系讲师。1955年起历任南京林学院（1985年改称南京林业大学）

---

[6] 中国林业人名词典编辑委员会. 中国林业人名词典 [M]. 北京：中国林业出版社，1990：66-67.

讲师、副教授、教授、森林工业系副主任，2005年3月11日去世。与他人合撰发表有《安徽琅琊山五种阔叶树木材物理力学性质》《中南区杉木物理力学性质试验报告》《江西、湖南马毛松木材物理力学性质试验报告》《华东九种阔叶树木材物理力学性质试验》等论文，主编高等林业院校试用教科书《木材学》。

5月，中国科学技术协会编《中国科学技术专家传略——农学编·林业卷1》由中国科学技术出版社出版。其中收入韩安、梁希、李寅恭、陈嵘、傅焕光、姚传法、沈鹏飞、贾成章、叶雅各、殷良弼、刘慎谔、任承统、蒋英、陈植、叶培忠、朱惠方、干铎、郝景盛、邵均、郑万钧、牛春山、马大浦、唐燿、汪振儒、蒋德麒、朱志淞、徐永椿、王战、范济洲、徐燕千、朱济凡、杨衔晋、张英伯、吴中伦、熊文愈、成俊卿、关君蔚、王恺、陈陆圻、阳含熙、黄中立共41人。其中成俊卿刊载于第477～487页。

6月，何天相《中国木材解剖学家初报》刊于《广西植物》1991年第11卷第3期257～273页。该文简单地介绍我国六十年以来各位木材解剖学家个人所取得的科研、教学的成果以及结合实际的经验。在诸位学者中，有分别率先的，有承先启后的。他们互相支持、相互促进、为弘扬中国木材解剖科学共同努力。该文记述了终身从事木材研究的（唐燿、成俊卿、谢福惠、汪秉全、张景良、朱振文）；因工作需要改变方向的（梁世镇、喻诚鸿）；偶尔涉及木材构造的（木材科学：朱惠方、张英伯、申宗圻、柯病凡、蔡则谟、靳紫宸）；木材形态解剖的（王伏雄、李正理、高信曾、胡玉熹）；近年兼顾木材构造的（刘松龄、葛明裕、彭海源、罗良才、谷安根）。最后写道展望未来（安农三杰：卫广扬、周鉴、孙成志；北大新星：张新英；中林双杰：杨家驹、刘鹏；八方高孚：卢鸿俊、卢洪瑞、郭德荣、尹思慈、唐汝明、龚耀乾、王婉华、陈嘉宝、徐永吉、方文彬、腰希申、吴达期）；专题人物（陈鉴朝、王锦衣、黄玲英、栾树杰、汪师孟、张哲僧、吴树明、徐峰、姜笑梅、李坚、黄庆雄）。该文写道：成俊卿教授一生献身于我国木材的构造研究，成绩斐然。他一方面从构造出发，广泛调查、参考性质，厘定用途，在地方林业单位的组织下，深入林区，作出了木材调查的技术指导。另一方面，他领导研究室同志，进行广义的木材材性研究，同时培养学生取得丰硕成果。时至今日，在成教授的杰出著述中可以推荐。《中国裸子植物材的解剖性质和用途》《中国热带及亚热带木材》《木材学》（主编），杉木、长白落叶松、红松以及中国壳斗科木材等学术论文。假如成教授主编的《中国木材志》早日出版，则对我国社会主义的四化建设赋有重大价值。

11 月 25 日，成俊卿立下遗嘱：在我去世后，不通知任何亲属及我家乡的政府机构；在我去世后，我的全部财产及我的著作由中国林业科学研究院木材工业研究所负责整理，并交给材性研究室。

11 月 26 日，成俊卿因患白血病医治无效，在北京逝世，终身未娶，享年 76 岁。成俊卿先生，四川江津人，出生于 1915 年 11 月 14 日（农历十月初八），是我国著名的木材学家，我国现代木材科学和中国林业科学研究院木材标本馆主要奠基人之一。1942 年毕业于四川大学森林系。1951 年在美国西雅图华盛顿大学林学院获林学硕士学位，同年回国。历任安徽农学院副教授，中国林业科学研究院木材工业研究所研究员，中国林学会第二、四届理事。是第六、七届全国政协委员。获首批国务院政府特殊津贴，著述、主编或合著的有关木材学论著有《木材学》《中国木材志》《中国热带及亚热带木材》等 43 篇（部）。成俊卿先生毕生致力于木材科学研究，推动我国木材科学的发展。

12 月 10 日，《中国林业报》第 1 版刊登《著名木材学家成俊卿逝世》。中国人民政治协商会议全国委员会委员、著名木材学家、中国林业科学研究院木材工业研究所研究员成俊卿先生，于 1991 年 11 月 26 日在北京逝世，享年 76 岁。成俊卿先生 1915 年出生于四川省江津县。1942 年毕业于四川大学农学院，1948 年就读美国西雅图华盛顿州立大学林学院获硕士学位。1951 年回国后，一直从事木材学和木材工业研究，在木材解剖、木材识别、木材材性等方面取得大量研究成果；编撰《木材学》等权威性著作，为开拓我国木材学研究领域做出了突出贡献。成俊卿先生赤诚爱国，一贯拥护中国共产党，热爱社会主义。他为人正直，实事求是，艰苦朴素，终身致力于科技事业，临终前将自己的财产全部捐献给了他毕生为之奋斗的木材工业研究事业。

● 1992 年

3 月，成俊卿、杨家驹、刘鹏著《中国木材志》由中国林业出版社出版。本书主要两部分。第一部分是"木材的特性和利用"，每种木材的记载内容包括树种名称、树木及分布、木材粗视构造、木材显微构造、木材加工、工艺性质和木材利用。从"科"到"种"各级分类单位的排列按各自拉丁学名的字母顺序。第二部分是"木材主要用途"，该书根据木材主要用途将木材分 13 大类，大类下又分若干小类，并按各项用途对材质的要求列出最适宜、比较适宜和可用的商品材。其目的是使读者既可根据树种查找木材用途，也能根据木材用途选择适用的树种（木材）。

4月，《林业科学》1992年第2期刊登《悼念〈林业科学〉副主编成俊卿研究员》。我国著名木材学家、全国政协委员、中国林业科学研究院研究员成俊卿先生，因病于1991年11月26日在北京逝世，享年76岁。成俊卿先生1915年生于四川省江津县。1942年毕业于四川大学农学院森林系，获农学学士学位。1945年7月起，任重庆前中央工业试验室技佐及助理研究员，1945年9月起，任四川省立遂宁高级农业学校森林科主任，1947年12月起，在四川省农业改进所督导室做林业技术工作。1948年赴美国留学，就读于华盛顿州立大学林学院林产工业系，1951年获硕士学位。1951年11月回国后，任安徽大学副教授，1956年调林业部林业科学研究所任研究员，先后担任木材工业研究室负责人，森林工业研究所筹备组成员，中国林业科学研究院木材工业研究所材性室副主任、主任等职，并兼任《林业科学》第三至六届编辑委员会副主编，中国林学会木材科学学会顾问，中国林业出版社特约编审等，是中国人民政治协商会议第六、七届全国委员会委员。成俊卿先生在木材学研究中成绩卓著，共发表专著15本，论文数十篇。他在50年代初发表的《中国裸子植物解剖性质和用途》专著，首次系统总结出我国裸子植物的解剖特征。他首先发现裸子植物木材中存在"髓斑"，补充和修正了权威著作对此特征的论述。他在原木及木材识别方面的多种论著，如《针叶树材解剖性质记载要点和说明》《阔叶树材粗视构造的鉴别特征》《木材穿孔卡片检索表（阔叶树材微观部分）》以及《木材识别和利用》等均具有重要的学术价值。他在木材归类和木材志方面的著作，如《中国木材及树种名称》《中国热带及亚热带木材》《中国木材志》等，也反映出了他的独具特色学术创见，在木材学界产生了深远的影响。其中，《中国热带及亚热带木材》曾获1980年林业部科技成果一等奖；由他主编的《木材学》，1987年获中国林学会首届梁希奖；他主持的泡桐材的研究为当今最完善的同类研究，与林木培育组合成的《泡桐属植物种类分布及其综合特征》成果，获1989年林业部科技进步二等奖。成俊卿先生的突出贡献，还表现在他作为我国木材学领域的学术带头人之一，在此领域研究方向的制定，骨干队伍的形成和物质技术条件的创立都发挥了卓越的决策和组织作用。成俊卿先生在兼任《林业科学》副主编期间，对审定稿件认真负责，一丝不苟，为办好刊物，他积极提建议、想办法，也做了重要贡献。成俊卿先生热爱中国共产党，热爱社会主义祖国，光明磊落，实事求是，平易近人，艰苦朴素。他的逝世，是我国木材科学界的重大损失。《林业科学》编辑委员会1991年12月

● 1993 年

3月，中国农业百科全书总编辑委员会《中国农业百科全书·森林工业卷》由农业出版社出版。该书是根据原国家农委的统一安排，由林业部主持，在以中国林业科学研究院王恺研究员为主任的编委会领导下，组织160多位专家教授编写而成。全书设总论、森林工业经济、木材构造和性质、森林采伐运输、木材工业、林产化学工业六部分，后三部分含森林工业机械，是一部集科学性、知识性、艺术性、可读性于一体的高档工具书。《中国农业百科全书·森林工业卷》编辑委员会顾问梁昌武，主任王恺，副主任王凤翔、刘杰、栗元周、钱道明，委员王恺、王长富、王凤翔、王凤翥、王定选、石明章、申宗圻、史济彦、刘杰、成俊卿、吴德山、何源禄、陈桂陞、贺近恪、莫若行、栗元周、顾正平、钱道明、黄希坝、黄律先、萧尊琰、梁世镇、葛明裕。其中收录森林利用和森林工业科学家公输般、蔡伦、朱惠方、唐燿、王长富、葛明裕、吕时铎、成俊卿、梁世镇、申宗圻、王恺、陈陆圻、贺近恪、黄希坝、三浦伊八郎、科尔曼，F. F. P.、奥尔洛夫，C.φ、柯士，P.。

12月，杨家驹、卢鸿俊、高永发编著《国外商用木材拉汉英名称》由中国林业出版社出版。

● 1994 年

10月，周崟、姜笑梅著《中国裸子植物材的木材解剖学及超微构造》由中国林业出版社出版。

● 1997 年

2月5日，《中国主要木材名称》（GB/T 16734—1997）由国家技术监督局批准，1997年9月1日实施，起草人中国林业科学研究院木材工业研究所成俊卿、李秾、姜笑梅、刘鹏、张立非。

● 2010 年

1 月，姜笑梅、程业明、殷亚方《中国裸子植物木材志》由科学出版社出版。《中国裸子植物木材志》介绍了裸子植物的定义、形态及结构特点及其分类地位、分类系统，世界及中国范围内科、属、种的分布；裸子植物木材结构及其鉴定特征；记载了中国 142 种主要裸子植物商品材（隶 9 科 38 属）的结构特征、物理力学性质及加工性能与用途。在国内首次以国际木材解剖学家协会（IAWA）于 2004 年发布的《IAWA 针叶树材识别显微特征一览表》为记载术语和代码。《中国裸子植物木材志》对每个树种均记载了木材名称、树木及分布、木材构造、木材物理力学性质、加工性质和用途，每个树种均附有木材的显微结构照片，部分树种附有地理分布图。此外。《中国裸子植物木材志》还将 IAWA 出版的《IAWA 针叶树材识别显微特征一览表》的中文翻译（含图版）列为附录。

● 2013 年

4 月，《20 世纪中国知名科学家学术成就概览·农学卷·第三分册》由科学出版社出版。国家重点图书出版规划项目《20 世纪中国知名科学家学术成就概览》，以纪传文体记述中国 20 世纪在各学术专业领域取得突出成就的数千位华人科学技术和人文社会科学专家学者，展示他们的求学经历、学术成就、治学方略和价值观念，彰显他们为促进中国和世界科技发展、经济和社会进步所做出的贡献。农学卷记述了 200 多位农学家的研究路径和学术生涯，全书以突出学术成就为重点，力求对学界同行的学术探索有所镜鉴，对青年学生的学术成长有所启迪。本卷分四册出版，第三分册收录了 43 位农学家。其中 86 ～ 97 页成俊卿、205 ～ 215 页关君蔚、230 ～ 237 页陈俊愉等。

● 2015 年

11 月 19 日，《成俊卿先生诞辰一百周年座谈会》在中国林业科学研究院木材工业研究所木结构会议室隆重召开。座谈会由中国林业科学研究院木材工业研究所木材构造与利用研究室主办，中国林业科学研究院木材工业研究所常务副所长吕建雄，中国林业科学研究院原常务副院长张久荣，中国林业科学研究院首席专家鲍甫成和张寿槐、柴修武、杨家驹、刘鹏、姜笑梅等老专家，以及木材工业研究所木材力学与木结构室主任任海青、木材物理与干燥室主任周永东等相关部门与研究室职工和研究生代表 40 余人参加。

12 月 30 日，王建兰《深切缅怀成俊卿先生——纪念著名木材学家成俊卿先生诞辰 100 周年》刊于《中国老教授协会林业专业委员会通讯》2015 年第 4 期 52 ~ 60 页。

● 2016 年

1 月 20 日，《中国绿色时报》第 4 版刊登王建兰《与木为伴一世清馨（背影）——深切缅怀我国木材学开拓者、木材解剖学家成俊卿》。

朱惠方年谱

朱惠方（自中国林业科学研究院）

● **1902 年（清光绪二十八年）**

12 月 18 日，朱惠方（Zhu Huifang），朱慧方，曾用名朱会芳，字艺园，生于江苏省宝应县。

● **1915 年（民国四年）**

是年，朱会芳考入江苏省立第三农业学校，并补习物理、化学、日语等课程。

● **1919 年（民国八年）**

是年，朱会芳从江苏省淮阴农校毕业，入同济大学德文预习班，准备到德国留学。

● **1922 年（民国十一年）**

是年，朱会芳考入明兴大学（Ludwig-Maximilians-Universität München，今慕尼黑大学），后转普鲁士林业大学。

● **1925 年（民国十四年）**

是年，朱会芳毕业于慕尼黑大学林学院，获得林学学士学位。之后到奥地利维也纳垦殖大学研究院攻读森林利用学。

● **1927 年（民国十六年）**

8 月，国民政府通过北伐攻克杭州，在浙江高等学校原校址成立第三中山大学，学校下设文理、工、劳农 3 个学院，其中工学院由浙江公立工业专门学校改组而成、劳农学院由浙江公立农业专门学校改组而成。

8 月，朱会芳从奥地利维也纳垦殖大学研究院森林利用专业毕业。同年回国，任教于浙江大学劳农学院，任副教授。

是年，朱会芳加入中华农学会。

● **1928 年（民国十七年）**

3 月，浙江省政府委员会主席何应钦令朱会方为浙江省第一造林场场长，朱会方请辞获批。朱会方任浙江大学教授兼林学系主任。

4月1日，中华民国大学院浙江大学定名为浙江大学。

7月1日，浙江大学，下设文理、工、农3个学院。

9月，朱会芳《改进大学林业教育意见书》刊于《农林新报》1928年第7～9期。《改进大学林业教育意见书》对林业教育提出"教育方针当侧重于培养森林管理人才，基本学习科目应含有自然学科、经济学科与工程学科"，指出"林学为应用学科，始乎于教做合一之要旨"，并建议林业职业化与军事化。

12月，朱会芳《川康森林与抗战建国》刊于《农林新报》1928年第10～12期2～34页。《川康森林与抗战建国》一文根据当时中国森林现状，强调了森林在抗战建国之中作为一种重要战略物资的重要性。特别指出木材在军用器材如飞机、枪托、火药上的实用价值。同时可用于国防交通建设，如枪托、船舶、电杆、支柱、木炭等。提出要调查研究，加强经营管理，增进公私有林的发展，进一步强调，以上三点，如果没有严密的组织，仍旧是没有森林行政。森林行政乃是命令监督技术三种业务配合起来的，要能运用合理行政，才能推动，而林业才有发展的一日。总之，川康森林，不仅是川康紧要问题，就是中国前途的幸福，亦系乎此。

● 1929 年（民国十八年）

3月，浙江大学农学院《农业丛刊》创刊，杭州笕桥农学院文牍处编辑。朱会芳《落叶层与森林上之关系》刊于《农业丛刊（杭州）》1929年第1卷第1期68～76页。

8月15日至24日，为切实勘察三门湾是否可以开辟商埠，并调查三门湾辟埠呈请人许廷佐资产是否确实，信用是否昭著，国民政府工商部、建设委员会、浙江省政府分别派定金秉时、洪绅、陆凤书、朱会芳4人为专员从事调查，4人先是于8月14日赴埠会集，15日及16日考察该呈请人许廷佐所创办之益利汽水厂、洽和冰厂及冷藏堆机，16日傍晚陪同该呈请人许廷佐赴三门湾一带切实履勘，24日回沪并完成会勘及调查结果。

9月，朱会芳任北平大学农学院教授、林学系主任。

是年夏，朱会芳受中华农学会派遣出席日本农学大会，同时考察了日本林业与林政现状。回国后曾感慨"中国大学的农林系教师多由国外，于本国农林实际情况向皆默然，若不从研究入手，谋彻底解决，似难与国外争雄而谋国家经济之发展。"

10 月,《中华林学会会员录》载·朱会芳为中华林学会会员。

是年,1929 级浙江大学农学院园艺学教师有梁希、朱会芳、章祖纯、郭枢、沈待春、王兆泰。

● 1930 年（民国十九年）

是年,朱会芳任金陵大学农学院教授、森林系主任。

● 1931 年（民国二十年）

3 月,朱会芳《中国造纸事业与原料木材》(未完)刊于《农林新报》1931 年第 8 卷第 8 期 7 ～ 9 页。

3 月,朱会芳《中国造纸事业与原料木材》(续)刊于《农林新报》1931 年第 8 卷第 9 期 2 ～ 4 页。

12 月 11 日,《农业周报》1931 年第 1 卷第 33 期 42 页刊登《农界人名录:朱会芳》。朱会方,字艺园,江苏丹阳人,年二十九岁。德国普鲁士林业大学毕业,奥地利维也纳垦殖大学研究院研究。曾任第三中山大学农学院专任教员,浙江大学农学院副教授,北平大学农学院教授。现任金陵大学林科教授。

● 1933 年（民国二十二年）

3 月,朱会芳《东三省之森林概况》刊于《农林新报》1933 年第 10 卷第 8 期 6 ～ 12 页。

10 月,朱会芳《森林与水之关系》刊于《农林新报》1933 年第 10 卷第 30 期 2 ～ 4 页。

● 1934 年（民国二十三年）

3 月,朱会芳《提倡国产木材的先决问题》刊于《广播周报》1934 年第 12 期 18 ～ 21 页。

11 月,朱会芳完成中国中部木材的强度试验,测试的树种达 74 种之多,其中针叶树材 9 种,阔叶树材 65 种。

11 月,朱会芳、陆志鸿《中国中部木材之强度试验》刊于《中华农学会报》1934 年第 129、130 期 78 ～ 109 页。朱会芳撰文论述中国造纸业与原料开发前景，提倡在荒芜山地植树造林，其间伐材可供造纸。之后金陵大学农学院朱会芳、中央大学工学院陆志鸿著《中国中部木材之强度试验》（中央大学工学院专篇之一）由台湾中央大学出版组刊印单行本。陆志鸿（1897—1973 年），字筱海，嘉兴人。1915 年赴日留学入东京第一高等学校预科、本科。1920 年以优异成绩免试升入东京帝国大学工学部，研究金属采矿。1923 年撰毕业论文《浮游选矿》，获日本学术界赏识，后应三井公司聘，在三池煤矿任职一年。1924 年回国任教于南京工业专门学校。1927 年，中央大学设工学院，将南京工业专门学校并入，遂改任中央大学土木系教授，主授工程材料、力学及金相学等课。同时创设材料学及金相学试验室，对研究、检验我国国防工业和民用工业的材料与产品的用途具有重大的作用。1937 年抗日战争爆发，志鸿督率员工将试验室迁移重庆。为避日本侵略军飞机空袭，亲自设计开辟地下试验室，坚持从事材料学与金相学的研究及教学工作。期间曾赴滇边考察矿产，去川西南指导灰渣水泥制造，去自流井（今自贡市）试验从盐卤中提炼纯镁等。1945 年秋参与接受台湾大学，1946 年任台湾大学校长，1948 年夏改任台湾大学机械系教授，从此潜心从事研究与教学。其重要著作有《工程力学》《材料力学》《材料强度学》《建筑材料学》《金属物理学》《工程材料学》《最小二乘法》等，所编纂的《嘉兴新志》（上编已付梓，下编佚）是一部用近代观点记载嘉兴状况的地方文献。1973 年 5 月 4 日病逝于台北。台湾大学为纪念陆志鸿而建志鸿馆，塑有半身铜像。

是年，朱会芳、陆志鸿《材料试验法》（中央大学工学院专篇之三）由台湾中央大学出版组刊印。

● 1935 年（民国二十四年）

1 月 1 日，朱会芳演讲、姚开元记录《世界木材之需给概况》刊于《台湾中央大学日刊》1935 年第 1354 期 2196 ~ 2198 页。

1 月 2 日，朱会芳演讲、姚开元记录《世界木材之需给概况（续）》刊于《台湾中央大学日刊》1935 年第 1355 期 2201 ~ 2202 页。

1 月，朱会芳《提倡国产木材的先决问题》刊于《农林新报》1935 年第 12 卷第 2 期 2 ~ 5 页。

2 月，朱会芳《中国木材之硬度研究》刊于《金陵学报》1935 年第 5 卷第 1 期 1 ~ 34 页。

8 月，朱会芳《木材之需给概观》刊于《农林新报》1935 年第 12 卷第 8 期 5 ～ 9 页。该文还刊于《江苏月报》1935 年第 4 期 32 ～ 36 页。

是年，朱会芳完成中国木材硬度之试验，共测试的树种达 180 种，按测得硬度之大小，分成甚软、软、适硬、硬、甚硬 5 个等级。

● 1936 年（民国二十五年）

1 月，朱会芳《木材利用上之防腐问题》刊于《广播周报》1936 年第 67 期 45 ～ 49 页。该文还刊于《农林新报》1936 年第 13 卷第 1 期 33 ～ 35 页。

3 月，朱会芳《竹材造纸原料之检讨》刊于《农林新报》1936 年第 8 期 5 ～ 8 页。该文认为竹材在中国分布面广，产量高，4 ～ 5 年生即可使用，是一种优良的造纸原料。文章指出要利用竹材造纸，除应选择适宜的竹种外，还应开展大面积集团造林，以保证原料的持续供应。

3 月，朱会芳著《竹材造纸原料之检讨》由金陵大学农学院刊印。

7 月，《中华林学会会员录》刊载：朱会芳为中华林学会会员。

11 月 1 日，四川省林学界佘季可、杨靖孚发起组织四川林学会在成都举行成立大会，选出佘季可、刁群鹤、陈全汉、程复新、杨靖孚、秦齐三、邬仪、谢开明、何知行等为执行委员，还有 5 名候补委员、5 名监察委员、2 名候补监察委员。

11 月，金陵大学农学院开始迁移工作，朱会芳负责迁校工作，农学院人员及图书仪器标本 175 箱随校本部一起迁到成都华西坝华西大学。

● 1937 年（民国二十六年）

3 月 12 日，《四川林学会会刊》编辑部出刊《四川林学会会刊·成立纪念号》，杨靖孚题发刊词。

4 月 11 日，四川林学会举行有 80 余人参加的临时会员大会，对四川省的林政、林业、林学进行研讨，并向四川省政府提出《推进四川实施纲要建议书》。

7 月，抗日战争全面爆发，11 月南京中央大学随国民政府内迁重庆。

7 月 24 日，金陵大学教授朱会芳到陕西调查林木。

7 月，《西北农专周刊》1937 年第 2 卷第 1 期 15 页刊登《金陵大学教授朱惠芳先生来陕调查核桃林》。

10 月 24 日，四川林学会在成都召开会员大会，改选佘季可、程复新、陈德铨、邬仪为理事，佘季可为常务理事，另选出候补理事 3 人、监事 5 人、候补监事 3 人。

● 1938 年（民国二十七年）

2 月，金陵大学师生分批抵达成都，并于 3 月 1 日在华西大学开学。成都华西大学也是一所教会大学，该校占地 300 余亩*，校舍巍峨壮丽，皆为美国教会捐建，风格颇似南京金陵女子文理学院内的建筑。金陵大学迁至华西大学后，所有办公楼、教学楼、图书馆、实验室等，均与华西大学共同使用。由章之汶任农学院院长，朱惠芳代理森林系主任。期间朱惠芳率队到川西和西康地区，调查森林资源，完成中国中部木材的强度试验。

3 月，金陵大学在华西坝正式开学。

7 月 7 日，朱惠方《四川森林问题之重要及发展》刊于《四川林学会特刊·抗战建国周年纪念刊》1938 年特刊号 12 ～ 20 页。记载《四川林学会会员名单》共 87 人，其中中华林学会职员录还列有成都分会理事名单：李荫桢、朱惠方、佘季可、程复新、邵均、朱大猷、张小留、蒋重庆、刘讽吾、安事农、韩安。

7 月，朱惠方、陆志鸿《中国中部木材之强度试验》由金陵大学农学院森林系刊印。

7 月，朱惠方《中国木材之硬度研究》《大渡河上游森林概况及其开发之刍议》《木材利用上之防腐问题》《四川森林问题之重要及其发展》《推进四川油桐生产方案之拟议》《木材的先决问题》《世界木材之需给概观》《竹材造纸原料之检讨》由金陵大学农学院森林系刊印。

7 月，朱惠方、王一桂《列强林业经营之成功与我国林政方案之拟议》由金陵大学农学院森林系刊印。

9 月至 10 月，朱惠方应成都商界人士王剑民等之邀，率考察组深入大渡河上游的汉原、越隽、泸定等县，以大渡河为中心，东起汉原之羊脑山，西迄泸定县之雨洒坪，更及临河南北之山脉，对地势、植物生态与环境、森林之变迁进行考察。

---

* 1 亩 =1/15 公顷（hm²）。

● 1939 年（民国二十八年）

2月，朱会方、王一桂《增进四川油桐生产方策之拟议》刊于《建议周刊》
1939 年第 8 卷第 6 期 1 ~ 11 页。

2月，朱惠方《松杉轨枕之强度比较试验》刊于《金陵学报》1939 年第 9 卷
第 1、2 期 63 ~ 84 页。

3月 31 日，朱惠方《造林运动盛》刊于《农林新报》（森林专号）1939 年第
16 卷第 6 ~ 8 期 1 ~ 2 页；同期，朱惠方《大渡河上游森林概况及其开发之刍
议》刊于 10 ~ 36 页。

4月，朱惠方著《大渡河上游森林概况及其开发之刍议》（森林调查丛刊蓉
字捌号，26 页）由金陵大学农学院森林系刊印。此书详细报告了以大渡河为中
心，东起汉源之羊脑山，西迄泸定之雨洒坪，及临河之南北山脉，而侧重王岗
坪、大洪山数处的森林资源调查，并对森林的种类、面积、地理位置、海拔高
度、生长状况以及可开发程度、经营保护方法等都有极其精细的描述，极有助于
了解当时这一地区森林资源的实际状况，有助于我们正确对待今天森林资源的变
化、合理保护和开发利用。

6月，朱惠方《四川全省茶业之鸟瞰》刊于《新四川月刊》1939 年第 1 卷第
6 期 25 ~ 28 页。

9月，国民政府经济部中央工业试验所在重庆北碚创建木材试验室，负责全
国工业用材的试验研究，这是中国第一个木材试验室。编印《木材试验室特刊》，
每号刊载论文一篇，至 1945 年，共出版 45 号，其作者主要有唐燿、王恺、屠鸿
达、承士林等。

是年，金陵大学农学院推广委员会成员：主席章之汶，副主席管泽良，书记
汪正琯，委员王绶、包望敏、朱惠方、郝钦铭、乔启明、章文才、欧阳苹。

● 1940 年（民国二十九年）

3月，朱惠方《改进大学林业教育意见书》刊于《农林新报》1940 年第 17
卷第 7 ~ 9 期 1 ~ 2 页，其中指出：林业学校应负有教做合一的使命。

4月，朱惠方《川康森林与抗战建国》刊于《农林新报》1940 年第 17 卷第
10 ~ 12 期 1 ~ 5 页。

6月，中央工业试验所木材试验室毁于日机轰炸。

8 月，木材试验室迁至四川乐山。

● 1941年（民国三十年）

2 月，中华林学会在重庆的一部分理事和会员集会，决定恢复中华林学会活动。经过讨论，修改会章，改组机构。选举姚传法、梁希、凌道扬、李顺卿、朱惠方、傅焕光、康瀚、白荫元、郑万钧、程复新、程跻云、李德毅、林枯光、李寅恭、唐燿、皮作琼、张楚宝 17 人为理事，其中姚传法、梁希、凌道扬、李顺卿、朱惠方 5 人为常务理事，姚传法为理事长。

3 月，朱惠方主编，吴中伦著《青衣江流域之森林》（中国森林资源丛著）由金陵大学农学院森林系刊印。

3 月，朱惠方《木栓》（金陵大学林产利用丛书，11 页）由金陵大学农学院森林系刊印。

5 月，朱惠方《西康洪坝之森林》（中国森林资源丛著）（蓉字报告 No13，155 页）由金陵大学农学院森林系刊印。

5 月，朱惠方《大渡河上游森林概况及其开发之刍议》刊于《全国农林试验研究报告辑要》1941 年第 1 卷第 3 期 92、93 页。

5 月，南京金陵大学教授朱惠方考察烟袋、朵洛、八窝龙等乡。

5 月，南京金陵大学教授朱惠方考察洪坝后所著的《西康洪坝之森林》一书记载：洪坝一村，计有村民 35 户，考所属种族，概有 3 种。土著原为康人，计17 户，汉人 6 户。

5 月，朱惠方《西康洪坝之森林》（中国森林资源丛书，142 页）由金陵大学农学院森林系刊印。

6 月，朱惠方《西康洪坝之森林》刊于《全国农林试验研究报告辑要》1941年第 1 卷第 6 期 157 ～ 158 页。

7 月，在农林部林业司司长、林学家李顺卿的主持下，重庆国民政府农林部成立中央林业实验所，任命韩安为所长，邓叔群为副所长。

8 月，国民政府交通部、农林部筹办木材公司，委托中央工业试验所木材试验室主任唐燿组织中国林木勘察团，调查四川、西康、广西、贵州、云南五省林区及木业，以供各地铁路交通之需要，共组织 5 个分队，结束之后均有报告问世，唐燿为之编写《中国西南林区交通用材勘察总报告》。其中川康队由柯病凡担任，参加人有柯病凡、牛嘉方、陈绍行等人，负责勘察青衣江及大渡河流域之森林及木业，注重雅安一带电杆之供应，及洪坝等森林之开发。曾就洪雅、罗坝、雅安等地调查木材市场，就天全之青城山勘察森林；复经芦山、荣经，过大相岭抵汉源，勘察大渡河及洪坝之森林，更经富林，由峨眉返乐山。行程 1700 余里[*]，共历时 69 日。其调查报告称：洪坝杉木坪为赖执中占有，洪坝各支沟森林为赖执中等私有。川康勘查团 1942 年 8 月 15 日由乐山出发，10 月 5 日抵达九龙之冰东，6 日到达洪坝，7 日由洪坝至大杉木坪……洪坝森林后又经福中木业公司采伐，经营 4 年，因缺乏伐木器具而停止，所伐木材约 10 万立方尺[*]，多数丢弃，少数原条及枋墩运往乐山出售。

9 月，朱惠方《木栓》刊于《全国农林试验研究报告辑要》1941 年第 1 卷第 5 期 137 页。

10 月，《中华林学会会员录》载：朱惠方为中华林学会会员。

● 1942 年（民国三十一年）

8 月，在中央工业试验所的协助下，唐燿在乐山购下灵宝塔下的姚庄，将中央工业试验所木材试验室扩建为木材试验馆，唐燿任馆长。根据实际的需要，唐燿把木材试验馆的试验和研究范畴分为八个方面：①中国森林和市场的调查以及木材样品的收集，如中国商用木材的调查；木材标本、力学试材的采集；中国林区和中国森林工业的调查等。同时，对川西、川东、贵州、广西、湖南的伐木工业和枕木资源、木材生产及销售情况，为建设湘桂、湘黔铁路的枕木供应提供了依据。还著有《川西、峨边伐木工业之调查》《黔、桂、湘边区之伐木工业》《西南木业之初步调查》等报告，为研究中国伐木工业和木材市场提供了有价值的实际资料。②国产木材材性及其用途的研究，如木材构造及鉴定；国产木材一般材性及用途的记载；木材的病虫害等。③木材的物理性质研究，如木材的基本物理性质；木材试验统计上的分析和设计；木材物理性的惯常试验。④木材力学试验，如小而无疵木材力学试验；商场木材的试验；国产重要木材的安全应力试验等。⑤木材的干燥试验，如木材堆集法和天然干燥；木材干燥车间、木材干燥程序等的试验和研究。⑥木材化学的利用和试验，如木材防腐、防火、防水的研

---

[*] 1 里 =500 米（m）。

　　1 尺 =1/3 米（m）。

究；木材防腐方法及防腐工厂设备的研究；国产重要木材天然耐腐性的试验。
⑦木材工作性的研究，如国产重要木材对锯、刨、钻、旋、弯曲、钉钉等反应及新旧木工工具的研究。⑧伐木、锯木及林产工业机械设计等的研究。

9 月，朱惠芳《橡胶述略》刊于《农林新报》1942 年第 7 ~ 9 期 3 ~ 17 页。

10 月，朱会芳《中国木材之硬度研究》刊于《全国农林试验研究报告辑要》1942 年第 2 卷第 4、5 期 81 ~ 82 页；同期，朱惠方《松杉轨枕之强度比较试验》刊于 82 页。

是年，朱惠芳《橡胶述略》（金陵大学林产利用丛书）由金陵大学农学院刊印。

● 1943 年（民国三十二年）

3 月，《朱会友惠方任中林所副所长》刊于《中华农学会通讯》1943 年第 27 期 22 ~ 23 页。

6 月，邓叔群辞去中央研究院林业实验研究所副所长职务，朱惠方任副所长。在此期间，朱惠方曾兼任川康农工学院教授、农垦系主任。

● 1944 年（民国三十三年）

1 月，朱惠方《木材工艺讲座（一）：中国木材工艺之重要与展望》刊于《农业推广通讯》1944 年第 6 卷第 1 期 71 ~ 73 页。

2 月，朱惠方著《成都市木材燃料之需给》（农林部中央林业实验所研究专刊第 2 号，63 页）由中央林业实验所刊印。

4 月，朱惠方《木材工艺讲座（二）：林间制材工业（上）》刊于《农业推广通讯》1944 年第 6 卷第 3 期 46 ~ 47 页。

4 月，朱惠方《成都市木材燃料之需给》刊于《林学》1944 年第 3 卷第 1 期，23 ~ 85 页。

4 月，朱惠方《木材工艺讲座（三）：林间制材工业（下）》刊于《农业推广通讯》1944 年第 6 卷第 4 期 37 ~ 39 页。

8 月，朱惠方《人造板工业》刊于《农业推广通讯》1944 年第 8 期 26 ~ 29 页。

● 1945 年（民国三十四年）

4 月，朱惠方《木材利用之范畴与进展》刊于《林讯》1945 年第 2 卷第 2 期封二，3 ~ 7 页；同期，朱惠方《胶板工业》刊于 13 ~ 20 页。

10 月，朱惠方《复员时木材供应计划之拟议》刊于《林讯》1945 年第 2 卷第 5 期封二，3 ~ 7 页。

11 月 15 日，罗宗洛（台湾大学第一任校长，任期 1945 年 8 月—1946 年 7 月）正式接收台北帝国大学，台湾大学成立，该接收日成为台大的校庆纪念日。

是年冬，国民党政府教育部派朱惠方到长春，组建长春大学农学院，任教授兼院长。

● 1946 年（民国三十五年）

7 月，国民党政府教育部决定在吉林省长春市设立长春大学，委任黄如今为校长，接收伪校 15 所，于民国三十五年七月二十日正式成立。教务训导及总务三处主要负责人：教务长张德馨，训导长张焕龙，总务长官辅德，文学院院长徐家骧，理学院院长强德馨，法学院院长刘全忠，农学院院长朱惠方，工学院院长孙振先，医学院院长郭松根。

10 月，国民政府接收在长春的"新京大同学院""新京医科大学""新京工业大学""新京法政大学""新京畜产兽医大学"等高校，合并组建长春大学，归教育部管辖。长春大学分设文、理、法、农、工、医六个学院。农学院设农艺、森林、畜牧、兽医以及农业经济系，朱惠芳任院长。

● 1947 年（民国三十六年）

4 月，朱惠方、董一忱著《东北垦殖史（上卷）》（长春大学农学院丛书）由从文社出版。

8 月，林渭访教授任台湾大学农学院森林系主任，任职至 48 年 10 月。根据《台湾大学组织规程》第十四条：学系（科）置主任一人，办理系（科）务；第十七条：学系（科）主任与研究所所长，由各学系（科）与研究所组成选任委员会，选任新任系（科）主任与所长，报请学院院长转请校长聘兼之；第十七条：系（科）主任、所长应具备副教授以上资格，系（科）主任、所长任期以三年为原则。

9 月，《林产通讯》创刊于台北，半月刊，由台湾省政府农林处林产管理局秘书室编辑，发表林产专业论著，颁布有关林业的训令、法规、章则，刊有会议记录和工作调查报告、林业局工作概况和大事纪要。栏目有命令类、公告类、业务类、消息类、论著类、文艺类等。

● 1948 年（民国三十七年）

2 月 6 日至 3 月 12 日，应台湾省林产管理局、林业试验所之邀，中央大学森林系梁希教授与长春大学农学院院长朱惠方教授一行到台湾调查 5 周，足迹遍及台湾各林场及山林管理所。台湾林业试验所所长林渭访、台湾大学林学系主任王益滔等随同考察。离台前，梁希教授与朱惠方教授联名提出《台湾林业考察之管见》受到台湾林业界的高度重视，并随即在 4 月 10 日举行了中华林学会台湾分会成立大会，选出林渭访、徐庆钟、邱钦堂、黄范孝、唐振绪、王汝弼、黄希周、胡焕奇、唐瀚等为理事。

2 月 16 日，梁希、朱惠方《林学权威梁希、朱惠方二教授应邀来台》《梁朱两教授题诗八仙山》刊于《林产通讯》1948 年第 2 卷第 4 期 14 页。

3 月 27 日，中央大学梁希教授及长春大学朱惠方院长，应邀来台考察林业与木材工业 5 周（2 月 6 日至 3 月 12 日），本日向本局提出报告《台湾林业视察后之管见》，由之可窥台湾光复初年林业之若干现象及面临之疑难杂症，均曾寻求各方纾解之道。奉邀人员尚有陈嵘、皮作琼、姚传法三位，以各有要务不可分身前来。

3 月，《林业人员公宴梁希、朱惠方两教授》刊于《台湾省林业试验所通讯》1948 年第 30 期 7 页。

4 月，台湾省政府农林处林产管理局出版委员会编《台湾林产管理概况》（民国三十七年植树节专刊）收录梁希、朱惠方《台湾林业视察后之管见》。《台湾林业视察后之管见》涉及台湾省林业的经营管理、造林护林、采伐利用，内容翔实，例证充分，体现了梁希严谨求实的科学态度，由林产管理局刊印发至所属各林场。

4 月，梁希、朱惠方《台湾林业视察后之管见》刊于《林产通讯》1948 年第 2 卷第 7 期 4 ～ 18 页，文章对台湾省林业之经营管理、造林护林，采伐利用提出详尽建议，深受重视。同期，梁希《台湾游记》（诗 38 首）刊于 40 ～ 42 页。

10 月，经梁希推荐，长春大学农学院院长朱惠方教授任台湾大学农学院

森林系主任，任职至 1954 年 7 月。朱惠方教授在任期间，主持森林利用研究室，1948—1949 年讲授"森林利用学"，1949—1954 年讲授"木材性质"和"木材利用"。

11 月，长春大学农学院合并到东北农学院。

• 1949 年

1 月，傅斯年随中央研究院历史语言研究所迁至台北，并兼任台湾大学校长。台湾大学农学院森林系主任朱惠方教授深感我国应仿效德、日等林业先进国家设置实验林，并因之前日本东京帝国大学附属台湾演习林地理条件优越和具有热、温、寒等垂直森林带，因此极力向傅斯年校长争取设置实验林。

2 月，长春大学解体，其文、理、法三个学院后来并入中国共产党领导的东北大学（今东北师范大学）；医学院分离出来，后并入解放军军医大学（今吉林大学白求恩医学部）；农学院并入沈阳农学院（今沈阳农业大学）；工学院并入沈阳工学院（今东北大学）。

5 月，台湾大学校长傅斯年聘自美国学成的王子定为台湾大学农学院森林系副教授，自上海来台主持台湾大学农学院森林系造林研究室。

7 月 1 日，在傅斯年校长及朱惠方主任多方奔走下，台湾大学实验林管理处在南投县竹山镇设立，首任主任由森林系主任朱惠方兼任，对完善台湾林业教育起到重要作用。

8 月 29 日，滕咏延任台湾大学实验林管理处处长。

8 月，台湾大学校长傅斯年聘请在台纸公司林田山林场服务的周桢教授，主持森林经理学研究室。至此，森林学系造林、经营、利用三主科具备，组织架构初成。

是年，朱惠方当选为台湾省林学会理事。

• 1950 年

1 月，木材试验馆由中国共产党四川省乐山专员公署接管。

7 月，乐山木材试验馆隶属政务院林垦部，并改名为政务院林垦部西南木材试验馆。

● **1951 年**

3 月，朱惠方《解决本省轨枕用材问题之刍议》刊于《台湾农林通讯》1951年第 2、3 期。

6 月，台湾大学农学院森林系杨庆瀾毕业，论文 "The Anatomical Characteristics of Popular Bambooculms of Formoss"，指导教授朱惠方。谢文昭、许经邦毕业，论文《桂竹纤维原料之制纸试验（曹达法与亚硫酸法之品质比较研究）》《孟宗竹纤维原料的制纸试验（曹达法与亚硫酸法之品质比较研究）》，指导教授朱惠方、金孟武。

● **1952 年**

1 月，朱惠方《中国木材之需给问题》刊于《台湾农林通讯》1952 年第 1 期。

3 月，朱惠方《中国木材之需给问题》刊于《台湾林业月刊》1952 年第 3 期。

6 月，台湾大学农学院森林系黄国丰、游星辉、陈源长、赖木林毕业，论文《樟楠鸟心石及九苦之抗弯与冲击比较试验》《台北市木材市况调查》《台湾铁道枕木之抗弯弹性冲击等之比较试验》《台湾防风林之现状与其树种之商榷》，指导教授朱惠方。陈天潢毕业，论文《樟、楠、鸟心石、九苦等之抗压、抗拉与劈制性试验》，指导教授朱惠方、黄绍幹。于湘文毕业，论文《硫酸盐法柳杉制浆初步试验》，指导教授朱惠方、金孟武。

12 月，中央人民政府政务院林垦部西南木材试验馆 13 人从四川迁北京并入中央林业部林业科学研究所（筹）。

● **1953 年**

6 月，台湾大学农学院森林系蔡丕勋毕业，论文《台湾矿材使用价值研究》，指导教授朱惠方。

● **1954 年**

6 月，台湾大学农学院森林系刘宣诚毕业，论文《处理材与未处理材之强度试验比较》，指导教授朱惠方。

8 月，朱惠方教授辞台湾大学农学院森林系主任职务，以交换教授身份到美

国纽约州立大学林学院从事研究工作，同时考察美国的林产利用和木材加工工业，任纽约州立大学教授。

8月，周桢教授任台湾大学农学院森林系主任，任职至1955年7月。

11月，台湾公布《林学名词》，朱惠方（主任委员）、王子定、李亮恭、李须卿、李达才、林渭访、周桢、邱钦堂、陶玉田、黄希周编辑。

● 1955 年

6月，台湾大学农学院森林系林子贯、李宗正毕业，论文《红桧的机械性质》《台湾造纸树种的纤维形态》，指导教授朱惠方。

● 1956 年

1月，中国科学院名词编译委员会名词室编译《英汉林业词汇》（第一版）由科学出版社出版。

9月22日，森林工业部第13次部务会议决定成立森林工业科学研究所，任命李万新为筹备主任，张楚宝、唐燿、成俊卿、黄丹、贺近恪为委员。成俊卿任木材构造及性质研究室负责人。

11月1日，《文汇报》刊登《留美学生邓衍琳 朱惠方 李著璟 季麟征 马蕴珠回国》。

11月2日，《森林学专家朱惠方等六人从美国返抵广州》。新华社广州2日电 在美国纽约州立大学担任森林学教授的我国森林学专家朱惠方和留美学生共6人，在10月31日返抵广州，受到当地政府的热烈欢迎和接待。森林学专家朱惠方先后在浙江大学、金陵大学、北京大学任教，在长春大学农学院任过院长，1949年在台湾大学任教，1954年去美国。在这次回国的留学生中，李著璟专长土木工程和工程力学，1952年他在得克萨斯大学获得硕士学位以后，曾担任过数学工作和桥梁工程师。邓衍琳和他的夫人钟韵琴1945年同在纽约哥伦比亚大学学习，从1946年起到今年10月间，邓衍琳在联合国出版司任专员，钟韵琴也曾在联合国新闻部人民团体联络司当了4年的专员。季麟征是在洛杉矶大学研究细菌学的。马蕴珠原是台湾的中学教师，1952年由台湾到美国印第安纳州玛丽学院攻读社会学，以后又在莱奥勒大学从事研究工作。森林学专家朱惠方对新华社记者说，他回国时在旧金山受到美国移民局的多方阻拦，一位移民局的官员企图打消他返回祖国的愿望，花言巧语地说"不要回去，你有困难我们会帮助你。"朱惠方拒绝说我一点困难都没有，不需要你们的"帮助"。邓衍琳说，我和朋友们听到祖国要在今后十二年内赶上世界的先进科学水平，感到无比兴奋。

12月22日，中央下发《一九五六至一九六七年科学技术发展远景规划纲要（修正草案）》，这是我国第一个中长期科技规划，对我国各项科技事业的发展产生了极其深远的影响。林业科技发展规划列于第47项，即扩大森林资源，森林合理经营和利用。

• 1957 年

3月14日，林业部林业科学研究所木材工业室与林产化学工业研究室联合成立森林工业科学研究所，李万新任所长。研究所下设木材性质研究室，朱惠方、成俊卿任室主任、副主任。

7月22日，国务院批准科学规划委员会成立专业小组，全国共设34个小组，其中第25组为林业组。林业组组长邓叔群（中国科学院真菌植病研究室主任）、副组长张昭（林业部部长助理）、郑万钧（南京林学院副院长）、周慧明（森林工业部林产工业局副局长），成员王恺（北京光华木材厂总工程师）、朱惠方（森林工业部森林工业科学研究所研究员）、刘慎谔（中国科学院林业土壤研究所副所长）、李万新（森林工业部森林工业科学研究所）、齐坚如（安徽农学院教授）、侯治溥（林业部林业科学研究所副研究员）、陈嵘（林业部林业科学研究所所长）、陈桂陞（南京林学院教授）、秦仁昌（云南大学教授）、韩麟凤（林业部经营局副总工程师），秘书组设在林研所。

8月，王子定接任台湾大学农学院森林系主任。

是年，朱惠方加入九三学社。

• 1958 年

10月，中国林业科学研究院成立，朱惠方、成俊卿任中国林业科学研究院森林工业科学研究所木材性质研究室主任、副主任。

1959 年

11 月，朱惠方编《英汉林业词汇》由科学出版社出版。

1960 年

2 月，朱惠方当选中国林学会第二届理事会理事。

2 月 5 日至 15 日，中国林业科学研究院在北京召开了 1960 年全国林业科学技术工作会议。参加这次大会的有来自全国各省（自治区、直辖市）的林业厅、科学研究机关、高等院校和中等林校、工厂、林场及人民公社等 16 个单位、330 位代表，朱惠方参加会议。

3 月，成俊卿、何定华、陈嘉宝等著《中国重要树种的木材鉴别及其工艺性质和用途》由中国林业出版社出版。

11 月 30 日，朱惠方《中国经济木材之识别》（第一编·针叶树材）（中国林业科学研究院木材工业研究所研究报告，共 114 页）[森工 60（28 号）]由中国林业科学研究院木材工业研究所木材性质研究室刊印。研究起止时间 1958—1960 年，本篇针叶树材为中国经济木材识别的一部分，内容分一般材性、巨观特征及显微特征，对于每种学名、别称、树木性状以及用途均附加记录，同时每种又有不同断面的显微图版，以便对照参证。

1962 年

4 月，朱惠方、李新时《数种速生树种的木材纤维形态及其化学成分的研究》刊于《林业科学》1962 年第 7 卷第 4 期 255 ~ 267 页。

12 月，《北京市林学会 1962 年学术年会论文摘要》由北京林学会刊印，其中收录中国林业科学研究院木材工业研究所朱惠方《数种速生树种的纤维形态和化学成分的研究（拟宣读）》。

12 月 17 日至 27 日，中国林学会在北京举行学术年会，这次年会是中国林学会成立以来一次较盛大的学术会议，参加这次年会的有来自全国各省（自治区、直辖市）、市林学会的代表共 300 余人。会议选举中国林学会第三届理事会，李相符当选为中国林学会第三届理事会理事长，陈嵘、乐天宇、郑万钧、朱济凡、朱惠方任副理事长，吴中伦任秘书长，陈陆圻、侯治溥任副秘书长。常务理事会设林业、森工、科学技术普及委员会和《林业科学》编委会 4 个专业委员会，陈嵘任林业委员会主任，由 76 位委员组成；朱惠方任森工委员会主任，由 32 位委员组成；李相符任科学技术普及委员会主任，由 76 位委员组成；《林业科学》主编郑万钧，编委会由 83 位委员组成。朱惠方任中国林学会第三届理事会森工委员会主任。

是年，中国林业科学研究院木材工业研究所朱惠方完成《阔叶树材显微识别特征记载方案》，起止时间 1960—1962 年。阔叶树材显微识别，不外乎基于单细胞（如管胞、木纤维及薄壁细胞等）及多数细胞愈合后所形成的复合体（如导管）；其形状大小和配列，随各树种，各式各样，形成不同类型，因而对于木材识别造成有利条件。木材显微特征的用途，不止用于个别种的识别，也可用于药用植物、木本纤维、木制商品鉴定，还可用于矿产上古植物遗体的考证。

● 1963 年

2 月 14 日，中国林学会 1962 年学术年会提出《对当前林业工作的几项建议》，建议包括：①贯彻执行林业规章制度；②加强森林保护工作；③重点恢复和建设林业生产基地；④停止毁林开垦和有计划停耕还林；⑤建立林木种子生产基地及加强良种选育工作；⑥节约使用木材，充分利用采伐与加工剩余物，大力发展人造板和林产化学工业；⑦加强林业科学研究，创造科学研究条件。建议人有：王恺（北京市光华木材厂总工程师）、牛春山（西北农学院林业系主任）、史璋（北京市农林局林业处工程师）、乐天宇（中国林业科学研究院林业研究所研究员）、申宗圻（北京林学院副教授）、危炯（新疆维吾尔自治区农林牧业科学研究所工程师）、刘成训（广西壮族自治区林业科学研究所副所长）、关君蔚（北京林学院副教授）、吕时铎（中国林业科学研究院木材工业研究所副研究员）、朱济凡（中国科学院林业土壤研究所所长）、章鼎（湖南林学院教授）、朱惠方（中国林业科学研究院木材工业研究所研究员）、宋莹（中国林业科学研究院林业机械研究所副所长）、宋达泉（中国科学院林业土壤研究所研究员）、肖刚柔（中国林业科学研究院林业研究所研究员）、阳含熙（中国林业科学研究院林业研究所研究员）、李相符（中国林学会理事长）、李荫桢（四川林学院教授）、沈鹏飞（华南农学院副院长、教授）、李耀阶（青海农业科学研究院林业研究所副所长）、陈嵘（中国林业科学研究院林业研究所所长）、郑万钧（中国林业科学研究院副院长）、吴中伦（中国林业科学研究院林业研究所副所长）、吴志曾（江苏省林业科学研究所副研究员）、陈陆圻（北京林学院教授）、徐永椿（昆明农林学院教授）、袁嗣令（中国林业科学研究院林业研究所副研究员）、黄中立（中国林业科学研究院林业研究所研究员）、程崇德（林业部造林司副总工程师）、景熙明（福建林学院副教授）、熊文愈（南京林学院副教授）、薛楹之（中国林业科学研究院林业研究所副研究员）、韩麟凤（沈阳农学院教授）。

2月，朱惠方等33位专家、教授，致书全国科协、林业部、国家科委会并报聂荣臻、谭震林副总理，就当前林业工作提出7个方面的建议。其中节约使用木材，充分利用森林采伐与木材加工剩余物，大力发展人造板和林产化学工业，由朱惠方等几位专家草拟。

4月，朱惠方《阔叶树材显微镜识别特征记载方案研究报告》[研究报告森工63（1）中国林业科学研究院木材工业研究所材性研究室]由中国林业科学研究院科学技术情报室刊印。

● 1964 年

1月，中国林业科学研究院木材工业研究所朱惠方、纺织工业部纺织科学研究院苏锡宝完成成果"马尾松作原料制造粘胶纤维的研究"，起止时间1962年8月至1964年1月。本研究对马尾松的材性与制浆工艺进行了一系列的试验，最后经中型制浆及小型纺丝试验。试验结果阐明：①广东南北马尾松从纤维形态观察是制浆的利用标准，从原料化学成分而论，含量上各有差异，从各龄级纤维形态及树脂含量等考虑，得出了幼年材（10年生）亦适于制浆利用的可能性。②通过预水解硫酸盐法六段漂白的工艺路线，可制出 r－纤维素含量高及树脂含量低的纤维浆粕。其各项化学指标符合普通粘胶纤维浆粕的要求，从而肯定了所制定的工艺路线是合适的，制浆试验并指出了加强预水解及蒸煮的工艺条件是提高浆粕反应能力的有效措施。③马尾松浆粕在纺丝过程中粘胶正常，过滤性能良好，从丝的质量和外观来看，马尾松浆粕是一种良好的纤维原料。

8月，朱惠方、腰希申《国产33种竹材制浆应用上纤维形态结构的研究》刊于《林业科学》1964年第9卷第4期33～53页。朱惠方、腰希申首次提出竹子维管束分为断腰型、紧腰型、开放型、半开放型4种类型。

10月，中国林业科学研究院木材工业研究所朱惠方、纺织科学研究院化纤组苏锡宝《马尾松用作粘胶纤维原料的研究》（中国林业科学研究院木材工业研究所研究报告第57号）由中国林业科学研究院刊印。

是年，台湾大学农学院森林系成立森林研究所，硕士班开始招收研究生，分为造林、林产、森林经理及树木学 4 个组。

12 月，朱惠方当选中国人民政治协商会议第四届全国委员会委员。

• 1965 年

5 月 20 日，《成果公报》1965 年总第 19 期刊登中国林业科学研究院木材工业研究所成俊卿、杨家驹《阔叶树材粗视构造的鉴别特征》成果。

6 月 20 日，《成果公报》1965 年总第 20 期刊登中国林业科学研究院木材工业研究所朱惠方《阔叶树材显微识别特征记载方案》成果。木材的显微识别近 30 年来有极大的进步，但在记载方面各国学者所采用的识别特征有所差异，名称定义亦未尽统一。著者就阔叶树材研究中有关显微识别特征摘要汇编，以供进行显微识别的参考。

9 月，朱惠方、苏锡宝著《用马尾松作原料制造粘胶纤维》（科学技术研究报告 0541，23 页）由中华人民共和国科学技术委员会出版。

• 1968 年

是年，朱惠方下放到广西邕宁县砢板中国林业科学研究院"五七"干校劳动。

• 1973 年

是年，朱惠方申请自费回京，整理散乱的标本、图片和资料。

• 1977 年

2 月，朱惠方主编《英汉林业词汇》（第二版）由科学出版社出版。本书修订后增收新词约 8000 条，共约 1.9 万条。词条按英文字母顺序排列。内容包括树木学、森林生态学、造林学、林木育种、森林经营。

• 1978 年

3 月 8 日，朱惠方当选中国人民政治协商会议第五届全国委员会常务委员。

3 月，《塑合木材的研究》获 1978 年科学大会奖。完成人朱惠芳、孙振鸢、夏志远、蒋硕健，完成单位中国农林科学院森林工业研究所、中国农林科学院木材工业研究所，起止时间 1965—1978 年。塑合木材是木材改性的方法之一。杨木通过塑合改性，比重、硬度、抗压、韧性等均有显著增高，且这些性能还可以按用途的不同要求，通过塑合工艺条件的控制，予以适当调整。此外塑合材加工性能良好，且易于胶接和着色上漆。主要研究内容：①研究确定合适的浸渍单体和浸渍液配方。②研究浸渍工艺条件，确定合理的浸渍工艺参数。③研究聚合工艺条件，确定合理的升温曲线和聚合时间。

6 月 13 日到 7 月 28 日，朱惠方亲赴浙江、江西、广西三省（自治区）调查芦竹生长状况，为造纸工业开辟新的原料，调查报告《纸浆原料——芦竹调查》在 1978 年 12 月 5 日《光明日报》刊出，1983 年又被上海市职工业余中学高中语文课本收录。

9 月 17 日，朱惠方先生因患癌症，医治无效，在北京逝世，终年 76 岁。朱惠方（1902—1978 年），木材学家。江苏丹阳人。1927 年毕业于奥地利垦殖大学研究院森林利用专业。曾任北平大学农学院、金陵大学教授，长春大学农学院院长、教授，台湾大学农学院森林系主任、教授。1954 年赴美国，任纽约州立大学林学院研究员。1956 年回国。历任中国林业科学研究院木材工业研究所副所长、研究员，中国林学会第二届理事、第三届副理事长。是第五届全国政协常委。曾主持速生树种塑合材的研究，为用材林速生树种的加工利用提供了依据。撰有《中国经济木材之识别》（第一编·针叶树材）及《国产 33 种竹材制浆应用上纤维形态结构的研究》等论文。编有《英汉林业词汇》，主编有《英汉林业科技词典》。

10 月 6 日，《人民日报》刊登《政协常委会委员、中国林学会副理事长朱惠方先生追悼会在京举行》。朱惠方先生追悼会，九月二十七日上午在北京八宝山革命公墓礼堂举行。邓小平、乌兰夫、方毅、陈永贵、谭震林、许德珩、童第周、周培源、裴丽生、茅以升、齐燕铭等同志，以及朱惠方先生生前友好，送了花圈。政协全国委员会、中共中央统战部、九三学社、全国科协、国家科委、农林部、国家林业总局、中国林学会、中国农学会、中国农业科学研究院、中国林业科学院等，也送了花圈。参加追悼会的有：陈永贵、童第周、裴丽生、李霄路、孙承佩、张克侠、郑万钧、陶东岱等同志和朱惠方先生生前友好，以及中国林业科学研究院科研人员、职工，共三百人。追悼会由农林部副部长、国家林业总局局长罗玉川主持，国家林业总局副局长、中国林业科学研究院党组书记梁昌武致悼词。悼词说，朱惠方先生是江苏省丹阳县人，早年留学德国、奥地利，回国后，曾在浙江大学、金陵大学、长春大学、台湾大学任教授。一九五四年从台湾去美国纽约州立大学任教授。一九五六年，他响应敬爱的周总理的号召，毅然回到祖国，参加社会主义建设，历任中国林业科学研究院木材工业研究所副所长、中国林学会副理事长，曾当选为中国人民政治协商会议第四届全国委员会委员、第五届全国委员会常务委员。朱先生是九三学社社员。朱先生是对祖国对人民怀有深厚感情的一位专家。他亲眼看到帝国主义对中国的侵略和压迫，旧社会的贫困和灾难，殷切渴望有一天中国能富强起来。全国解放时，他正在台湾任教，当听到毛主席在天安门庄严宣告新中国成立了，心情非常激动，下定决心要返回祖国大陆。他冒着种种危险，冲破重重难关，设法从台湾取道美国，在美国工作一段时间后，终于回到祖国大陆。他的这种爱国主义精神，受到了党和人民的尊重。朱先生回国后，十分重视自己的思想改造，努力学习马列和毛主席的著作。他热爱祖国，热爱伟大领袖毛主席和敬爱的周总理，坚决拥护党的领导，执行党的各项方针政策，在历次政治运动中都站在毛主席革命路线一边。他对林彪、"四人帮"的倒行逆施无比痛恨。以英明领袖华主席为首的党中央粉碎"四人帮"后，他心情舒畅，精神焕发，冒着酷暑亲自到浙江、广西、江苏和上海等地调查芦竹，为祖国的造纸事业开辟新的原料来源，得到了中央和有关部门的重视和好评。就在他患病入院期间，还不断向他的助手们询问工作进行的情况，交代病好出院后的开会事宜，真正做到了生命不息、战斗不止。朱先生从事教学和科研工作五十多年，是我国林业科学、教育界的老前辈。他对林业人才的培养作出了积极的贡献，他在木材解剖、纤维形态方面有较高的造诣。他对青年人的学习总是循循善诱，诲人不倦。他十分重视木材学的基础理论研究，写了《中国经济木材的识别（针叶树材部分）》《国产33种竹材制浆应用上纤维形态结构的研究》等著作，还编著了《英汉林业词汇》，组织有关单位编译了联合国的《林业科技辞典》。悼词说，让我们化悲痛为力量，紧密团结在以华主席为首的党中央周围，高举毛主席的伟大旗帜，为加速发展我国科研事业，为建设四个现代化的社会主义强国而贡献一切力量。

12月，《林业科学》刊登《朱惠方副理事长逝世》1978年第4期76页。

● 1979 年

1月2日，《浙江日报》刊登朱惠方遗作《大力种植芦竹发展纸浆原料生

产》，并附短评，《解决造纸原料的重要途径》。

● **1980 年**

是年，朱惠方主编《英中日林业用语集》由日本农林水产技术会议事务局出版。

● **1981 年**

2 月，朱惠方、汪振儒、刘东来等译《英汉林业科技词典》由科学出版社出版。

● **1982 年**

9 月，铭辑《朱惠方》刊于《森林与人类》1982 年第 3 期 31 ~ 32 页。

● **1990 年**

9 月，中国林业人名词典编辑委员会《中国林业人名词典》（中国林业出版社）朱惠方[1]：朱惠方（1902—1978 年），木材学家。江苏丹阳人。1957 年加入九三学社。1927 年毕业于奥地利垦殖大学研究院森林利用专业。曾任浙江大学农学院讲师，北平大学农学院教授、金陵大学农学院教授，长春大学农学院院长、教授，台湾大学农学院森林系主任、教授，美国纽约州立大学林学院研究员。1956 年回国，任中国林业科学研究院森林工业科学研究所副所长、研究员。是中国林学会第二届理事，第三届副理事长。全国政协第四届委员、第五届常务委员。主持研究的"速生树种塑合材"，获 1978 年全国科技大会奖。撰写研究报告《中国经济木材之识别》（第一编·针叶树材）及《国产 33 种竹材制浆应用上纤维形态结构的研究》等论文。编有《英汉林业词汇》，主编有《英汉林业科技词典》。

● **1991 年**

5 月，中国科学技术协会编《中国科学技术专家传略·农学编·林业卷 I》由中国科学技术出版社出版。其中收录韩安、梁希、李寅恭、陈嵘、傅焕光、姚传法、沈鹏飞、贾成章、叶雅各、殷良弼、刘慎谔、任承统、蒋英、陈植、叶培

[1] 中国林业人名词典编辑委员会 . 中国林业人名词典 [M]. 北京：中国林业出版社，1990：74.

忠、朱惠方、干铎、郝景盛、邵均、郑万钧、牛春山、马大浦、唐燿、汪振儒、蒋德麒、朱志淞、徐永椿、王战、范济洲、徐燕千、朱济凡、杨衔晋、张英伯、吴中伦、熊文愈、成俊卿、关君蔚、王恺、陈陆圻、阳含熙、黄中立共41人。215～224页刊载朱惠方。朱惠方，木材学家，在木材学的研究中，密切联系国家经济建设的需要，适应国情和森林资源结构的变化，及时提出新的科研任务。他在木材材性与工业利用的结合方面做了许多开拓性的工作，是中国木材科学的开创者之一。他在林业教育工作中，一贯倡导"教做合一"，培养了几代林业与木材工业的科技人才。

6月，何天相《中国木材解剖学家初报》刊于《广西植物》1991年第11卷第3期257～273页。该文记述了终身从事木材研究的（唐燿、成俊卿、谢福惠、汪秉全、张景良、朱振文）；因工作需要改变方向的（梁世镇、喻诚鸿）；偶尔涉及木材构造的（木材科学：朱惠方、张英伯、申宗圻、柯病凡、蔡则谟、靳紫宸）；木材形态解剖的（王伏雄、李正理、高信曾、胡玉熹）；近年兼顾木材构造的（刘松龄、葛明裕、彭海源、罗良才、谷安根）；最后写道展望未来（安农三杰：卫广扬、周鉴、孙成志；北大新星：张新英；中林双杰：杨家驹、刘鹏；八方高孚：卢鸿俊、卢洪瑞、郭德荣、尹思慈、唐汝明、龚耀乾、王婉华、陈嘉宝、徐永吉、方文彬、腰希申、吴达期）；专题人物（陈鉴朝、王锦衣、黄玲英、栾树杰、汪师孟、张哲僧、吴树明、徐峰、姜笑梅、李坚、黄庆雄）。该文写道：朱老教授在木材的解剖著述中，构思深远，文字简洁，例证颇丰，图表亦多，显微照相日臻完善。

● 1993 年

3月，中国农业百科全书总编辑委员会《中国农业百科全书·森林工业卷》由农业出版社出版。该书根据原国家农委的统一安排，由林业部主持，在以中国林业科学研究院王恺研究员为主任的编委会领导下，组织160多位专家教授编写而成。全书设总论、森林工业经济、木材构造和性质、森林采伐运输、木材工业、林产化学工业六部分，后三部分含森林工业机械，是一部集科学性、知识性、艺术性、可读性于一体的高档工具书。《中国农业百科全书·森林工业卷》编辑委员会顾问梁昌武，主任王恺，副主任王凤翔、刘杰、栗元周、钱道明，委员王恺、王长富、王凤翔、王凤翥、王定选、石明章、申宗圻、史济彦、刘杰、成俊卿、吴德山、何源祥、阵桂阽、贺沂恪、桌若行、栗元周、顾正平、钱道明、黄希坝、黄律先、萧尊琰、梁世镇、葛明裕。其中收录森林利用和森林工业科学家公输般、蔡伦、朱惠方、唐燿、王长富、葛明裕、吕时铎、成俊卿、梁世镇、申宗圻、王恺、陈陆圻、贺近恪、黄希坝、三浦伊八郎、科尔曼、F.F.P.、奥尔洛夫，C.φ、柯士，P.。

● 2004 年

8 月 6 日，国际木文化学会《缅怀朱惠方先生——采访朱惠方之女朱家琪女士》。

● 2005 年

8 月，中国农业大学百年校庆丛书编委会编《中国农业大学百年校庆丛书——百年人物》由中国农业大学出版社出版。朱惠方（Zhu Huifang），曾用名会芳，字艺园，江苏省丹阳县人。生于 1902 年 12 月 18 日，卒于 1978 年 9 月 17 日，享年 76 岁。木材学家、林业教育家，中国木材科学的开拓者之一。朱惠方于 1922 年考入德国明兴大学（今慕尼黑大学），后转入普鲁士林学院，1925 年毕业后进入奥地利维也纳垦殖大学研究院攻读森林利用学。1927 年回国后在浙江大学劳农学院任教。1929 年至 1930 年出任北平大学农学院教授。1930 年后历任金陵大学农学院教授兼森林系主任、中央林业实验所副所长、长春大学农学院教授兼院长、台湾大学农学院森林系教授兼系主任等职。1954 年夏，他以交换教授身份到美国纽约州立大学林学院从事研究工作，同时考察了美国的林产利用和木材加工工业。1956 年，他积极响应周恩来总理的号召，回到了祖国大陆，任中国林业科学研究院森林工业科学研究所木材性质研究室主任、森林工业科学研究所副所长。1962 年 12 月至 1978 年 9 月任中国林学会第三届理事会副理事长。朱惠方毕生从事木材资源合理开发利用的研究。从 20 世纪 30 年代初开始，他在近半个世纪的历程中一直致力于木材性质基础理论的研究，为木材资源的合理开发利用和开发造纸原料来源做出了重要贡献：① 1934 年 11 月，他完成了中国中部木材的强度试验，测试的树种有 74 种，其中针叶树材 9 种、阔叶树材 65 种。1935 年，他又完成了中国木材硬度试验，测试的树种达 180 种，按测得硬度的大小，分为甚软、软、适硬、硬、甚硬 5

个等级。② 1934 年初，他撰文论述中国造纸业与原料开发前景，提出在荒山植树造林，其伐材可供造纸的主张。1936 年，他又撰文阐述竹材造纸问题。此外，他对芦竹制粘胶纤维、富强纤维、人造板等也颇有研究，为中国速生树种木材、竹材在人造板、造纸与纤维工业中的利用提供了科学依据。③ 1936 年至 1951 年，他曾在多篇论文中对林产品的综合开发和高效利用问题进行探讨，提出很多建设性意见。④ 1938 年以后，他根据实地考察，得出云杉、冷杉的树材是造纸的优良原料的结论。⑤ 1948 年，他和梁希在考察台湾林业后，联名撰文对台湾的森林资源特点及开发途径有颇为详尽的论述。他深知木材解剖性质是木材的基本性质，只有充分掌握木材的特性，才能合理利用。⑥ 1960 年，他完成"中国经济木材的识别：针叶树材"（包括 7 科 28 属 64 种）的研究，此项研究为中国经济木材的重要成果，对中国针叶树材的解剖研究的规范化起到了重要作用。朱惠方在林业园地耕耘了半个多世纪，前 30 年主要从事林业教育事业，培养了一批又一批的林业专门人才；后 20 年主要致力于木材科学的基础理论研究，在木材解剖和木竹材纤维形态等方面有较高的造诣，成就卓著。在林业教育工作中，他一贯主张"教做合一"。（刘建平执笔）

柯病凡年谱

柯病凡（自安徽农业大学）

● 1915 年（民国四年）

11 月 8 日，柯病凡（P. F. Ko，Ke Binfan），出生于湖北省应山县长岭区桃园村柯家冲（广水市马坪镇柯家冲）一教师家庭，柯病凡父亲柯烈悟，柯病凡有弟柯品凡、柯洞凡。柯烈悟（1887—1984 年），中国同盟会会员。1904 年考入应山县立高等小学，1908 年入德安府中学。辛亥革命后，在家乡教书。1911 年考入武昌高等师范学校数学系，1921 年毕业后在鄂豫两省中小学任教数十年，历任湖北省立第二中学、第三中学、私立先进中学教员。1943 年，为了打破日伪对沦陷区文化的控制，帮助失学青年求学，于应、信、随三县交界处办起应山县初中，并担任首任校长直至抗战胜利，是应山县立中学（广水一中前身）主要创办人。中华人民共和国成立后，柯烈悟任武昌群化中学数学、物理教员。1950 年3 月任湖北省文物整理保管委员会研究员，1953 年 6 月被聘任为湖北省人民政府文史研究馆馆员。

● 1924 年（民国十三年）

3 月，柯病凡在湖北省应山县长岭区桃园村柯家冲读私塾，至 1928 年 12 月。

● 1926 年（民国十五年）

9 月 18 日，金月清生于安徽省望江县。

● 1927 年（民国十六年）

9 月，安徽省政府开始筹建安徽大学，校址安庆。

● 1928 年（民国十七年）

4 月，省立安徽大学在安庆成立，刘文典任校长，任职至 1929 年 1 月。

● 1929 年（民国十八年）

3 月，柯病凡在湖北武昌湖北省立第二小学读书，至 1930 年 12 月。

● 1931 年（民国二十年）

2 月，柯病凡在湖北武昌湖北省立第一中学读书，至 1937 年 7 月。

● 1933 年（民国二十二年）

是年，李顺卿任省立安徽大学农学院筹备主任，至 1935 年 7 月。

● 1934 年（民国二十三年）

7 月，李顺卿任省立安徽大学校长，任职至 1938 年 3 月。

● 1935 年（民国二十四年）

6 月，省立安徽大学农学院创立。

● 1936 年（民国二十五年）

是年，省立安徽大学农学院设森林系。

● 1937 年（民国二十六年）

9 月，省立安徽大学农学院设森林系招收首届学生。

9 月，柯病凡从湖北省立第一中学（武昌）毕业后，考入西北农学院森林系。

● 1939 年（民国二十八年）

9 月，国民政府经济部中央工业试验所在重庆北碚创建木材试验室，负责全国工业用材的试验研究，这是中国第一个木材试验室。编印《木材试验室特刊》，每号刊载论文一篇，至 1945 年，共出版 45 号，其作者主要有唐燿、王恺、屠鸿达、承士林等。

● 1941 年（民国三十年）

7 月，柯病凡从西北农学院森林系毕业，到黄河水利委员会任技术员，至 1942 年 7 月。

● 1942 年（民国三十一年）

8 月，在中央工业试验所的协助下，唐燿在乐山购下灵宝塔下的姚庄，将中央工业试验所木材试验室扩建为木材试验馆，唐燿任馆长。根据实际的需要，唐燿把木材试验馆的试验和研究范畴分为八个方面：①中国森林和市场的调查以及木材样品的收集，如中国商用木材的调查；木材标本、力学试材的采集；中国林区和中国森林工业的调查等。同时，对川西、川东、贵州、广西、湖南的伐木工业和枕木资源、木材生产及销售情况，为建设湘桂、湘黔铁路的枕木的供应提供了依据。还著有《川西、峨边伐木工业之调查》《黔、桂、湘边区之伐木工业》《西南木业之初步调查》等报告，为研究中国伐木工业和木材市场提供了有价值的实际资料。②国产木材材性及其用途的研究，如木材构造及鉴定；国产木材一般材性及用途的记载；木材的病虫害等。③木材的物理性质研究，如木材的基本物理性质；木材试验统计上的分析和设计；木材物理性的惯常试验。④木材力学试验，如小而无疵木材力学试验；商场木材的试验；国产重要木材的安全应力试验等。⑤木材的干燥试验，如木材堆集法和天然干燥；木材干燥车间、木材干燥程序等的试验和研究。⑥木材化学的利用和试验，如木材防腐、防火、防水的研究；木材防腐方法及防腐工厂设备的研究；国产重要木材天然耐腐性的试验。⑦木材工作性的研究，如国产重要木材对锯、刨、钻、旋、弯曲、钉钉等反应及新旧木工工具的研究。⑧伐木、锯木及林产工业机械设计等的研究。

8月，柯病凡任中央工业试验所木材试验馆（乐山）助理研究员、副工程师，至1947年12月。

8月，国民政府交通部、农林部筹办木材公司，委托中央工业试验所木材试验室主任唐燿组织中国林木勘察团，调查四川、西康、广西、贵州、云南五省林区及木业，以供各地铁路交通之需要，共组织五个分队，结束之后均有报告问世，唐燿为之编写《中国西南林区交通用材勘察总报告》。川康队由柯病凡担任，有柯病凡、朱惠方、陈绍行等人，负责勘察青衣江及大渡河流域之森林及木业，注重雅安一带电杆之供应，及洪坝等森林之开发。曾就洪雅、罗坝、雅安等地调查木材市场，就天全之青城山勘察森林；复经芦山、荥经，过大相岭抵汉源，勘察大渡河及洪坝之森林，更经富林，由峨眉返乐山。行程1700余里，共历时69日。其调查报告称：洪坝杉木坪为赖执中占有，洪坝各支沟森林为赖执中等私有。川康勘查团1942年8月15日由乐山出发，10月5日抵达九龙之冰东，6日到达洪坝，7日由洪坝至大杉木坪……洪坝森林后又经福中木业公司采伐，经营4年，因缺乏伐木器具而停止，所伐木材约10万立方尺，多数丢弃，少数原条及枋墩运往乐山出售。

● 1943 年（民国三十二年）

5 月，柯病凡《林木研究通俗讲座（十）：青衣江流域之木业简报》刊于《农业推广通讯》1943 年第 5 卷第 5 期 36 ~ 39 页。

5 月 30 日，柯病凡《青衣江流域木业之初步调查》刊于《中农月刊》1943 年第 4 卷第 5 期 54 ~ 68 页。

6 月，柯病凡《天全青城山之森林》刊于南京《科学世界》1943 年第 12 卷第 6 期 325 ~ 336 页。

7 月，唐燿、柯病凡《林木研究通俗讲座（十二）：数种航空兵木材产量之记载》刊于《农业推广通讯》1943 年第 5 卷第 7 期 60 ~ 61 页。

8 月，柯病凡《林木研究通俗讲座（十三）：天全森林副产业之调查》刊于《农业推广通讯》1943 年第 5 卷第 8 期 42 ~ 43 页。

● 1944 年（民国三十三年）

1 月，柯病凡《天全伐木工业调查》刊于《中农月刊》1944 年第 5 卷第 1 期 99 ~ 104 页。

1 月，柯病凡《林木研究通俗讲座（十八）：天全青城山之森林（一）》刊于《农业推广通讯》1944 年第 6 卷第 1 期 68 ~ 70 页。

2 月，柯病凡《天全森林副产业之调查》刊于《全国农林试验研究报告辑要》1944 年第 4 卷第 1、2 期 20 ~ 21 页。

2 月，柯病凡《林木研究通俗讲座（十九）：天全青城山之森林（二）》刊于《农业推广通讯》1944 年第 6 卷第 2 期 55 ~ 58 页。

3 月，柯病凡《天全伐木工业调查》刊于《中农月刊》1944 年第 5 卷第 1 期 99 ~ 104 页。

4 月，柯病凡《天全青城山之森林》刊于《林学》1944 年第 3 卷第 1 号 85 ~ 97 页。

7 月，柯病凡《天全伐木工业概况》刊于《西康经济季刊》1944 年第 8 期 146 ~ 150 页。《西康经济季刊》创刊号 1942 年 7 月 1 日在康定发行，西康经济研究社编辑兼发行，杨仲华主编。

是年，柯病凡完成《楼管台森林之调查报告》。

是年，柯病凡、张兴创完成《小陇山森林之调查报告》。后来，张兴创完成

《天水小陇山之森林与社会》刊于《中农月刊》1944 年第 5 卷第 12 期 54-81 页。

● 1945 年（民国三十四年）

2 月 3 日，美国著名的植物学家塞缪尔·詹姆斯·雷科德（Samuel James Record）去世。"*Samuel James Record Identification of the Economic Woods of the United States，Including a Discussion of the Structural and Physical Properties of Wood*" 1912 年出版，该书为木材识别方法的经典著作。塞缪尔·詹姆斯·雷科德是美国著名的植物学家，1881 年 3 月 10 日出生于美国印第安纳州克劳福德斯维尔，1903 年毕业于沃巴什学院（Wabash College），1904 年到美国林务局工作（期间 1905 年获得耶鲁大学林学硕士学位，1906 年获得瓦巴什大学第二个硕士学位），1907 年任阿肯色州国家林务局局长。1910 年回到耶鲁大学林学院，1917 年任林产品教授（1930 年瓦巴什大学授予他荣誉博士学位），不久就在耶鲁大学开设热带林业新课程，这成了他研究的主题，1924 年在《热带美洲木材》一书中发表了对美洲热带木材的广泛调查结果，后来再版时与罗伯特·赫斯合著《新世界木材》（1934 年）。1925 年创办了《热带森林》杂志，一直编辑到去世。1939 年被任命耶鲁大学林学院院长。他通过美洲各地的实地考察（最著名的是伯利兹、危地马拉、洪都拉斯、哥伦比亚和美国各地）以及来自世界各地的帮助，收集了约 41000 份已鉴定的木材标本，这些标本最初在耶鲁，1969 年被转移到美国林务局林产品实验室。根据他的建议，1930 年国际木材研究会议在伦敦举行，成立了国际木材解剖学家协会，他担任协会第一任秘书长，是国际木材解剖学家协会的创始人。他著作甚丰，并编写了两本经典教科书，一本是 "*Identification of the Economic Woods of the United States*"《美国经济木材的鉴定》（1912 年），另一本是 "*Mechanical Properties of Wood*"《木材的机械性能》（1914 年）。1945 年 2 月 3 日去世。

8 月，柯病凡《陕甘青林区及木材产销概况》刊于《中农月刊》1945 第 6 卷第 8 期 53 ~ 71 页。

8 月，柯病凡《西北之森林与木业》刊于《新西北月刊》1945 年第 9 卷第 7、8、9 期合刊。

● 1946 年（民国三十五年）

1 月 25 日，国民政府教育部决定恢复安徽大学。

4月24日，安徽大学筹备委员会在南京召开会议，决定前省立安徽大学的校舍财产均由安徽大学接收使用；根据安徽省的需要，安徽大学的院系设置为：①文学学院，设中国文学系、外语语文系、政治系、经济系、教育系；②理学院，设数学系、物理系、化学系、生物系；③农学院，设农艺系、森林系，附设茶叶专修科。

7月，安徽大学陶因致信兰州西北农业专科学校校长齐坚如，希望其回皖任安徽大学农学院院长。

9月，陶因任安徽大学校长，任职至1948年7月。安徽大学农学院在安庆成立。

10月，陶因任命齐坚如为安徽大学农学院院长，任职至1949年12月。

11月，安徽大学在安庆恢复，齐坚如由兰州西北农业专科学校回安徽，任安徽大学农学院首任院长。齐坚如多方延揽人才，筹措经费，创立农学、森林和园艺三个系，聘请杨著诚、吴清泉、沈寿铨等知名专家任系主任，并建立苗圃、农场和畜牧场。

● 1948年（民国三十七年）

1月，柯病凡到安徽安庆任安徽大学农学院讲师，至1949年4月。

5月，柯病凡《森林火灾之起因与防除》刊于《中农月刊》1948年第9卷第5期26～34页。

9月12日，上海《申报》刊登一则消息，称"安徽大学校长杨亮功今夏在京（指南京），新聘大批教授，计有方重、陈顾远、樊映川、孙华等。该校定于本月20日开学，27日上课"。

是年，齐坚如教授购买首批120种日本树种木材标本，同时创建木材工业实验室，聘请柯病凡、李书春先生到安徽大学农学院开展国防用材试验工作，并由柯病凡负责安徽大学农学院木材工业实验室（木材标本馆），建成在国内外知名的对教学、科研有价值的木材标本馆。

● 1949年

4月22日，中国人民解放军进入安庆，并接管安徽大学。同日，柯病凡到芜湖安徽大学林学系任讲师，参加革命。

5月15日，安徽大学校长杨亮功在时任台湾省主席陈诚的帮助下，乘飞机离开大陆，前往台湾。

6月，中国人民解放军南京军事管制委员会派靳树鸿为首席军代表、黎洪模为副代表和工作人员郑玉林、朱全（徐静斐）4人接管安徽大学。之后选举产生的安徽大学新的校务委员会，张效良为主任委员，齐坚如等为常委。

8月11日，安徽大学农学院召开"清点会议"，推定齐坚如院长、吴清泉主任、杨著诚主任、叶百举主任及丁星北、柯病凡两先生为清点总负责人。

10月，许杰任安徽大学校长，至1954年2月。10月13日，安徽大学开始招收数学、物理、化学、土木工程、农艺、森林、园艺7个系新生及插班生，考区设在芜湖、安庆、合肥、南京4处。

12月，安徽大学从安庆迁往芜湖，与安徽学院合并，恢复校名安徽大学，正式成立校务委员会，委员有许杰、靳树鸿、刘乃敬、吴锐、吴遁生、齐坚如、詹云青、黎洪模等12人，许杰任校务委员会主任委员。军代表靳树鸿任校秘书长，学校的党政事务工作直接由秘书处负责；刘道敬为教务长，黎洪模为主委办公室主任秘书，张浩然为会计主任。安徽大学农学院森林系有教授2人（齐坚如、吴请泉）、讲师1人（柯病凡）、助教3人（刘世骐、李书春、张明轩）。

• 1950 年

3月15日，安徽大学成立了师生员工代表大会筹备委员会，推请吴遁生、赵伦彝、陶秀、吴锐、刘道敬、靳树鸿、程季平、朱长生8人为委员，负责筹备召开代表大会民主管理学校。

5月，华东区安徽大学农学院森林系入册的教职员，有教授4人（齐坚如、吴清泉、陈雪尘、吴曙东）、讲师2人（柯病凡、丁应辰）、助教3人（李书春、张明轩、刘世琪）。

6月18日，安徽大学教工会委员会成立，杨演等11人当选执行委员，柯病凡等6人当选候补委员，朱遂等7人当选监察委员。

6月21日，成立招生委员会，由许杰、刘道敬、靳树鸿、郑启愚、齐坚如、黄叔寅、吴遁生、张明时、马客谈9人组成。

6月，安徽大学农学院组成大别山森林调查组，由陈雪尘、柯病凡负责。

6月，安徽大学 1950 学年度教职工名册森林学系：吴清泉教授兼系主任及林专科主任，齐坚如兼系教授，陈雪尘兼林场主任，吴曙东教授、徐长康副教授兼工程组主任；讲师有柯病凡、周平、丁应辰，助教有李书春、刘世琪、徐大名、黄绪伦（兼工程组技师）；林业专修科：徐明教授、陈应福兼任讲师。

7月，安徽大学聘齐坚如任森林学系主任、陈雪尘任林场主任。

7月 25 日，安徽大学成立暑期留校学生学习工作辅导委员会，聘张明时教授为主任委员，詹云青、齐坚如教授为副主任委员，时佩铎等 16 人为委员。

9月，安徽大学聘吴清泉兼任森林系主任。

是年，柯病凡、金月清结婚。

● **1951 年**

4月，中国林学会芜湖分会筹委会成立大会，筹委会由皖南行署农林处和安徽大学森林系等单位 19 人组成，齐坚如教授为常务理事长，吴清泉任秘书长，吴曙东、柯病凡、朱祖翼、阚文藻、陈雪尘、刘世骐 6 人为常务理事。

7月，柯病凡长女柯锦华出生。柯锦华，1982 年 7 月安徽大学哲学系本科毕业，获学士学位，1985 年 6 月安徽大学哲学系研究生毕业，获哲学硕士学位，1990 年 7 月毕业于中国社会科学院研究生院哲学系，获哲学博士学位。1985 年 7 月至 1987 年 10 月在安徽大学哲学系任教。1990 年 8 月后任《中国社会科学》杂志社编审、哲学编辑室主任、哲学社会科学部主任。无党派人士，自 2003 年起任第十、十一、十二届全国政协委员，2016 年受聘国务院参事。2006 年享受国务院政府特殊津贴。

7月，卫广扬从安徽大学农学院森林系毕业，柯病凡在安徽大学农学院森林系筹建成立森林利用组，卫广扬留校任柯病凡助手。

9月，安徽大学教务长刘道敬辞职，许杰聘齐坚如教授为教务长；同时撤销秘书处、改设总务处，秘书处之人事、文书两部门转由主委办公室领导，聘詹云青任总务长，靳树鸿辞去秘书长职务专任政治教育委员会主任，主抓党的时事政治学习和思想工作。

11 月 8 日，成俊卿回到广州，之后到芜湖任安徽大学农学院副教授，卫广扬担任成俊卿助手，成俊卿任职至 1956 年。成俊卿先后编写了木材学、木材干燥、木材防腐、胶合板 4 门课的教材，这是我国较早较完整的木材科学教材。

11 月，安徽大学 1951 年度第一学期教职员工名册森林学系：吴清泉教授兼系主任及林专科主任、齐坚如教授兼教务长，教授陈雪尘、吴晴乐，副教授佘匕康、成俊卿，讲师有柯病凡、周平，助教刘世琪、李书春、张明轩、徐炤、黄绪伦兼工程组技师、卫广扬；林业专修科教授徐明。

11 月，华东军政委员会教育部批准柯病凡为副教授。

是年，安徽大学农学院建立木材标本室，柯病凡负责，创设森林利用课程组，成俊卿、柯病凡负责。

是年，柯病凡《木材学》（讲义）由安徽大学农学院油印。

• 1952 年

3 月 25 日，《人民日报》刊登《安徽大学森林系主任吴清泉检讨对待批评的错误态度保证努力改造的思想》。

7 月，柯病凡次女柯秀华出生。

9 月，安徽大学农学院在芜湖成立，设林学系。

10 月，柯病凡任安徽大学（芜湖）林学系副教授。

是年秋，根据全国农林院系调整方案，安徽大学农学院森林系易名为林学系，森林专修科易名为林学专修科。安徽大学农学院由教务长齐坚如代管，同时担任安徽大学教师职称评审委员会主任，吴东儒、张定荣、叶钟文、张涤华、柯病凡等 8 位同事被教育部批准为副教授。

12 月，政务院林垦部西南木材试验馆 20 多人从四川迁北京并入中央人民政府林业部林业科学研究所（筹）。

12 月，柯病凡带领安徽大学农学院林学系利用组教师到上海实习。

是年，柯病凡、刘世骐完成《皖西大别山森林调查总结（潜山、岳西）》。

• 1953 年

10 月，为适应安徽农业发展的需要，高等教育部决定安徽大学农学院在芜湖独立建院，成立安徽农学院，干仲儒同志任首任院长、党委书记。安徽农学院设林学系，吴清泉任主任。

12 月，柯病凡《中国重要木材力学性质简表》刊印。

是年，柯病凡《材性学》（讲义）由安徽大学农学院油印。

● 1954 年

2 月，奉政务院命令，撤销安徽大学校名，分别成立安徽农学院和安徽师范学院（芜湖）。干仲儒任安徽农学院院长，任职至 1956 年 5 月。

4 月，柯病凡任安徽农学院（合肥）林学系、森工系副教授，先后兼林学系、森工系主任。

8 月，安徽省政府决定安徽农学院由芜湖迁至合肥西门外新校址办学。

8 月，柯病凡三女柯蕾出生。

9 月，安徽农学院由芜湖迁至合肥，干仲儒任安徽农学院党委书记，任职至 1955 年 7 月。

12 月，建筑工业部建筑技术研究所译《木材物理力学试验方法》由建筑工程出版社出版。

是年，柯病凡《木材学》（讲义）由安徽农学院林学系油印。

是年，柯病凡《材性学》（木材学讲义）由安徽农学院林学系油印。

是年，柯病凡《木材物理和力学性质》（讲义）由安徽农学院林学系油印。

● 1955 年

1 月，柯病凡《芜湖市商用木材平衡含水量的研究（1954—1955）》（研究报告 第 3 号）由安徽农学院林学系森林利用教研组刊印。

5 月 1 日，经安徽省人民委员会文教办字第一号文件批准，芜湖分会改为中国林学会合肥分会，筹委会由安徽省林业厅、安徽农学院、合肥林校等单位的 21 人组成。林业厅副厅长聂皓为筹委会主任委员，林学系主任吴清泉、教授齐坚如、合肥林校校长贾治忠为副主任委员，魏思远为秘书长，管辖全省学会工作。

● 1956 年

7 月，柯病凡长子柯曙华出生。

8 月，林业部林业科学研究所借调成俊卿任研究员、木材工业研究室负责人，1956—1960 年仍兼授安徽农学院林学系木材学课程。

9 月 22 日，森林工业部第 13 次部务会议决定成立森林工业科学研究所，任命李万新为筹备主任，张楚宝、唐耀、成俊卿、黄丹、贺近恪为委员。成俊卿任木材构造及性质研究室负责人。

是年，柯病凡完成《安徽主要针叶树材生材含水率、容重和干缩率变化的研究》。

是年，安徽农学院柯病凡副教授等完成《我国主要建筑用材在建筑设计上允许力的试验研究》。

• 1957 年

6 月，柯病凡任中国人民政治协商会议安徽省委员会委员，至 1986 年 4 月。

7 月，《安徽农学院学报》创刊，干仲儒撰写《把科学研究建立在实践的基础上——代发刊词》。同期，柯病凡《安徽习见树木木材物理性质的研究》刊于《安徽农学院学报》1957 年第 1 期 81 ～ 97 页。《安徽农学院学报》编委会由干仲儒、王泽农、齐坚如、沈文辅、吴清泉、金国粹、郑体华、段佑云、胡式仪、柯病凡、陈橼、张佐文、杨著诚、杨演、赵伦彝和黎洪模 16 人组成，主编齐坚如，副主编沈文辅、郑体华。

7 月，安徽农学院柯病凡副教授完成《安徽习见树木物理性质之研究》，起止时间 1948 年 4 月至 1957 年 7 月。

12 月，苏联森林工业部编《木材物理力学试验方法》由科学出版社出版。

12 月，安徽农学院柯病凡副教授完成《合肥市木材平衡含水量之研究》，起止时间 1956 年至 1957 年 12 月。

• 1958 年

6 月，森林工业科学研究所、安徽农学院柯病凡《皖南马尾松木材的物理力学性质》刊于《安徽农学院学报》1958 年第 2 期 7 ～ 18 页。

7 月，安徽农学院柯病凡编《皖南杉木的物理力学性质》（研究报告 第 11 号，11 页）由中国林业出版社出版。

9 月，曾希圣以安徽省委第一书记兼任安徽大学校长，至 1962 年 3 月。

10 月，中国林业科学研究院成立，成俊卿任中国林业科学研究院木材工业研究所研究员、材性室副主任。

是年，柯病凡《安徽黄山松、金钱松及柳杉三种树种木材力学性质》（森林工业科学研究所、安徽农学院合作研究报告）刊印。

是年，柯病凡《制材学》（讲义）由安徽农学院油印。

• 1959 年

9 月，安徽农学院在森林利用的基础上招收首届"木材加工"专业学生。

10 月，安徽农学院成立森林工业系，设木材加工和林产化工两个专业，柯病凡任森林工业系主任。

12 月，《安徽农学院林学系森工系研究报告汇编》（第一辑）由安徽农学院林学系森工系刊印，其中 33 ～ 39 页收录成俊卿、柯病凡、徐全章、柴修武、唐汝明、叶呈仁《安徽主要经济木材的材性及用途》。

• 1960 年

6 月，柯病凡《安徽黄山松、金钱松及柳杉三树种的木材物理力学性质》刊于《安徽农学院学报》1960 年 77 ～ 86 页。

• 1961 年

11 月，柯病凡完成《木材与电学》的翻译工作。

12 月 4 日，安徽省林学会在合肥举行第一次会员代表大会，从 225 名会员中推选 64 名代表出席会议，会议审议通过安徽省林学会章程（草案），批准学会会员选举产生的由 21 人组成的安徽省林学会第一届理事会。安徽省林业厅副厅长聂皓担任理事长，齐坚如、吴清泉、柯病凡、杨著诚为副理事长，魏健为秘书长，魏思远、余厚敏为副秘书长。学会下设造林、森工、果树等专业学组，并根据会员分布情况建立了安徽省林业厅、林科所、安徽农学院、农科院、合肥林校 5 个分会以及合肥市园林管理处花卉专业组。

• 1962 年

1 月，安徽农学院上报农业部、教育部、安徽省教育厅，担任培养研究生导师名单，林学系齐坚如（森林学）、柯病凡（木材学）。

4 月 29 日，安徽农学院公布各系成立系务委员会。林学系柯病凡为主任委员；蔡其武、舒裕国、余厚敏为副主任委员；李湘南、吴清泉、齐坚如、吴曙东、陈雪尘、周平、刘世琪、张明轩、黄绪伦、梁绍信、张鹤松、李宏开 16 人为委员。

9 月 7 日，柯病凡同志任安徽农学院林学系主任。

11 月，中国林业科学研究院情报室《"中国重要树种的木材物理力学性质"

的内容简介》由《林业科技通讯》1962 年第 21 期 12 页刊载。

11 月，国家科委林业组要求安徽农学院林学系负责和参加 1963—1972 年林业科学技术发展规划项目，作为负责单位的项目 1 项（主要工业用材强度和影响材质因子的研究），作为参加单位的项目内容 12 项（主要为木材物理化学方面）。

● 1963 年

2 月，安徽农学院林学系主任柯病凡与学院副院长杨演、教务长王泽农作为代表去北京参加全国农业科学技术工作会议。

● 1964 年

3 月，《安徽农学院学报》出版第 6 期，《安徽农学院学报》编委会换届产生第二届编委会，由王泽农、王炬之、吴曙东、郑玉林、段佑云、胡式仪、柯病凡、倪有煌、徐长康、陈家祥、陈椽、陈自在、杨演、杨著诚、赵伦彝、黎洪模 16 人组成，主编杨演，副主编王泽农。

4 月，柯病凡《木材物理力学性质研究的概况》由安徽农学院油印。

是年，成俊卿、柯病凡主编，著者成俊卿、柯病凡、唐汝明、卫广扬、徐全章《安徽木材（第一辑）》（安徽农学院林学系）由安徽农学院林学系木材加工教研组刊印。

● 1965 年

1 月，安徽农学院第一次招收研究生。

4 月，安徽农学院向高等教育部报告 1965 年录取茶叶生化研究生柯德兴、木材学研究生陈炳南。

5 月，安徽省林学会在合肥召开第二届理事会，选举产生由 15 人组成的安徽省林学会第二届理事会，理事长为汪制钧，副理事长为柯病凡、周树德，秘书长为杨霭庭，副秘书长为侯健尧。

● 1966 年

11 月 25 日，安徽省革命委员会批复农学院迁到滁县琅琊山林场、凤阳原畜牧兽医系两处。

● 1967 年

12 月，安徽农学院柯病凡副教授完成《安徽省木材物理力学性质的研究》，起止时间 1956 年 1 月至 1967 年 12 月。

● 1968 年

12 月 6 日，根据安徽省革命委员会的决定，安徽农学院搬迁到农村办学，并且分拆成宿县紫芦湖总院、滁县分院和凤阳分院，安徽农学院正式搬离合肥，总院和两个分院分别在宿县紫芦湖、凤阳、滁县沙河集，其中林学系被分到滁县琅琊山林场。

● 1970 年

6 月，安徽农学院部分专业下迁到滁县沙河集，成立安徽农学院滁县分院，设林学系，至 1981 年 2 月撤销。

● 1972 年

11 月，柯病凡、卫广扬等在泾县马头林场开展湿地松调查和材性研究。

● 1973 年

1 月，安徽农学院滁县分院林学系翻译组《林业译丛》（1973 年 1 期）由安徽农学院滁县分院教育革命组油印。

7 月，安徽农学院滁县分院林学系翻译组《林业译丛（木材物理力学研究专辑）》（1973 年 2 期）由安徽农学院滁县分院教育革命组油印。

● 1974 年

7 月，柯病凡、唐汝明、李尚银、卫广扬、徐全章《安徽生长的湿地松材性的研究》刊于安徽农学院滁县分院《科研报告》1974 年第 1 号 1 ~ 17 页。

● 1975 年

1 月，安徽农学院滁县分院林学系森林工业研究室完成《中国主要木材用途的调查——安徽部分的调查总结》报告。

6月，柯病凡、唐汝明、李尚银、卫广扬、徐全章《安徽生长的湿地松材性的研究》刊于安徽农学院滁县分院《一九七四年科研报告（合订本）》，林学系森林工业研究室《木材物理力学的试材采集方法（1974）（木材物理力学研究专辑）》刊于同刊。

11月，《国外松参考资料汇编：第18辑》由广东省林业科学研究所刊印，其中91～107页收录柯病凡、唐汝明、李尚银、卫广扬、徐全章《安徽生长的湿地松材性的研究》。

是年，柯病凡《法家路线促进我国古代林业科学的发展》刊印。

● 1977 年

是年，成俊卿、李秾编成《中国木材及树种名称》，该书以树木分类系统为基础，按木材特性和用途的异同，将全国近1000种用材树种（隶101科、约350属），归并为商品材380类，不仅简化了木材的基础研究工作，并大大地方便了木材合理利用和树种代用的推广工作。

是年，柯病凡、唐汝明、李尚银、卫广扬、徐金章完成《静曲极限强度及其弹性模量实验方法的初步研究》。

是年，柯病凡被评为安徽省先进教育工作者。

● 1978 年

3月19日，全国科学大会在北京隆重开幕，柯病凡到北京参加全国科学大会。

4月7日，张靖武、杨启瑞、刘维岳、印绳之、樊效先、彭执圭、吕之民7位党员干部写信给中共中央副主席邓小平，中央政治局委员、国务院副总理王震，军委秘书长罗瑞卿，农林部副部长何康，并抄呈安徽省委书记万里，要求部队归还安徽农学院原在合肥的校舍、土地。其后，陆续有干部、教师向上级写信，要求将学校搬回合肥原址集中办学。

8月22日，安徽农学院党委常委会决定：成立安徽农学院木材加工研究室，隶属林学系，柯病凡兼任研究室主任。

10月，柯病凡晋升为教授；刘世骐、李书春晋升为副教授。

10月10日，省革委会革办发37号文件通知：安徽农学院于今年10月份迁回合肥原址办学。安徽农学院迁回合肥，设林学系。

12 月，柯病凡当选为中国林学会第四届理事会理事。

• 1979 年

4 月，安徽省林学会在合肥召开第三届代表大会暨学术年会。大会选举产生由
51 人组成的第三届理事会，常务理事 13 人，聂皓为理事长，柯病凡、杨霭庭、夏
云峰、蔡其武为副理事长，杨霭庭兼任秘书长，方介人、李宏开、刘拔群为副秘书
长。理事会研究决定建立学术鉴定委员会，负责安徽省林学会学术成果鉴定工作。

4 月，安徽农学院党委决定恢复出版《安徽农学院学报》并成立学报编辑委
员会，主编杨演，副主编黎洪模、王泽农、段佑云、陈橡、柯病凡、吴信法，委
员王焕晰、陈自在、余厚敏、李光恒、金国粹、胡式仪、赵伦彝、倪有煌、郭月
争、董龙歧、葛钟麟。

6 月，柯病凡到山西中条山林区考察。

9 月，安徽农学院教授柯病凡、李书春以及讲师卫广扬到武宁县考察杉松
（台湾松与马尾松的一个杂交类型）资源，得出的结论为：干形通直，尖削度小，
材质中等，同分布区域内其他硬木松比较，树脂含量少，易油漆、胶接、防腐和
滞火处理；体积干缩系数虽大，但其差异干缩小（1∶6）；纹理直行，干燥时不
开裂、不翘曲；切削容易，加工面光洁，木材品质优良，为海拔 900 米以下山区
很有发展前途的造林树种。1980 年始采集种子繁育，分别在九江地区林科所和
武宁县进行造林试验工作，以期在生产上应用。

• 1980 年

2 月，林业部聘柯病凡同志为全国高等林业院校木材机械加工专业教材编审
委员会委员。

6 月，成俊卿《中国热带及亚热带木材：识别、材性和利用》由科学出版社
出版。

7 月，柯病凡《提高林木材质的途径》刊于《安徽农学院学报》1980 年第 2
期 34 ~ 44 页。

8 月，安徽省农学院院党委发文：柯病凡同志任安徽农学院林学系主任。

12 月，国家技术监督局批准《木材物理力学试验方法》（GB 1927-1943-80）。
标准由中国林业科学研究院木材工业研究所李源哲和张文庆、云南省林业科学研

究所罗良才、中国科学院沈阳林业土壤研究所白同仁、安徽农学院柯病凡、西北农学院汪秉全、东北林学院戴澄月、四川省建工局建筑研究所蒋奋令完成。

12月，Timell T E. *"Karl Gustav Sanio and the First Scientific Description of Compression Wood"* 刊于 *"IAWA Bull"* 1980 年第 1 卷第 4 期 147 ～ 153 页，系统地介绍了卡尔·古斯塔夫·桑里奥和他的科学贡献。1860 年，著名德国植物学家卡尔·古斯塔夫·桑里奥（Karl Gustav Sanio）在研究欧洲赤松管胞长度的变异时，发现管胞长度存在径向和轴向的变异规律，通常称之为 Sanio 规律，至今在研究针叶材管胞长度变异还是在他的研究范围之内，卡尔·古斯塔夫·桑里奥被认为是木材解剖学的奠基人。

• 1981 年

2 月，安徽省省长办公会议决定安徽农学院在滁县和凤阳的两个分院全部回迁合肥。至此，下迁办学有 10 年历史的林学系回归合肥原址。

6 月，柯病凡、李书春（《中条山树木志》著者）到山西中条山林区考察。

11 月，国务院批准安徽农学院全国首批木材科学与技术硕士学位授予点，柯病凡为硕士研究生指导教师，招收木材学研究生熊平波、桂永全、徐从建。

12 月 28 日，安徽省人文局文件通知：柯病凡任林学系主任。

• 1982 年

5 月，安徽农学院公布各系学位评定分委员会组成，林学系学位评定分委员会主席柯病凡，副主席舒裕国，委员刘世骐、李书春、周平、彭镇华、李宏开。

6 月，柯病凡、李书春、徐从建到山西中条山林区考察，采集试材、腊叶标本等。

7 月，柯病凡《节子对马尾松木构件抗弯强度及抗弯弹性模量的影响》刊于《安徽农学院学报》1982 年第 2 期 11 ～ 21 页。

10 月，中国林业科学研究院木材工业研究所主编《中国主要树种的木材物理力学性质》由中国林业出版社出版，柯病凡参加编写。

12 月，柯病凡当选为中国林学会第五届理事会理事。

12 月，卫广扬、唐汝明、龚耀乾、周师勉《安徽木材识别与用途》由安徽科学技术出版社出版。该书选取主要用材树种 65 科 266 种。其选择原则是：产于安徽省但在长江中、下游以及江南地区有大量分布的树种；产量少但为速生优质而又有发展前途的树种及珍贵子遗树种。全书共分主要树种木材特征的记述、原木和木材识别检索表、木材性质明细表和木材自然耐腐性分级、商品材名称和价格分类、名词解释等部分。书末附有树皮照片261张，木材横切面（放大15倍）照片171幅及中文名、拉丁名索引。

● 1983 年

3 月，《山西省中条山森林资源调查（一）木材与腊叶标本采集名录》由山西省中条山森林经营局、安徽农学院林学系刊印。

5 月，山西省林业厅下达"山西中条山主要树种木材解剖特征及重要物理力学性质"项目。

7 月，柯病凡、李书春、卫广扬《再论黄山松的定名问题》刊于《安徽农学院学报》1983 第 2 期 1 ～ 7 页。

7 月，柯病凡任第二届林业部科学技术委员会委员。

9 月，中国农业年鉴编辑委员会编《中国农业年鉴》（1982 年）452 页载《林业成果》:《国家标准木材物理力学试验方法的制订》，完成单位及主要人员：中国林业科学研究院木材工业研究所李源哲、张文庆，云南省林业科学研究所罗良才，中国科学院沈阳林业土壤研究所白同仁，安徽农学院柯病凡，西北农学院汪秉全，东北林学院戴澄月，四川省建工局建筑研究所蒋奋令。该标准共 17 项，包括试材采集方法、木材分配方法、顺纹抗拉强度试验和抗剪强度试验、木材抗弯弹性模量及硬度测定方法、木材干缩、密度和湿胀性试样形状尺寸的确定、简化含水率的测定和冲击韧性计算的改变等。

12 月，安徽省林学会在合肥召开"全省林业发展战略目标可行性论证会"，邀请省科委、科协、林业厅、农业区划研究所、各行署林业局，以及有关教学、科研、生产等单位的教授、专家和科技工作者 57 人出席会议。会议由学会副理事长柯病凡教授主持，林业厅副厅长吴天栋同志致开幕词。

● 1984 年

2 月，安徽农学院齐坚如、吴曙东、吴清泉、柯病凡四位教授入选林业部组织编撰的《中国林业人名词典》。

3 月，安徽农学院学校二级机构领导班子调整，潘祖跃任林学系主任。

6 月 30 日，安徽省林学会第四届会员代表大会在合肥召开，大会选举理事长吴天栋，常务副理事长聂皓，副理事长柯病凡、刘世骐、于光明，名誉理事长马长炎，学会顾问杨霭庭，秘书长方介人。

6 月，安徽省林学会举办科普讲座，安徽农学院柯病凡讲授马尾松栽培技术。

8 月，安徽省教育厅批准，安徽农学院成立林产工业研究所。

10 月，安徽农学院通知干部任职：潘祖跃兼任林产工业研究所副所长，邬树德任林产工业研究所副所长。

11 月，安徽农学院木材科学与技术硕士学位研究生徐从建毕业，论文题目《中条山山杨木材解剖物理力学性质及其变异的研究》，指导教师柯病凡。

11 月，武宁县林业技术推广站和安徽农学院柯病凡教授决定联合对武宁杉松的木材物理性质进行测定，并将材质测定列入林业技术推广站 1985 年的科研项目。

11 月，安徽农学院木材科学与技术硕士学位研究生熊平波、桂永全毕业，论文题目分别是《营林措施与木材性质关系的研究：杉木初植密度和间伐强度对木材性质的影响》《枫香树木交错纹理及其变异》，指导教师柯病凡。

11 月，柯病凡到东北林学院主持木材加工专业木材干燥、人造板硕士研究生毕业答辩。

11 月，安徽农学院调整各系学位评定委员会分会，林学系：主席柯病凡，副主席潘祖跃，委员刘世骐、李书春、周平、舒裕国、李宏开、彭镇华、蒋振球。

● 1985 年

2 月，安徽省教育厅通知：聘请柯病凡为安徽省高校学位评审委员会委员。

4 月，林业部聘请柯病凡同志为中国木材标准化技术委员会基础标准分技术委员会委员。

5 月，经全国自然科学名词审定委员会同意，中国林学会成立林学名词审定工作筹备组，并制定《林学名词审定委员会工作细则》。第一届林学名词审定委员会顾问吴中伦、王恺、熊文愈、申宗圻、徐纬英，主任陈陆圻，副主任侯治溥、阎树文、王明庥、周以良、沈国舫，委员于政中、王凤翔、王礼先、史济彦、关君蔚、李传道、李兆麟、陈有民、孟兆祯、陆仁书、柯病凡、贺近恪、顾正平、高尚武、徐国祯、袁东岩、黄希坝、黄伯璿、鲁一同、董乃钧、裴克，秘书印嘉祐。

6月，柯病凡到南京林学院主持木材加工专业硕士研究生毕业答辩。

7月，柯病凡、李书春、刘秀梅（《中条山树木志》著者）、张述银、柯曙华、潘建到山西中条山林区考察，采集试材、腊叶标本等。

9月10日，安徽农学院隆重庆祝我国第一个教师节，向任教和在学校工作35年以上的教职工颁发荣誉证书并表彰先进教师，柯病凡均在列。

9月，《木材学》由中国林业出版社出版。《木材学》由成俊卿主编，李正理、张英伯、吴中禄、鲍甫成、柯病凡、李源哲、申宗圻等30多位专家合著的中国第一部木材学方面的权威性专著。全书共7篇，32章，178万字。前四篇论述树木的形成、木材的构造、化学性质、物理性质及力学性质；后三篇论述与现实生产极为密切的木材缺陷、木材材性改进和中国重要木材（521种）的解剖特征和用途。

10月，北京林学院主编《森林利用学》（全国高等林业院校试用教程，林业专业用）由中国林业出版社出版，陈陆圻主编，柯病凡任副主编。

12月，柯病凡当选为中国林学会第六届理事会理事。

是年，柯病凡参与国家标准《木材物理力学性质试验方法》的修订。

● 1986 年

3月9日，柯病凡教授光荣加入中国共产党，介绍人蔡其武和江泽慧。

4月，柯病凡教授受聘安徽省高等学校教师职务学科评议组成员。

6月，安徽农学院木材科学与技术硕士学位研究生徐有明、张述银毕业，论文题目分别为《中条山油松木材解剖特征、物理力学性质变异及其相互关系的研究》《辽东栎材性的综合研究Ⅱ：木材性质相互关系的研究》，指导教师柯病凡。

6月，柯病凡受聘为《木材工业》编委。

6月4日，柯病凡主持由安徽省科学技术委员会、林业厅组织的安徽省怀宁县林业局《马尾松人工林立体整枝技术的研究》成果鉴定。

8月，林业部董智勇副部长到安徽农学院看望柯病凡，并拨款40万元支持其实验室购买科研仪器。

12 月，柯病凡任第三届林业部科学技术委员会委员。

是年，柯病凡《怎样防止木材的胀缩、挠曲和开裂》刊于《安徽林业科技》1986 年（增刊）。

是年，《安徽林产工业》创刊。

● 1987 年

1 月，为庆祝《安徽农学院学报》创刊三十周年，《安徽农学院学报》编委会在 1987 年除夕举行座谈会，院长沈和湘教授主持会议。编委会主编柯病凡教授回顾和总结学报创刊三十年来所走过的曲折道路。他说，我院学报在我国社会主义改造基本完成、社会主义建设取得重大胜利的 1957 年创刊，后因遇到国民经济三年严重困难，在 1960 年停刊。1964 年，国民经济经过调整后恢复。

2 月，柯病凡教授受聘安徽经济委员会、安徽省高级工程师评审委员会林业专业组成员。

3 月，柯病凡受聘全国自然科学名词审定委员会林学名词审定委员会委员。

3 月，柯病凡转为中国共产党正式党员。

4 月，《安徽农学院学报》编委会成立第四届学报编委会，主编柯病凡，副主编沈和湘、王泽农、段佑云、陈橡、吴信法、何世勋，编委王焕晰、米太岩、余厚敏、陈自在、陆艾五、郑林宽、金国粹、胡式仪、赵伦彝、倪有煌、郭月争、葛钟麟、董龙歧。

8 月，柯病凡、郭树德、李筱莉、周学辉、吴晔到山西省中条山林局给技术人员举办木材加工、林化产品的讲座与培训，并对中条山林区考察。

9 月，柯病凡任东北林业大学我国首届木材学博士李坚、陆文达博士研究生毕业答辩委员会主席。

10 月，广西林学院木材学硕士研究生钟媛、李英建来安徽农学院林产研究所进行硕士研究生毕业论文答辩，柯病凡教授任答辩委员会主席。

12 月，《木材学》获中国林学会第一届梁希奖，主要完成人成俊卿、李正理、吴中禄、鲍甫成、柯病凡、李源哲、申宗圻。

12 月，柯病凡、王妍妍、刘金生、张友鑫、肖厚勤《杉松的生长和材质研究》刊于《安徽农学院学报》1987 年第 4 期 1 ~ 8 页。

12 月，《中国主要树种木材物理力学性质的研究》通过了林业部科教局组成的成果鉴定。完成人：李源哲、张文庆、柯病凡、朱振文、汪秉全、罗良才、白同仁、安培钧，完成单位：中国林业科学研究院木材工业研究所、安徽农学院、河南农学院、西北农学院、云南省林业科学院，起止时间1953—1986年。我国幅员辽阔，经济用材树种繁多，对主要树种木材的物理力学性质研究，是我国林业科学的一项必不可少的基础内容。从1953年起，中国林业科学研究院木材工业研究所与有关科研机构和农林院校，按统一的试验方法，对各林区及各木材生产基地的主要树种进行适当规划，分区分工协作研究，经过二十多年的努力，共积累了342个树种的木材物理力学试验数据。编成《中国主要树种的木材物理力学性质》，由中国林业出版社于1982年出版。书中列入了我国主要树种的年轮宽度、晚材率、密度、干缩系数、抗弯弹性模量、抗弯、顺纹抗压、顺纹抗剪、横纹抗压、顺纹抗拉、冲击韧性、硬度、抗劈力等各项物理力学性质指标，并列出主要木材用途和各主要地区商品材名称。研究成果为工矿、建筑、国防等部门提供了木结构设计的基本数据；为优良造林树种选择、木材科学加工和合理利用提供了基本的科学依据；也为林业及木材科学研究及教学提供了基础资料。木材物理力学试验方法，大部分采用国际通行的方法。其中有些试验方法因各国不全一致的，本研究根据我国情况通过试验研究，采用较科学的方法，对顺纹抗拉和顺纹抗剪强度试验方法进行了改进，具有自己的特色。以此项研究主要成果为基础研究制订了国家标准GB 1928-1980《木材物理力学试验方法》共18项标准，1980年颁布实施；为国家标准GB J-5《木结构设计规范》及工矿、军工部门计算工程用材的容许应力提供基本数据，为用材部门就地取材，扩大树种利用、节约代用提供科学依据，为木材加工工业及科研、教学提供科学依据。

12月25日，在北京举行的中国林学会成立70周年纪念大会上，由国务委员方毅、中国科协名誉主席周培源、林业部部长高德占等为荣获第一届"梁希奖"的代表颁奖，首届梁希奖获奖项目和获奖人：《公元2000年我国森林资源发展趋势的研究》（黄伯璿、华网坤、王永安、徐国祯、曹再新）、《木材学》（成俊卿、李正理、吴中禄、鲍甫成、柯病凡、李源哲、申宗圻）、《宁夏西吉黄土高原水土流失综合治理的研究》（阎树文、关君蔚、孙立达、孙保平、姜仕鑫、王秉升）。

是年，《全国高等林业院校、系教授、研究员人员名录》中木材学（9人），有北京林业大学申宗圻，东北林业大学葛明裕、彭海源、戴澄月，南京林业大学张景良，中南林学院刘松龄，西北林学院汪秉全，安徽农学院林学系卫广扬、柯病凡；森林利用学（2 人），有北京林业大学陈陆圻，西北林学院李天笃；林产化学加工（16 人），有北京林业大学姜浩，南京林业大学王传槐、王佩卿、孙达旺、李忠正、余文琳、张晋康、张楚宝、周慧明、黄希坝、黄律先、程芝，西北林学院吴中禄，福建林学院袁同功、葛冲霄，安徽农学院林学系周平；林业机械（13 人），有北京林业大学顾正平，东北林业大学王禹忱、王德惠、朱国玺、任坤南、许其春、李屺瞻、李志彦、裴克，南京林业大学汪大纲、周之江，内蒙古林学院沈国雄，安徽农学院林学系张明轩；木材采伐运输（10 人），有东北林业大学王德来、史济彦、关承儒、李光大、张德义，南京林业大学祁济棠、姚家熹、贾铭钰，中南林学院许芳亭，内蒙古林学院卢广第；木材加工（11 人），有北京林业大学赵立，东北林业大学朱政贤、江良游、余松宝、陆仁书，南京林业大学区炽南、李维礼、吴季陵、陈桂陞、梁世镇，中南林学院郑睿贤；林区道路与桥梁工程（3 人），有东北林业大学王汉新、王博义、胡肇滋。

• 1988 年

5 月至 6 月，安徽农学院林产工业研究所柯病凡教授、邬树德、江泽慧副教授 3 人，随国家机械电子工业部组织的测试木材仪表考察团赴美国、加拿大考察，考察了解加拿大和美国的科学研究。

6 月，安徽农学院木材科学与技术硕士学位研究生徐有明、吴晔毕业，论文分别为《油松木材解剖特征物理力学性质的变异及其相互关系的研究》《木材介电性质的研究》，指导教师柯病凡。

9 月，《木材学》获中国新闻出版署第四届全国优秀科技图书一等奖。

• 1989 年

1 月，中国林学会第七次全国会员代表大会在西安召开，在会上举办了第二次从事林业建设 50 年以上的科技工作者表彰活动，受表彰的 98 位林业科技工作者：易淮清、王权、杨润时、吴绪昆、敖匡之、程崇德、王恺、肖刚柔、徐纬英、高尚武、关君蔚、陈陆圻、阳含熙（北京）；陈安吉（河北）；曹裕民（山西）；王峰源、辛镇寰、吴凤生、林立、黄自善、朱国祯、盛蓬山、博和吉雅

（内蒙古）；马永顺、王凤煮、王治忠、邓先诚、杨魁忱、傅德星、魏砚田、孙学广、张凤岐、胡田运、宫殿臣、于世海（黑龙江）；王建民、韩师宣、卢广勋、齐人礼、徐文洲（辽宁）；于泳清、太元燮、牛觉、王庭富、冯际凯、宋延福、李真宪、张嘉伦、林书勤、宫见非（吉林）；董日乾、薛鸿雄、魏辛（陕西）；王见曾、汉昺、乔魁利、张汉豪、赵瓒统、高廷迭、龚得福（甘肃）；李含英（青海）；李树荣、宫运多、梅林（宁夏）；杨文纲、胡韶（四川）；李永康、黄守型（贵州）；任玮、曹诚一（云南）；贾铭玉、梁世镇、熊文愈、景雷（江苏）；邓延祚、吕自煌、吴茂清、郝纪鹤、柯病凡、曹永太、徐怀文、周平、东承三（安徽）；王藩（江西）；向鑫、刘承泽、李贻格、黄景尧、蒋骥、解奇声、陈贻琼、郭荫人、石明章（湖南）；刘炎骏（广东）；李治基、黄道年、谢福惠（广西）。

4月，柯病凡、王妍妍《木材抗弯强度及抗弯弹性模量试验方法的研究》刊于《安徽农学院学报》1989年第1期1～10页。

5月，柯病凡、彭镇华参加国家机械电子工业部组团赴英国、西德考察高分子木质材料及遗传工程测试仪器。

5月，安徽省林学会第五届会员代表大会在青阳县召开，选举产生第五届理事会，理事长吴天栋、副理事长柯病凡、刘世骐、于光明、梅安淮，秘书长方介人。大会收到专题论文24篇，并颁发省林学会首届学术奖、科普奖、建议奖和学会工作奖。

9月，《中国林学会木材科学学会第一届学术研讨会》（文集）刊印，其中收录柯病凡、王妍妍、刘金生、张友鑫、肖厚勤《杉松的生长和材质研究》（9页）。

9月，柯病凡教授受聘中国林学会木材科学学会顾问。

11月，林学名词审定委员会编《林学名词（全藏版）》（全国自然科学名词审定委员会公布）由科学出版社出版；林学名词审定委员会编《林学名词（海外版）》（全国自然科学名词审定委员会公布）由科学出版社出版。

12月与1990年1月，《安徽农学院学报》复刊十周年，安徽农学院学报编委会先后举行两次座谈会，100多位老、中、青年专家和教授参加座谈会。院党委副书记、院长沈和湘教授做会议总结，副院长李彦勇教授和学报编委会主编柯病凡教授分别主持座谈会。

● 1990 年

1 月 16 日，《商品木材微机检索系统》通过成果鉴定，主要完成单位上海市计算技术研究所，研究人员柯病凡、王景寅、江泽慧、苏厚勤。该系统是一项综合木材学和计算机技术的计算机应用成果。它由两部分组成：①符合国情并按照推荐国际标准的木材解剖特征识别代码体系及我国主要材种的数据，②可供实用的"商品木材微机检索系统"。经鉴定认为，该成果在国内处于领先地位，在IAWA 标准体系及聚类算法的模式识别方法应用于木材识别方面，达到了 80 年代国际先进水平。该软件应用系统可在木材加工、研究、贸易、交通、轻工和物资等部门推广应用，可产生明显的经济、社会效益。

1 月，柯病凡、彭镇华《在西德和英国考察木质材料及遗传工程测试仪表小结》刊于《安徽林产工业》1990 年第 1 期 1～8 页。

3 月，柯病凡、吴诚和《林学家傅焕光》收入安徽农学人物编写委员会、安徽人民出版社出版《安徽农学人物选编》177～183 页。

6 月，柯病凡到西北林学院主持木材专业硕士研究生毕业答辩。

7 月，柯病凡、江泽慧、张述银、王景寅、苏厚勤《中国主要商品木材微机识别的研究》刊于《安徽农学院学报》1990 年第 2 期 79～91 页。

7 月，柯病凡《提高学术水平 扩大科技交流》刊于《安徽农学院学报》1990年第 2 期 3 页。

9 月，任海青从安徽农学院茶叶系机械制茶专业本科毕业之后，考取森林利用学院木材学专业硕士研究生，导师柯病凡和江泽慧。

10 月，《中国大百科全书·农业卷》出版。全卷共分上、下两册，共收条目2392 个，主要内容有农业史、农业综论、农业气象、土壤、植物保护、农业工程、农业机械、农艺、园艺、林业、森林工业、畜牧、兽医、水产、蚕桑 15 个分支学科。《农业卷》的编委由 80 余名国内外著名的专家组成，编辑委员会主任刘瑞龙，副主任何康、蔡旭、吴中伦、许振英、朱元鼎，委员马大浦、马德风、方悴农、王万钧、王发武、王泽农、王恺、王耕今、石山、丛子明、冯秀藻、朱元鼎、朱则民、朱明凯、朱祖祥、刘金旭、刘恬敬、刘锡庚、刘瑞龙、齐兆生、吴中伦、许振英、任继周、何康、李友九、李庆逵、李沛文、陈华癸、陈陆圻、陈恩凤、沈其益、沈隽、余友泰、武少文、俞德浚、陆星垣、周明群、张季农、张季高、贺致平、胡锡文、娄成后、钟麟钟、俊麟、侯光炯、侯治溥、侯学煜、柯病凡、范济洲、郑丕留、费鸿年、梁昌武、梁家勉、徐冠仁、高惠民、陶鼎来、袁隆平、奚元龄、郭栋材、常紫钟、储照、曾德超、盛彤笙、粟宗嵩、杨立炯、杨衔晋、黄文沣、黄宗道、黄枢、裘维蕃、熊大仕、熊毅、赵洪璋、赵善欢、蒋次升、蒋德麟、薛伟民、蔡旭、樊庆笙、戴松恩。金善宝、郑万钧、程绍迥、扬显东任顾问。

9 月，中国林业人名词典编辑委员会《中国林业人名词典》（中国林业出版社）柯病凡 [7]：柯病凡，木材学家，湖北应山人。1941 年毕业于西北农学院森林系。曾任中央工业试验所木材试验馆助理研究员、副工程师，安徽农学院讲师。中华人民共和国成立后，历任安徽大学副教授，安徽农学院教授、林学系主任。1986 年加入中国共产党。是中国林学会第四、五、六届理事，安徽省林学会第一、二、三、四、五届副理事长。合编有《森林利用学》，合著有《木材学》，是国家标准《木材物理力学试验方法》主要制订人之一。

12 月，柯病凡被授予国家教育委员会颁发的高校科技工作者 40 年成绩显著荣誉奖。

12 月，柯病凡同志荣获中国木材标准化技术委员会颁发的荣誉证书。

● 1991 年

3 月，（美）潘欣（Panshin, A. J.）、泽尤（Zeeuw, C. de）著，张景良、柯病凡、陈桂陞译《木材学》由中国林业出版社出版。该书是美国各林业院校的主要教科书，也是近年来世界各国木材学研究的重要参考书籍，自 1940 年问世以来定期修订，此译本为该书的第四版译本（美国麦克格拉·希尔书籍公司 McGraw-Hill Book Company 1980 年纽约、汉堡、伦敦等英文版），内容丰富、简明扼要、阐述清晰，着重论述了木材构造、识别和性质的基本概念，并涉及与生产实际有关的木材性质和用途。

5 月 3 日，国家技术监督局批准《木材物理力学试材采集方法（GB/T 1927-1991）》《木材物理力学试材锯解及试样截取方法（GB/T 1929-1991）》《木材物理力学性质试验方法（GB 1992-91）》《木材吸水性测定方法（GB/T 1-1991）》《木材湿胀性测定方法（GB/T 2-1991）》《木材年轮宽度和晚材率测定方法（GB/T 1930-1991）》《木材干缩性测定方法（GB/T 1932-1991）》《木材顺纹抗压强

[7] 中国林业人名词典编辑委员会．中国林业人名词典 [M]．北京：中国林业出版社，1990：235.

度试验方法（GD/T 1935-1991）》《木材顺纹抗剪强度试验方法（GB/T 1937－1991）》《木材顺纹抗拉强度试验方法（GB/T 1938-1991）》《木材横纹抗压试验方法（GB/T 1939-1991）》《木材硬度试验方法（GB/T 1941-1991）》《木材抗劈力试验方法（GB/T 1942-1991）》《木材横纹抗压弹性模量测定方法（GB/T 1943-1991）》，这些标准由中国木材标准化技术委员会归口。本标准由中国林业科学研究院木材工业研究所负责起草，由安徽农学院、四川省建筑科学研究院、中国科学院沈阳应用生态研究所、四川省林业科学研究院、云南省林业科学院参加起草。本标准主要起草人有李源哲、张文庆、张松琴、柯病凡、倪士珠、曾其蕴、罗良才、卢莹、张松琴等。《木材物理力学性质试验方法（GB 1992-91）》获 1993 年国家技术监督局科技进步二等奖。

6 月，何天相《中国木材解剖学家初报》刊于《广西植物》1991 年第 11 卷第 3 期 257 ～ 273 页。该文记述了终身从事木材研究的（唐耀、成俊卿、谢福惠、汪秉全、张景良、朱振文）；因工作需要改变方向的（梁世镇、喻诚鸿）；偶尔涉及木材构造的（木材科学：朱惠方、张英伯、申宗圻、柯病凡、蔡则谟、靳紫宸；木材形态解剖：王伏雄、李正理、高信曾、胡玉熹）；近年兼顾木材构造的（刘松龄、葛明裕、彭海源、罗良才、谷安根）；最后写道展望未来（安农三杰：卫广扬、周鉴、孙成志；北大新星：张新英；中林双杰：杨家驹、刘鹏；八方高孚：卢鸿俊、卢洪瑞、郭德荣、尹思慈、唐汝明、龚耀乾、王婉华、陈嘉宝、徐永吉、方文彬、腰希申、吴达期）；专题人物（陈鉴朝、王锦衣、黄玲英、栾树杰、汪师孟、张哲僧、吴树明、徐峰、姜笑梅、李坚、黄庆雄）。该文写道：柯病凡关于引种湿地松的构造，观察仔细，测量很多；至于黄山松物种，能够从多方面论证其特点。柯教授于 1983 年曾招收攻读木材学理论研究的硕士学位研究生。

8 月，王景寅、苏厚勤、顾立峰、张卫国、柯病凡《聚类算法在计算机木材识别系统中的应用》刊于《计算机工程》1991 年第 4 期 21 ～ 29 页。

10 月，上海市计算机学会第三届年会优秀论文评选揭晓，柯病凡参加、由上海市计算技术研究所完成的《商品木材微机检索系统》获上海科学院科技进步二等奖。

10 月，柯病凡享受国务院政府特殊津贴。

11 月 28 日，柯病凡填写的《干部履历表》中主要社会成员有二弟柯品凡、内弟金国粹、同事成俊卿，足见情谊之深。

● 1992 年

2 月，柯病凡《江淮地区造林树种及其商品材的性质和用途》刊于《安徽林业科技》1992 年第 1 期 1 ~ 6 页。

4 月，柯病凡参加、上海市计算技术研究所完成的《商品木材微机检索系统》获上海市科技进步三等奖。

6 月，柯病凡被评为安徽农学院优秀共产党员。

7 月，安徽农学院木材科学与技术硕士学位研究生费本华、刘盛全毕业，论文题目分别为《铜钱树木材解剖特征、物理力学性质变异及其相互关系的研究》《刺楸树木材解剖特征、物理力学性质变异及其相互关系的研究》，指导教师柯病凡。

9 月，加拿大哥伦比亚大学木材学教授白瑞特来访，进行木材学、林产工业方向交流。

12 月，《中国主要树种木材物理力学性质的研究》荣获林业部科技进步二等奖。《中国主要树种木材物理力学性质的研究》主要完成人：李源哲、张文庆、柯病凡、朱振文、汪秉全、罗良才、白同仁、安培钧，完成单位：中国林业科学研究院木材工业研究所、安徽农学院、河南农学院、西北农学院、云南省林业科学院。我国幅员辽阔，经济用材树种繁多。对主要树种木材的物理力学性质研究，是我国林业科学的一项必不可少的基础内容。从 1953 年起，中国林业科学研究院木材工业研究所与有关科研机构和农林院校，按统一的试验方法，对各林区及各木材生产基地的主要树种进行适当规划，分区分工协作研究，经过二十多年的努力，共积累了 342 个树种的木材物理力学试验数据。编成《中国主要树种的木材物理力学性质》一书，由中国林业出版社地 1982 年出版。书中列入了我国主要树种的年轮宽度、晚材率、密度、干缩系数、抗弯弹性模量、抗弯、顺纹抗压、顺纹抗剪、横纹抗压、顺纹抗拉、冲击韧性、硬度、抗劈力等各项物理力学性质指标，并列出主要木材用途和各主要地区商品材名称。研究成果为工矿、建筑、国防等部门提供了木结构设计的基本数据；为优良造林树种选择、木材科学加工和合理利用提供了基本的科学依据；也为林业及木材科学研究及教学提供了基础资料。木材物理力学试验方法，大部采用国际通行的方法。其中有些试验方法因各国不全一致的，本研究根据我国情况通过试验研究，采用较科学的方法。对顺纹抗拉和顺纹抗剪强度试验方法进行了改进，具有自己的特色。1982 年《中国主要树种的木材物理力学性质》出版，印数 8000 册，已售完。以此项研究主要成果为基础研究制订了国家标准 GB 1928-1980《木材物理力学试验方法》共 18 项标准，1980 年颁布实施；为国家标准 GB J-5《木结构设计规范》及工矿、军工部门计算工程用材的容许应力提供基本数据，为用材部门就地取材，扩大树种利用、节约代用提供科学依据。为木材加工工业及科研、教学提供科学依据。本研究成果为我国木材生产、管理、调拨、木材加工利用、造林树种选择、栽培措施的制订提供了科学依据，为有关的木材国家标准和木结构设计规范的制订提供了科学基础。

12 月，安徽农学院学报在 1992 年全国高等农业院校学报质量评比中获二等奖，柯病凡同志对提高该刊质量作出了贡献，特发此证。农业部教育司、全国高等农业院校学报研讨会。

12 月，沈和湘任安徽农业大学校长，任职至 1994 年 5 月。

• 1993 年

12 月，《木材物理力学性质试验方法（GB 1927-1973-91）》荣获 1993 年度国家技术监督局科学技术进步二等奖。《木材物理力学性质试验方法（GB 1927-1973-91）》完成人：李源哲、张文庆、柯病凡、倪士珠、罗良才、曾其蕴、张松琴，完成单位：中国林业科学研究院木材工业研究所、安徽农学院、四川省建筑科学院、中国科学院沈阳生态研究所、四川省林业科学研究院、云南省林业科学院。该标准包括：木材物理力学试材采集方法；木材物理力学试验方法总则；木材物理力学试材锯解及试样截取方法；木材年轮宽度和晚材率测定方法；木材含水率测定方法；木材干缩性测定方法；木材吸水性测定方法；木材湿胀性测定方法；木材顺纹抗压强度试验方法；木材抗弯强度试验方法；木材抗弯弹性模量测定方法；木材顺纹抗剪强度试验方法；木材顺纹抗拉强度试验方法；木材横纹抗压试验方法；木材冲击韧性试验方法；木材硬度试验方法；木材抗劈力试验方法；木材横纹抗压弹性模量测定方法。其中 14 项等效或参照采用了国际标准，4 项参照采用了国外先进标准。修订主要内容：木材物理力学试材的取样和试样数量；木材力学试验的加荷速度；木材含水率测定方法；速生木材的试样尺寸；木材抗弯弹性模量测定方法；木材顺纹抗剪试验方法；木材干缩性测定。该标准达到国际先进水平。

7 月，安徽省林学会第六届会员代表大会在滁州市召开，选举产生第六届理事会。理事长张玉良，副理事长柯病凡、于光明、梅安淮、余绍荣，秘书长方介人。会议受中国林学会委托，表彰安徽省从事林业科技工作 50 年的柯病凡等 4 位会员。

8 月，74 卷《中国大百科全书》（第一版）全部出齐，覆盖社会科学、文学艺术、自然科学、工程技术等 66 个学科，共收 77859 个条目，约 12568 万字，这是中国人编纂的第一部综合性百科全书。

9 月，中国科学院学部委员、中国林业科学研究院吴中伦到安徽农学院林学系进行学术交流。

10 月，中国林业科学研究院、安徽农业大学签署《关于加强木材学学科合作协议书》。

12 月，中华人民共和国新闻出版署授予柯病凡同志荣誉证书：您在编纂出版《中国大百科全书》工作中作出重要贡献，特授予荣誉证书，以示表彰。

是年，安徽农学院成立木材科学研究所。

● 1994 年

1 月 24 日，安徽农学院《安徽主要商品材名称、性质及用途的微机检索研究》通过成果鉴定，主要完成人员江泽慧、柯曙华、任海青、柯病凡。该研究主要用于木材贸易、木材加工、司法部门、林业、植物学、人类学、历史学、古生物学及考古学解决学术和生产上的问题。主要研究成果：①针叶树材微机检索特征数据盘 20 份；②阔叶树材微机检索特征数据盘 119 份；③运用 FOXBASE+ 语言编制安徽主要商品材微机识别系统一套，对推广运用微机检索商品材名称、性质及用途，对我国及安徽省合理地利用木材资源、提高木材使用价值、保护和发展珍稀树种具有重要意义。在特征编码和程序编制上，阔叶树林在国内首先采用国际通用的 IAWA 阔叶树材特征编码，并自行设计针叶树材特征编码一套。

8 月，安徽农学院林学系更名安徽农学院森林利用学院。

8 月，柯病凡、訾兴中、江泽慧《棠梨木材的材性和用途》刊于《安徽农学院学报》1994 年第 3 期 353 ～ 357 页。

11 月，柯病凡、江泽慧、王传贵、柯曙华、刘盛全、费本华、任海青《珍稀及待开发树种材性及用途的研究》刊于《安徽农学院学报》1994 年第 4 期 381 ～ 428 页。同期，江泽慧、柯病凡、柯曙华、任海青《安徽主要商品材性质及用途的微机检索研究》刊于 429 ～ 440 页，该文从安徽重要商品木材、珍稀和待开发树种中挑选 130 种针、阔叶材。阔叶树材根据 IAWA 国际标准编制特征数据盘，针叶树材自行创制特征编码标准，经检测效果满意，研究在国内外木材学领域内首次使用 FOXBASE+ 关系数据库，可按科、种名，部分解剖特征或用途检索其他重要信息，也可对其自身进行保护、修改或增删，实现了木材鉴定的微机化、自动化。

12 月，《琅琊山珍贵树种木材性质和用途》通过了安徽省教委的成果鉴定。完成人訾兴中、江泽慧、柯病凡、王传贵、柯曙华、费本华、刘秀梅、刘盛全、任海青，完成单位安徽农学院，起止时间 1991 年 1 月至 1993 年 3 月。成果对产自琅琊山的乔木树种，根据国家标准和世界科学组织的有关规定，通过野外调查、木材构造（宏观和微观）观测、木材化学成分分析、木材物理力学性质测试、木材电学热学性质测试、木材加工性质和用途的研究，弄清了其中 11 个树种的树木形态、生长习性及其木材性质和用途，丰富了木材学中有关阔叶树材的学术论述，为充分开发利用这些树种提供科学根据，对促进石灰岩地区和江淮地区的林业建设具有重大的指导意义。

12 月，《世界林业研究：短周期工业用材林木材性质研究（第一集）》刊于 1994 年 17（专）311～318 页；柯病凡、王传贵、柯曙华《短周期工业试材采集方法的建议》刊于 319～321 页；柯病凡、江泽慧、王传贵、柯曙华、费本华、刘盛全、任海青《杉木速生材与非速生材的木材物理力学性质》刊于 322～330 页。

• 1995 年

1 月，柯病凡、柯曙华、柯洞凡、马志强著《山西中条山木材志》由科学出版社出版。由于中条山木材资源的原始资料缺乏，是一块未开垦的处女地，需要深入林区，实地调查、测试、研究。早在 1979—1988 年的十几年时间里，柯病凡便先后五次（包括三次暑假时间），带队深入中条山林局管辖的分属八个县区的林区，每日身背干粮、早出晚归，不顾已是七十多岁高龄，历尽艰辛，采集了二百多个中条山主要树种的试材，为中条山树木的分布和材质的研究，以及中条山木材志的撰写奠定了坚实可靠的基础。该书通过实地调查、测试，系统地记述中条山林区 49 科 89 属 219 种（其中 7 新亚种和变种）树木的分布、木材通性、显微结构、物理力学性质、加工性质及用途等。它将对我国华北、西北及华中林业的整体发展，林木材质的改良和木材加工工业的提高有着重要作用。如果将木材各项性质编制数据库输入微机内，便可以快速鉴定树木名称、查询木材性质及用途，方便实用，对生产实际有着积极的指导意义。

1月24日，柯病凡因病去世。柯病凡与金月清育三女一男，柯锦华、柯秀华、柯蕾和柯曙华。

1月26日，中国共产党安徽农学院森林利用学院总支委员会、森林利用学院发布《讣告》。中国共产党优秀党员、安徽省第二、三、四、五届政协委员、我国著名木材学家、安徽农学院森林利用学院教授柯病凡同志，因病医治无效，于一九九五年元月二十四日二十二时在省立医院逝世，享年八十岁。柯病凡教授，湖北省广水市人，1915年11月8日生。1941年7月毕业于西北农学院森林系，获农学学士学位。中华人民共和国成立前先后在黄河水利委员会天水水土保持试验区、经济部中央工业试验所木材试验馆、安徽大学农学院任技术员、助理研究员、讲师等职务。中华人民共和国成立后，一直在安徽大学林学系、安徽农学院林学系、森工系任教，1952年在安徽大学林学系任副教授，1978年被聘为教授。曾任安徽农学院森工系主任、林学系主任，安徽省林学会副理事长，中国林学会理事，国际木材解剖学家协会会员，全国林业高教教材编写委员会委员，林业部科技委员会委员、顾问，《安徽农学院学报》主编等职，享受国务院特殊津贴。柯病凡教授一生热爱党，热爱社会主义祖国，忠于党的教育事业，对党有深厚的感情，认真学习马克思主义理论，坚持四项基本原则，拥护党的改革开放政策，在各种政治风浪中，坚持共产主义信念不动摇，经过近半个世纪对党的执着追求，于1986年3月光荣加入中国共产党，实现了他终身的夙愿。柯病凡教授长期从事木材学、森林利用学、林学等教学、研究工作，在林学、木材科学领域成果卓著，是我国木材学奠基人之一，享有崇高的威望，主编并参加起草《中华人民共和国国家标准木材物理力学试验方法（1927-1943-91）》，参加编写《木材学》《中国主要树种的木材物理力学性质》《安徽木材》及翻译《木材学》等专著多部，担任《森林利用学》统编教材副主编，发表《安徽习见树木木材物理性质的研究》《提高林木材质的途径》等论文30余篇，承担国家"八五"攻关"短周期工业材材性试验方法的研究"等课题多项，经过十余年的潜心专研，逝世前完成《山西中条山木材志》，填补国内空白，为我国木材科学留下了宝贵财富。柯病凡教授逝世前仍坚持在教学科研第一线，几十年如一日，兢兢业业、孜孜不倦，把毕生的精力投入到教学和科研上，长期担任研究生导师，培养的学生遍及海内外，多数成为我国林业建设的主要领导者和业务上的骨干。因成绩突出，1970 年应邀出席全国科学大会，受到党和国家领导人的亲切接见，为我国林业教育和科学研究事业做出了卓越贡献。柯病凡教授胸怀坦荡，为人正直，严于律己，大公无私，治学严谨，生活俭朴，平易近人，有着强烈的事业心和责任心，时刻关怀青年教师的成长，是一位受人尊敬的良师益友。他的逝世，使我国木材科学界坠落了一颗泰斗，是我国林业教育事业的重大损失。柯病凡教授永垂不朽！中国共产党安徽农学院森林利用学院总支委员会、森林利用学院 一九九五年元月二十六日

3 月，经国家教育委员会批复同意，安徽农学院更名为安徽农业大学。

3 月，安徽农学院森林利用学院更名安徽农业大学森林利用学院。

• 1998 年

9 月，安徽农业大学木材加工专业更名木材科学与工程专业恢复招生。

是年，《中国主要人工林树种木材性质研究》获林业部科技进步一等奖。《中国主要人工林树种木材性质研究》完成单位及主要人员有：中国林业科学研究院木材工业研究所、安徽农业大学、东北林业大学、中南林学院、南京林业大学、北京林业大学、中国林业科学研究院林产化学工业研究所、华中农业大学，鲍甫成、江泽慧、管宁、姜笑梅、陆熙娴、方文彬、李坚、彭镇华、秦特夫、柴修武、费本华、陆文达、徐永吉、柯病凡、骆秀琴。该成果为国内 8 个科研院所和高等院校的 60 多名木材学、加工学和林学专家经过 5 年奋力攻关取得丰硕成果，包括 10 项重要研究结果，5 项关键技术，3 项创新，3 部论著，在理论上对木材科学的发展有很高的学术价值。在实践上对我国工业人工林的发展有重要指导意义。揭示了主要人工林树种和部分天然林树种的幼龄材与成熟材在解剖性质、化学性质、物理性质、力学性质上的特点及其差异规律，得出木材主要力学性质和密度为成熟材优于幼龄材，且在统计上表现出差异显著性；揭示了主要针叶树种的人工林木材与天然林木材在解剖性质、化学性质、物理性质、力学性质上的特点和差异规律，得出多数性质在统计上差异不显著，且差异不规律；得出各种栽培措施对材性影响随树种的不同和材性项目的不同而各异，并不存在一定的规律，且多数没达到统计上的差异显著性；揭示了主要人工林树种木材性质在不同遗传结构层次上的变异规律，得出在种源层次上，种源内个体材性差异、种源间差异显著；揭示了木材密度、微纤丝角、管胞长度与宽度、管胞壁厚和胞壁率等

在木材生长过程中的变异模式，建立了材性早期预测数学模型。

是年，《木材学》获国家林业局科学技术进步奖三等奖，完成人成俊卿、鲍甫成、柯病凡、李源哲、申宗圻，完成单位中国林业科学研究院木材工业研究所、安徽农业大学、北京林业大学、中国林业出版社。

● 1999 年

12月，《中国主要人工林树种木材性质研究》荣获国家科技进步二等奖，主要完成人鲍甫成、江泽慧、管宁、姜笑梅、陆熙娴、方文彬、李坚、彭镇华、秦特夫、柴修武、费本华、陆文达、徐永吉、柯病凡、骆秀琴。

● 2000 年

12月28日，国务院学位委员会下达第八批博士和硕士学位授权学科、专业名单，安徽农业大学"木材科学与技术"获博士学位授予权。

● 2004 年

6月，安徽农业大学森林利用学院更名安徽农业大学林学与园林学院。

● 2006 年

10月30日，木材网（www.mucai.org.cn）再访安徽农业大学木材解剖专家卫广扬教授，问：成俊卿先生、柯病凡先生是您的老师，他们除了在学习上教育过您之外，精神上有什么感染您的地方？答：首先他们的敬业精神非常强，"文化大革命"运动高潮的时候，柯病凡先生坚持每天晚上阅读两个小时的专业书。平时不论寒暑，每天坚持上班八小时，雷打不动。成俊卿先生"文革"时候下放在广西，五七干校劳动，但是他在广西还写两本《广西木材识别》。从这两位老师的身上我感觉到他们作为科学工作者的敬业精神非常感人。第二是为事业发展的执着精神，长期以来我们没有专项科研经费，但科研工作从未间断，是柯先生与林科院合作分点经费，以及我们与业务部门合作弄点经费，取得不少研究成果。第三做学问的严谨态度和做人的道德品质都是不错的。例如，精心保管和爱护仪器设备。公私分明，成先生只会私挪公用，绝对不会占公家便宜。合作分工的任务按期完成上报，绝不拖拉。这些方面都让我受到教育和感染。

● **2015 年**

10 月，《柯病凡文集》由中国林业出版社出版。《柯病凡文集》收集柯病凡先生 53 年的教学科研工作期间，发表及出版的期刊论文、专著、所获奖项、人才培养、手书讲义、研究报告及翻译文献等资料。

10 月 20 日，纪念柯病凡先生诞辰 100 周年座谈会暨《柯病凡文集》首发仪式在合肥稻香楼宾馆举行。全国政协人口资源环境委员会副主任、国际竹藤中心主任、安徽农业大学原党委书记、原校长江泽慧教授，安徽省政协副主席赵韩，国际竹藤中心常务副主任费本华，安徽省林业厅厅长程中才，安徽省教育厅副厅长李和平，安徽林业职业技术学院院长欧阳家安，安徽农业大学校领导宛晓春、程备久、李恩年等出席仪式。柯病凡先生生前友好、同事及学生代表，兄弟院校代表，安徽农业大学有关部门负责人，林学与园林学院党政负责人和退休及现任教师代表、学生代表等参加仪式，程备久主持仪式。柯病凡是我国著名的木材学家，曾任安徽农业大学森林工业系主任、林学系主任，是安徽农业大学木材科学与技术专业奠基人和学科带头人，在木材解剖、木材构造与性质、木材物理力学、木材材性变异和林木材质改良等方面学术成就卓著，在毕其一生的教学工作中，立德树人，培养了一大批木材科学高层次人才，为我国木材科学的发展做出了巨大贡献。

葛明裕年谱

葛明裕（自东北林业大学）

● 1913 年（民国二年）

2 月 7 日，葛明裕（Ge M Y，Ge Mingyu），出生于江苏南京市。葛明裕父亲葛文翰，秀才，曾在南京国民政府任职。母亲葛陈秀芝。祖父葛增祥，清末秀才。

● 1920 年（民国九年）

8 月，葛明裕入南京第八国民小学读书，至 1923 年 7 月。

● 1923 年（民国十二年）

9 月，葛明裕入南京第二高等小学读书，至 1925 年 7 月。

● 1925 年（民国十四年）

9 月，葛明裕入南京青年会中学读书（初中），至 1928 年 1 月。南京青年会中学建于 1913 年，1952 年并入南京市第五高级中学。

● 1927 年（民国十六年）

4 月，开封中山大学宣告成立。河南省政府决定将河南公立农业专门学校、中州大学、河南公立法政专门学校合并成立开封中山大学，徐谦任校长，设四科，即农科、文科、理科和法科，农科下设农艺系、森林系，学制四年，邹秉文为农科主任。

11 月 28 日，开封中山大学举行开学典礼。农科主任由郝象吾担任，农艺系主任由郝象吾兼任，森林系主任为万晋。万晋（1895—1973 年），字康民，河南罗山县人。我国著名的农业教育家、林业与水土保持学家。1912 年考入河南留学欧美预备学校，成为第一届英文班学生，1918 年以公费留学资格赴美留学，获得美国耶鲁大学林学硕士学位。回国后曾任北京大学农学院教授。1927 年 8 月开始长期执教于河南大学农学院，并担任农学院院长等职。

● 1928 年（民国十七年）

9 月，葛明裕入南京成美中学读书（高中），至 1930 年 7 月。成美学堂由安徽无为人周寄高先生 1901 年在南京创办，1911 年更名为成美学校，1917 年改为四年制中学（附设高小），更名为成美中学（迁入升州路与评事街口的基督教威

斯理堂办学）。1956 年 8 月，经南京市政府批准，改私立成美中学为公立并命名
为南京市第二十四中学。2013 年，第二十四中学与第二十八中学合并更名为南
京市第五初级中学。

● 1930 年（民国十九年）

8 月，第五中山大学校务会议决定，将校名改为河南大学，呈民国河南省政
府核示。

9 月 7 日，河南省第三届议会议决，批准将第五中山大学改名为河南大学，
张仲鲁任校长。改农、文、理、法、医五科改为 5 个学院，共 16 个系。河南大
学农学院下设农艺系、森林系、园艺系、畜牧系，并有农事试验场、农业推广部
等附属单位。农学院院部设在开封繁塔寺。郝象吾教授出任第一任河南大学农学
院院长。农艺系主任为陈显国，园艺系主任为王陵南，森林系主任为万晋。

是年，葛明裕在南京成美中学读书由父亲代填表参加国民党预备党员。《关于葛
明裕参加国民党问题的审查结论》：本人没有参加任何活动，不按国民党党员对待。

● 1932 年（民国二十一年）

8 月，葛明裕考入河南大学农学院森林系。

● 1935 年（民国二十四年）

7 月，葛明裕从河南大学农学院森林系毕业，留校任助教，月薪 260 元。

是年，葛明裕加入中华农学会、中华林学会。

● 1936 年（民国二十五年）

10 月，《河南大学农学院院刊》创刊，河南大学校长刘季洪撰发刊词。葛明
裕《开封树木之初步调查》刊于《河南大学农学院院刊》1936 年第 1 期（创刊
号）296 ～ 306 页。

10 月 15 日，葛明裕与石学娟在南京结婚。

● 1937 年（民国二十六年）

4 月，葛明裕《雪对于森林的影响》刊于实业部中央农业实验所农报社编印

《农报》1937 年第 4 卷第 14 期 14 ~ 15 页。

● 1939 年（民国二十八年）

9 月，国民政府经济部中央工业试验所在重庆北碚创建木材试验室，负责全国工业用木材的试验研究，这是中国第一个木材试验室，试验室编印《木材试验室特刊》，每号刊载论文一篇。

● 1940 年（民国二十九年）

是年，河南省农业改进所和河南大学合作开展嵩山森林资源调查，由河南省建设厅第一科科长姚长虞，河南省农业改进所所长沈鲁生等 5 人，和河南大学林学系主任李达才博士、教师栗耀岐、孟守真、葛明裕、郭学云和森林系学生黄守型、王子衡、崔炎寿、刘国瑞、黄甲臣等 20 余人组成的河南省嵩邙勘测队，队长李达才，经过两个月的实地勘测，写出《嵩山勘测报告书》。李达才（1902—1959 年），江西省安福县人，1918 年东渡日本求学，先入日本高等学堂就读，毕业后升入东京帝国大学农学部，攻读森林经理学。1929 年学成回国，任河南省建设厅技正及湖口林场场长。1930 年，他出任江西省农业专门学校教授兼主任。1931 年被聘为北平大学农学院林学系教授。此后，他历任江西省立农业专门学校教务主任、河北省立农学院森林系主任、河南大学森林系主任、广西大学农学院教授、云南大学农学院教授等职。1947 年，李达才应聘为台湾省立农学院教授兼森林系主任。此时，他认为台湾林业事业发达，颇有发展前景，因而举家到台湾定居，专心从事林业教育事业。后来，他还兼任教务主任和演习林场主任。1958 年他被授予资深教授荣誉奖，以表彰他在林业教育上的突出贡献。

● 1941 年（民国三十年）

10 月，《中华林学会会员录》刊载：葛明裕为中华林学会会员。

● 1942 年（民国三十一年）

8 月，葛明裕晋升为河南大学副教授。

8 月，在中央工业试验所的协助下，唐燿在乐山购下灵宝塔下的姚庄，将中央工业试验所木材试验室扩建为木材试验馆，唐燿任馆长。根据实际的需要，唐燿把木材试验馆的试验和研究范畴分为八个方面：①中国森林和市场的调查以及木材样品的收集，如中国商用木材的调查；木材标本、力学试材的采集；中国林区和中国森林工业的调查等。同时，对川西、川东、贵州、广西、湖南的伐木工业和枕木资源、木材生产及销售情况，为建设湘桂、湘黔铁路的枕木的供应提供了依据。还著有《川西、峨边伐木工业之调查》《黔、桂、湘边区之伐木工业》《西南木业之初步调查》等报告，为研究中国伐木工业和木材市场提供了有价值的实际资料。②国产木材材性及其用途的研究，如木材构造及鉴定；国产木材一般材性及用途的记载；木材的病虫害等。③木材的物理性质研究，如木材的基本物理性质；木材试验统计上的分析和设计；木材物理性的惯常试验。④木材力学试验，如小而无疵木材力学试验；商场木材的试验；国产重要木材的安全应力试验等。⑤木材的干燥试验，如木材堆集法和天然干燥；木材干燥车间、木材干燥程序等的试验和研究。⑥木材化学的利用和试验，如木材防腐、防火、防水的研究；木材防腐方法及防腐工厂设备的研究；国产重要木材天然耐腐性的试验。⑦木材工作性的研究，如国产重要木材对锯、刨、钻、旋、弯曲、钉钉等反应及新旧木工工具的研究。⑧伐木、锯木及林产工业机械设计等的研究。

　　3月10日，国民政府决定将河南大学改名，校名由国民党元老于右任题写。至此，河南大学成为拥有文、理、工、农、医、法六大学院的综合性大学。

● 1943 年（民国三十二年）

　　3月，葛明裕《中国木本植物分科检索表》刊于《河南大学学术丛刊》1943年第1期148～155页；同期，葛明裕《杨柳科柳属 *Salix* 习见树种检索表》刊于156～157页。

● 1945 年（民国三十四年）

　　10月，葛明裕任河南大学农学院副教授。

● 1946 年（民国三十五年）

　　5月7日和11日，国民政府即决定继续选派自费留学生出国，并组织全国

性的公费留学生考试选派工作，先后公布《自费生留学考试章程》和《公费生留学考试章程》，决定本年度无论公费生还是自费生均须通过留学考试合格，方可出国。

7月1日，江苏省建设厅派葛明裕、黄质夫两人筹设、勘察原江苏省立林业试验场，江苏省立林业试验场总场在徐州恢复，纵衍森任场长。1947年初江苏省立林业试验总场从徐州迁到句容茅山。

11月，《教育部三五年度自费留学考试录取名单》公布，森林（8名）：陈启岭、袁同功、黄中立、阳含熙、葛明裕、黄有稜、成俊卿、王业遽。

● 1947 年（民国三十六年）

9月，葛明裕赴美留学，在美国西雅图华盛顿大学（University of Washington，简称 UW）林学院学习，导师 B. L. Grandal，期间加入美国林产利用研究会（American Forest Products Research Society，FPRS）。

● 1948 年（民国三十七年）

6月，民国教育部决定将河南大学全体师生从开封迁到苏州吴县，校长姚从吾。姚从吾（1894—1970 年）中国历史学家。原名士鳌，字占卿，号从吾，中年以后以号行，河南襄城县人。1917 年，考入北京大学文科史学门。1920 年夏毕业后，又考上北京大学文科研究所国学门研究生，由北京大学选派赴德国柏林大学留学，专攻历史方法论、匈奴史、蒙古史及中西交通史。1929 年，任波恩大学东方研究所讲师。1931 年，任柏林大学汉学研究所讲师。1934 年夏回国，受聘为北京大学历史系教授，主讲历史方法论、匈奴史、辽金元史及蒙古史择题研究等课程。1936 年，兼历史系主任。1937 年抗日战争爆发后，任西南联合大学历史系教授。1946 年 9 月，任河南大学校长。1949 年初去台湾，受聘为台湾大学历史系教授，并创办辽金元研究室。1958 年 4 月，当选为台湾"中央研究院"人文组院士。1970 年 4 月 15 日病逝。

10月，葛明裕获美国华盛顿大学研究生奖学金，除免缴学费外，每月有生活补助金 110 美元，至 1949 年 12 月。之后，得到国家的生活补助费，至回国。

• 1949 年

是年，东北林务管理局编纂《木材水运法》（东北林业丛书）由东北林务管理局印行。

• 1951 年

2 月，东北森林工业总局《木材工作手册》由东北森林工业总局刊印。

3 月，葛明裕获美国华盛顿大学林学院森林学硕士学位之后回国，4 月 15 日到达广州。

7 月，葛明裕任浙江大学农学院森林专修科教授。

是年，《东北产主要木材力学强度表》由东北科学研究所出版。

• 1952 年

7 月，高等教育部全国农学院院长会上拟定高等农学院系调整方案，决定筹建北京林学院、华东林学院和东北林学院。

7 月，东北农、林学院设置林工系，杨衔晋任林工系主任，任职至 1956 年 5 月。

10 月，东北人民政府公布成立东北林学院的决定，在浙江大学农学院森林系和东北农学院森林系基础上建立，同时将黑龙江农业专科学校森林科并入，暂与东北农学院合署。葛明裕随浙江大学农学院森林系教师一起调到东北林学院，任林工系木材机械加工教授。

• 1953 年

3 月，经高等教育部（55）农崔字第 187 号文件批复同意暂按东北农、林学院院务委员会章程（草案）执行，并批准东北农、林学院院务委员会名单（委员 67 名）。主任委员刘成栋（院长），副主任委员王禹明（副院长）、刘德本（副院长），委员丁以、于元辅、于增新、王埜、王世林、王金陵、王长富、王景文、王业蘧、王庆镐、白清平、白云庆、石明章、田蕴珠、史伯鸿、任炎、江良游、余友泰、邵均、何万云、佟多福、李述、李屹瞻、李景华、甘晓崧、沈昌蒲、吴克骊、吴承祜、吴琨、郁晓民、周陛勋、周恩、周重光、夏定海、俞渭江、梁蕴华、孙秉辉、孙凤舞、陈朝栋、许振英、张立教、张国英、张得义、崔敬萍、程云川、黄祝封、黄季灵、焦连柱、焦殿鹏、曾善荣、杨衔晋、杨鼎新、杨秋荪、

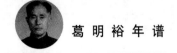

邹宝骧、葛明裕、赵怀珍、滕顺卿、识继我、刘文龙、刘克济、韩殿业、谭贵厚、庞士铨、钟家栋。任炎、焦连柱兼秘书。

● 1954 年

4 月 17 日，东北农、林学院区分部召开成立大会。

5 月，东北办事处《木材商品知识讲义》由中央人民政府林业部木材调配总局印行。

是年，《细木工机械化制造学讲义》（木材机械加工专业适用）由东北林学院刊印。

● 1956 年

5 月 11 日，东北林学院院长公布院务委员会名单和各系、教研组各负责人名单。东北林学院成立院务委员会（委员 40 名），刘成栋任第一届院务委员会主任委员，王禹明、任炎任副主任委员，委员杨衔晋、邵均、王长富、刘文龙、孙秉辉、葛明裕、江良游、白心泉、梁蕴华、石明章、张德义、李屹瞻、曾善荣、赵怀珍、魏茛忠、宋成格、徐聪冠、张子英、李秋、黄丹、李述、铁广庆、郭庆余、宋元卿、王业蘧、韩殿业、吴柳凡、周陞勋、白云庆、周以良、林伯群、张培杲、邵力平、裴克、赵德通、张建国、焦振家。

5 月，东北林学院举办木材研究班。

7 月，应苏联、芬兰、瑞典、挪威和民主德国的邀请，在森林工业部刘成栋（刘达）副部长的率领下，王恺和周慧明、唐燿、葛明裕、黄希坝以及翻译毕国昌、李光达前往以上五国参观学习木材综合利用的新经验，前后共费时一月有余，收获丰富。结合我国国情林情，确定了我国木材发展思路：以人造板为主，人造板中又以纤维板为主。考察组经向林业部党组和中共中央农村工作部领导汇报后，得到同意。随后，即在伊春建设工厂，引进瑞典年产 1.8 万吨硬质纤维板的设备一套，又在北京木材厂制造自行设计的设备，全国各地也纷纷建立年产几千立方米的工厂。

7 月 3 日，王长富任东北林学院森林工业系主任，葛明裕、江良游、梁蕴华任副主任，任职至 1957 年 4 月 8 日。

11 月，葛明裕加入中国民主同盟并当选哈尔滨市民盟第一届委员。

12 月，东北林学院葛明裕教授、彭海源讲师等完成科技成果《木材耐火处理》，起止时间 1956 年 1 月至 12 月。

● 1957 年

1 月，（苏）Л.М. 别列雷金（Л.М.Перелыгин）著，林凤仪等译《木材构造》由中国林业出版社出版。

1 月，Л.М. 别列雷金著，彭海源译《木材学实验指南》由中国林业出版社出版。

1 月，《东北林学院学报》创刊。学报编委会由邵均、杨衔晋、葛明裕、王业蘧、江良游、石明章、王长富、周陛勋 9 人组成。

4 月 8 日，东北林学院森林工业系分为采伐运输机械工业系和木材加工工业系。王长富任采伐运输机械工业系主任，梁蕴华任副主任，葛明裕、江良游任木材加工工业系任副主任。

4 月，葛明裕当选哈尔滨市第二届政协委员。

● 1958 年

4 月，《葛明裕代表的发言》（哈尔滨市教育工会副主席、哈尔滨东北林学院教授）刊于工人出版社编辑《中国工会第八次全国代表大会纪念刊》第 409 ～ 411 页。

8 月 21 日，林业部决定东北林学院石明章、卢广弟、何则恭、黄庸、马成伟 5 名教师支援内蒙古林学院工作。石明章，1917 年生，河南尉氏人，1944 年毕业于四川大学森林系，任北京大学农学院助教。1948 年赴美国华盛顿州立大学伐木工程专业学习（西雅图）获林科硕士学位。1950 年回国后任东北林学院副教授。1958 年 8 月 21 日林业部决定支援林学院到内蒙古林学院工作。9 月内蒙古林学院设置林学系、森林采伐运输工业系、林产加工工艺系，任森林采伐运输工业系副主任。1965 年 10 月参加林业部组织的《森林采伐学》和《贮木场生产工艺与设备》（全国高等林业院校统编教材）编写工作。1972 年调到中南林学院任副教授。发表《择伐时集材索道勘测设计简易方法的探讨》《适用技术在我国南方木材采运中的发展》《雷州林业局在经营热带林方面的成就》《试论森林采运与森林可持续经营》《无害于环境的森林采运方法》等论文，1997 年出版专著《森林采运工艺的理论与实践》（中国林业出版社）。

9 月，葛明裕当选哈尔滨市民盟第二届常委。

11 月，Л.М. 别列雷金著，章群等译《简明木材学》（1958 年一版一印）由中国林业出版社出版。

• 1959 年

8 月 17 日，东北林学院第二届院务委员会成立，刘成栋任主任委员，王禹明、贾其敏、王若平任副主任委员，委员刘成栋、王禹明、贾其敏、王若平、任炎、张子良、杨衔晋、韩殿业、李秋、李述、刘文龙、吴锡中、李屹瞻、张禹柱、王长富、梁蕴华、张德义、张健、周重光、白云庆、周陛勋、邵力平、葛明裕、江良游、刘吉相、吴柳凡、孙新、彭海源、白心泉、许永丰、魏芨忠、郭庆余、何泽洪、邬玉辉、李忠昇。

9 月，华东华中区高等林学院校教材编审委员会编著《胶合板制造学初稿》由中国林业出版社出版。

11 月，葛明裕当选哈尔滨市第三届政协委员。

• 1960 年

1 月，葛明裕、严俊、芦茛成、冯德宝、郭妹敏《造纸废液酚甲醛合成树脂胶初步研究报告》由东北林学院木工系人造板教研组刊印。

2 月，东北林学院王禹明、贾其敏副院长，杨衔晋、葛明裕教授，周重光、王长富副教授一行 6 人到北京参加林业高等教育工作会议。

11 月，《东林研究报告》收录人造板教研组葛明裕《木素在胶合剂中应用初步研究报告（六种胶合剂制造工艺条件及其胶合性能试验简报）》《马来反映在木材识别中的应用》《耐火涂料初步研究报告》《红外线单板干燥初步报告》4 篇。

是年，葛明裕《胶合材料学》（东北林学院教材）由东北林学院刊印。

• 1961 年

2 月 28 日，哈尔滨市民盟三届一次会议举行，选举常务委员 11 人，张柏岩为主任委员，程云川、葛明裕为副主任委员，傅世英为秘书长。

6 月，东北林学院《木材陆运》（高等林业院校试用教科书）由农业出版社出版。

11 月，东北林学院《木材机械加工工艺》（高等林业院校试用教科书）由农业出版社出版。

● 1962 年

5 月，葛明裕当选哈尔滨市第四届政协委员。

7 月 7 日，东北林学院成立学报编委会，刘成栋、杨衔晋、葛明裕、王长富、周重光、李屺瞻为委员，石绍业为编辑，决定出版不定期刊物《东北林学院学报》。

8 月 30 日，东北林学院按照《高教六十条》组成第三届院务委员会（委员 28 名），王禹明任第三届院务委员会主任委员，贾其敏、杨衔晋任副主任委员，委员刘成栋、王禹明、王若平、贾其敏、杨衔晋、周重光、周陛勋、白云庆、王长富、梁蕴华、张德义、葛明裕、江良游、刘文龙、刘鸿宾、李屺瞻、刘吉相、吴柳凡、何泽洪、郭庆余、韩肇连、李国栋、李述、李秋、刘志喜、铁广庆、韩殿业。

12 月，葛明裕被选为中国林学会第三届理事会理事。

是年，东北林学院葛明裕、彭海源、戴澄月、乔玉娟完成研究成果《白蜡油真空干燥方法的初步研究》，起止时间 1961—1962 年，成果后来刊登在 1965 年国家科委《成果公报》总第 16 期。

● 1963 年

6 月 14 日，黑龙江省、哈尔滨市民盟举行追悼会，悼念全国人大常委会副委员长、全国政协副主席、中国民盟副主席沈钧儒先生。省、市党政机关，省、市政协，省、市各民主党派、各人民团体送了花圈和挽联。追悼会在民盟市委副主任葛明裕介绍沈钧儒先生事迹后，由民盟省委副主任邵均致悼词。

7 月，葛明裕、彭海源、宋宗琳、戴澄月、乔玉娟、郑志芳《木材石蜡油真空干燥方法的初步研究》刊于《东北林学院学报》1963 年第 2 期 105 ～ 114 页。

7 月，葛明裕、彭海源、戴澄月、乔玉娟完成科技成果《木材石蜡油真空干燥方法》，葛明裕、彭海源、戴澄月、乔玉娟、郑志芬、宋宗琳《木材石蜡油真空干燥法》由东北林学院刊印。

12 月 8 日，哈尔滨市民盟举行四届一次会议，选举常务委员 9 人，葛明裕为主任委员，市卫生局副局长韩柄南、傅世英为副主任委员，傅世英为秘书长（兼）。

1904 年

3 月，黄达章主编《东北经济木材志》由科学出版社出版。该书是根据中国科学院林业土壤研究所木材研究室（前属中国科学院土木建筑研究所）多年来对东北木材的实验研究和调查结果编成的。此外有关协作单位也提供了一部分数据，同时也引用了苏联有关远东地区的某些资料。就树种而论，包括大、小兴安岭及长白山三大原始林区绝大部分的乔木经济树种，计针叶树 11 种，阔叶树 42 种，共 53 种。

8 月，东北林业总局《木材工作手册》刊印。

9 月 23 日，经黑龙江省第三届人民代表大会第一次会议在哈尔滨市举行，葛明裕被选为出席第三届全国人民代表大会的代表。

10 月 6 日，葛明裕当选为第三届全国人民代表大会代表。

12 月 21 日至 1965 年 1 月 4 日第三届全国人民代表大会第一次会议在北京举行，葛明裕参加会议。

12 月 28 日，东北林学院林产化学系并入木材加工系并改称木材利用系，葛明裕任木材利用系主任、江良游任副主任。

1966 年

3 月 10 日，东北林学院调整院务委员会，成立第四届院务委员会（委员 26 名），王禹明主任委员，贾其敏、杨衔晋任副主任委员，委员王禹明、贾其敏、杨衔晋、刘世珍、蒋松年、周重光、周陛勋、王长富、梁蕴华、葛明裕、江良游、吴柳凡、彭海源、李屹瞻、刘鸿宾、韩殿业、张健、白心泉、何泽洪、刘吉相、王垫、韩肇连、张志荣、刘志喜、郑慧如、李国栋。

1967 年

是年，东北林学院葛明裕教授、彭海源讲师等完成成果《木材石蜡干燥法》，起止时间 1956 年 1 月至 1967 年。

1973 年

10 月，东北林学院、北京林学院、南京林产工业学院联合编《木材干燥》刊印。

• 1974 年

12 月,东北林学院、北京林学院、南京林产工业学院联合编《胶合材料学》刊印。

• 1975 年

6 月,东北林学院学术委员会成立,委员 26 人,主任委员王若平,副主任委员王昭同、杨衔晋、刘文龙、李荣久、葛明裕。

是年,东北林学院林工系完成科研成果《扩大胶合板用材树种的研究》,并获 1978 年黑龙江省科学大会成果奖。

• 1977 年

8 月 24 日,东北林学院木材加工系与林产化学系合并改称林产工业系,葛明裕任林产工业系主任、李庆章任副主任。

• 1978 年

12 月,葛明裕被选为中国林学会第四届理事会理事。

是年,国务院批准东北林学院木材学和木材加工与人造板工艺两个硕士点。

• 1979 年

10 月,葛明裕任东北林学院林产工业系主任,任职至 1983 年 12 月 27 日。

11 月,葛明裕《国外无胶胶合科学研究的进展情况》收入《中国林学会胶粘剂与人造板二次加工学术讨论会材料》。

12 月 22 日,东北林学院调整学术委员会,委员 53 人,主任委员杨衔晋,副主任委员葛明裕、周重光、王长富、刘吉相、周以良。

12 月 26 日,黑龙江省第五届人民代表大会常务委员会由省五届人大二次会议选举产生,葛明裕当选为黑龙江省第五届人民代表大会常务委员会委员。

是年,葛明裕《国外无胶胶合科学研究的进展报告》刊于 1979 年《东林报告》。

是年,葛明裕《木材改性》(东北林学院教材)由东北林学院刊印。

● 1080 年

4 月，东北林学院白心泉、李世达、周以良、葛明裕在黑龙江省民盟第四次代表大会上当选为中国民主同盟黑龙江省委员会委员。

11 月 29 日至 12 月 6 日，中国林学会在福州召开木材综合利用学术讨论会，会议期间成立中国林学会木材工业学会，选举出第一届理事会理事 39 人，王恺任理事长，申宗圻、吴博、韩师休任副理事长，陈平安任秘书长，李永庆任副秘书长，葛明裕当选为理事。

是年，江苏省木材公司《东北原木树种鉴别检索表》刊印。

● 1981 年

6 月 13 日，国务院学位委员会第二次会议通过第一届国务院学位委员会学科评议组成员名单。农学评议组有马大浦、马育华、王广森、王恺、方中达、史瑞和、邝荣禄、朱国玺、朱宣人、朱祖祥、任继周、许振英、刘松生、李竞雄、李连捷、李曙轩、杨守仁、杨衔晋、吴仲伦、吴仲贤、余友泰、邱式邦、汪振儒、沈隽、陈华癸、陈陆圻、陈恩凤、范怀中、范济洲、郑万钧、郑丕留、赵洪璋、赵善欢、俞大绂、娄成后、徐永椿、徐冠仁、黄希坝、盛彤笙、葛明裕、蒋书楠、鲍文奎、裘维蕃、熊文愈、蔡旭、戴松恩。

9 月，东北林学院主编《刨花板制造学》（木材机械加工专业用）由中国林业出版社出版。该书主编陆仁书（东北林学院），副主编赵立（北京林学院）、郑睿贤（中南林学院）、华毓坤（南京林产工业学院）。

9 月，东北林学院主编《胶粘剂与涂料》（木材机械加工专业用）由中国林业出版社出版。主编东北林学院李兰亭，编写人员东北林学院李兰亭、张广仁，南京林产工业学院乌竹香，福建林学院施权录。

11 月 3 日，国务院学位委员会批准东北林学院葛明裕、戴澄月、彭海源教授为木材学硕士生指导教师。

11 月，东北林学院主编《纤维板制造学》（木材机械加工专业用）由中国林业出版社出版。

是年，东北林学院第一届学位委员会成立，由 15 人组成，主席杨衔晋，副主席周以良、修国翰。参加国务院学位评定委员会学科评议成员有杨衔晋、葛明裕、周以良、梁蕴华、朱国玺。

是年，葛明裕辞去政协黑龙江省委员会第四届常务委员。

● 1982 年

1 月，东北林学院主编《胶合板制造学》（木材机械加工专业用）由中国林业出版社出版。

2 月，《东北主要木材资料选编》刊印。

6 月，葛明裕、李坚《尿素和木材工业》刊于《现代化工》1982 年第 6 期 72 页。

8 月，刘正南、郑淑芳、邵玉华编著《东北木材腐朽菌类图志》由科学出版社出版。

12 月，东北林学院主编《林业机械》（木材机械加工专业用）由中国林业出版社出版。

● 1983 年

3 月，葛明裕、彭海源、戴澄月、李坚《加热法制造木塑复合材的研究》刊于《林业科学》1983 年第 1 期 64 ~ 72 页。本文论述了通过选择能产生正、负极性基的烯类单体苯乙烯与顺丁烯二酸酐，以等克分子比混合浸注木材，经适度加热反应，放出热量，自行聚合生产木塑复合材的方法。这种木塑复合材的力学强度、体积稳定性均较素材有显著改善，是木材改性和提高速生树种材质的一种好方法。

4 月 22 日，葛明裕当选为黑龙江省第六届人民代表大会常务委员会委员。

6 月，东北林学院主编《储木场生产工艺与设备》（木材采运机械化专业用、高等林业院校教材）由中国林业出版社出版。

7 月，东北林学院主编《木材装卸与场内运输机械》（木材采运机械化专业用）由中国林业出版社出版。

12 月 5 日，国务院学位委员会第五次会议讨论通过第二批博士和硕士学位授予单位名单，并于 1984 年 1 月 13 日经国务院批准，东北林学院木材学为博士学位授予学科专业，葛明裕为木材学博士生指导教师。

12 月，北京林学院主编《木材学》（全国高等林业院校试用教材木材机械加工专业用）由中国林业出版社出版。该教材由北京林学院、东北林学院和中南林学院共同编写，编写人有黄玲英、张景良、龚跃乾、葛明裕、申宗圻、戴澄月、彭海源、王琬华、徐永吉等，申宗忻任主编，黄玲英（1934—），副教授，女，土家族，湖南省永顺县人。1956 年湖南农学院毕业，曾任中南林学院木材研究室主任，国际木材解剖学家协会会员。中国林学会木材科学分会常务理事。合著有《海南木材》《中国主要木材的物理力学性质》等 6 部，其中《湖南主要木材构造和性质》获 1978 年湖南省科技大会奖，《银杉木材构造和性质的研究》获 1986 年省科技进步二等奖。论文有《水青树、马褂木木材构造和化学性质的研究》等多篇。

是年，葛明裕《木素在胶合剂中应用初步研究报告》刊印。

是年，东北林学院确定木材真空干燥研究项目，内容包括研制设备和工艺试验，由葛明裕主持。

● 1984 年

9 月，李坚考取东北林学院木材学博士生，指导教师葛明裕，1987 年 10 月 8 日通过博士答辩获得博士学位，论文题目《木质材料的界面特性与无胶胶合的研究》。

是年，葛明裕主编《木材改性工艺学》（东北林学院讲义）刊印。

● 1985 年

3 月，彭海源、崔永志、孙铁华、葛明裕《速生杨木增硬处理初报》刊于《东北林学院学报》1985 年第 1 期 144 ~ 149 页。

3 月，甘雨时、孙学先编《东北木材识别要点》刊印。

5 月 15 日至 22 日，黑龙江省第六届人民代表大会第三次会议召开，葛明裕为黑龙江省第六届人民代表大会常务委员会委员。

8 月 6 日，经林业部批准，东北林学院更名为东北林业大学。

9 月，陆文达考取东北林业大学在职博士研究生，指导教师葛明裕。

11 月，葛明裕等著《木材加工化学》由东北林业大学出版，戴澄月、彭海源参加编写。

12 月，中国林学会第 23 号文件决定，对从事林业工作 50 年以上健在的林业科技工作者（包括离、退休）给予表彰。黑龙江省获奖者有葛明裕、迟金声、薛德痌、陶庸、宋嘉仁、徐占仁、李守龙、刘恒心、高宪斌、常永禄、周陛勋、任德全 12 人。

● 1986 年

6 月，葛明裕加入中国共产党，介绍人李坚。

6 月，李坚、陆文达、刘一星、葛明裕《体视显微术在木材组织学中的应用》刊于《东北林业大学学报》1986 年第 3 期 92 ~ 98 页。

12 月，陆文达、李坚、刘贵生、葛明裕《木素热降解机理的研究》刊于《东北林业大学学报》1986 年第 A_3 期 54 ~ 59 页。

● 1987 年

10 月，李坚通过东北林业大学博士论文答辩，获木材学博士学位，论文题目《木质材料的界面特性与无胶胶合的研究》，指导教师葛明裕。

12 月，刘贵生、李坚、陆文达、葛明裕《用红外光谱法识别红松、落叶松木材微细碎料初探》刊于《东北林业大学学报》1987 年第 6 期 33 ~ 38 页。

12 月，陆文达通过东北林业大学博士论文答辩，获木材学博士学位，论文题目《兴安落叶松干燥过程材性变化的研究》，指导教师葛明裕。

是年，李坚、葛明裕完成《木质材料的界面特性与无胶胶合技术研究》，起止时间 1985—1987 年。

是年，《全国高等林业院校、系教授、研究员人员名录》中木材学（9 人），有北京林业大学申宗圻，东北林业大学葛明裕、彭海源、戴澄月，南京林业大学张景良，中南林学院刘松龄，西北林学院汪秉全，安徽农学院林学系卫广扬、柯病凡；森林利用学（2 人），有北京林业大学陈陆圻，西北林学院李天笃；林产化学加工（16 人），有北京林业大学姜浩，南京林业大学王传槐、王佩卿、孙达旺、李忠正、余文琳、张晋康、张楚宝、周慧明、黄希坝、黄律先、程芝，西北林学院吴中禄，福建林学院袁同功、葛冲霄，安徽农学院林学系周平；林业机械（13 人），有北京林业大学顾正平，东北林业大学王禹忱、王德惠、朱国玺、任坤南、许其春、李屺瞻、李志彦、裴克，南京林业大学汪大纲、周之江，内蒙古林学院沈国雄，安徽农学院林学系张明轩；木材采伐运输（10 人），有东北林业大学王德来、史济彦、关承儒、李光大、张德义，南京林业大学祁济棠、姚家熹、贾铭钰，中南林学院许芳亭，内蒙古林学院卢广第；木材加工（11 人），有北京林业大学赵立，东北林业大学朱政贤、江良游、余松宝、陆仁书，南京林业大学区炽南、李维礼、吴季陵、陈桂陞、梁世镇，中南林学院郑睿贤；林区道路

与桥梁工程（3人），有东北林业大学于汉新、十博义、胡肇滋。

• 1988 年

是年，中国林业科学研究院科技情报研究所《国外林业技术 胶合剂和木材改性》刊印。

• 1989 年

3 月 1 日，国务院学位委员会学科评议组 53 个评议分组名称公布，其中有农学组林学评议分组、森工评议分组，葛明裕为森工评议分组成员。

3 月，陆文达、葛明裕《汽蒸处理对落叶松木材化学性质的影响》刊于《东北林业大学学报》1989 年第 1 期 50 ~ 57 页。

4 月 25 日，中国林学会木材科学学会成立大会暨第一届学术讨论会，葛明裕当选为第一届理事。

5 月，陆文达、葛明裕《汽蒸处理对落叶松木材物理性质的影响》刊于《东北林业大学学报》1989 年第 2 期 41 ~ 47 页。

10 月，李坚、葛明裕《用碳水化合物作胶结剂及成板动力学的研究》刊于《东北林业大学学报》1989 年第 5 期 66 ~ 71 页。

是年，陆文达、葛明裕、孙品完成研究成果《落叶松木材材性及加工利用》，合作单位黑龙江省林科院木工所。

• 1990 年

2 月，李坚、葛明裕《氢氧化钠溶液预处理提高胶结强度机理的研究》刊于《东北林业大学学报》1990 年第 1 期 80 ~ 87 页。

6 月，国务院学位委员会学科评议组第四次会议在北京召开，林学、森工评议分组 20 名委员参加会议，葛明裕参加会议。

9 月，中国林业人名词典编辑委员会《中国林业人名词典》（中国林业出版社）葛明裕 [8]：葛明裕（1913—），木材学家。江苏南京人。1935 年毕业于河南大学农学院森林系，1948 年获美国华盛顿州州立大学研究院林学硕士学位。1956 年加入中国民主同盟，1986 年加入中国共产党。曾任河南大学农学院讲师、副

[8] 中国林业人名词典编辑委员会 . 中国林业人名词典 [M]. 北京：中国林业出版社，1990：311.

教授，浙江大学农学院教授。1952年起任东北林学院（1985年改称东北林业大学）教授。是第三届全国人大代表，中国木材工业学会第一届理事。国务院学位委员会第一届农学评议组成员，中国林学会第三、四届理事。长期从事木材学的教学与研究工作，发表有《马来反应在木材识别上的应用》《加热法制造木塑复合材的研究》等论文，主编有《木材加工化学》。

12月17日至21日，国家教委、国家科委联合召开全国高等学校科技工作会议，会上对取得突出成绩的高等学校科技工作先进集体和先进科技工作者进行表彰。其中东北林业大学国家教委荣誉证书获得者有王业蘧、王金生、王博义、李世达、李景文、吴柳凡、陈大珂、周以良、萧前柱、彭海源、葛明裕、裴克。

12月，国务院学位委员会和国家教育委员会公布新的授予博士、硕士学位和培养研究生的学科、专业目录。在调整归类后的学科专业中，"木材加工""林业机械"改称为"木材加工及人造板工艺"和"林业与木工机械"，归属"工学"门类的"林业工程"；木材学也由"农学"门类的"林学"划归到"林业工程"类。

● 1991年

1月，中国木材标准化技术委员会第二届委员会第一次全体会议在苏州市召开，会议选举林业部副部长蔡延松为主任委员，陈人杰、孙丕文、范银甫为副主任委员，王恺任顾问，孙建国、陈志民分别任正副秘书长。

2月，国家教委、国家科委联合表彰的高等学校、科技工作先进集体先进科技工作者名单公布，国家教委荣誉证书获得者有东北林业大学王业蘧、王金生、王博义、李世达、李景文、吴柳凡、陈大珂、周以良、萧前柱、彭海源（女）、葛明裕、裴克。

6月，何天相《中国木材解剖学家初报》刊于《广西植物》1991年第11卷第3期257～273页。该文记述了终身从事木材研究的（唐耀、成俊卿、谢福惠、汪秉全、张景良、朱振文）；因工作需要改变方向的（梁世镇、喻诚鸿）；偶尔涉及木材构造的（木材科学：朱惠方、张英伯、申宗圻、柯病凡、蔡则谟、靳紫宸）；木材形态解剖的（王伏雄、李正理、高信曾、胡玉熹）；近年兼顾木材构造的（刘松龄、葛明裕、彭海源、罗良才、谷安根）；最后写道展望未来

（宁农三杰：卫广扬、周岑、孙成志·北大新星·张新萍；中林双杰：杨家驹、刘鹏；八方高孚：卢鸿俊、卢洪瑞、郭德荣、尹思慈、唐汝明、龚耀乾、王婉华、陈嘉宝、徐永吉、方文彬、腰希申、吴达期）；专题人物（陈鉴朝、王锦衣、黄玲英、栾树杰、汪师孟、张哲僧、吴树明、徐峰、姜笑梅、李坚、黄庆雄）。该文写道：葛明裕教授早在美国留学。回国后从事木材化学方面涉及木材构造与材性研究，招收（1984）攻读木材构造与材性的博士学位研究生，这是我国木材学方面最早的一位博士生导师。此外，有关葛老教授的著述如此，《Msule 反应与木材识别》（1960）、《体视显微术与木材组织学》（1986）。编写"木材的化学性质"（入选北京林学院主编的《木材学》，1983），主编《木材加工化学》（有五章，1985，东北林业大学版），从而在我国开辟了一门新的学科。

• 1992 年

12 月，国务院学位委员会办公室委托或会同航空航天部、机电部与电子工业总公司、卫生部、农业部、林业部、国家中医药管理局、医药管理局，进行或完成了"航空与宇航技术""计算机科学""基础医学""公共卫生与预防医学""中医学""中西医结合医学""药学""林学""林业工程"等一级学科博士、硕士学位授权点的研究生教育和学位质量的检查和评估工作。

• 1993 年

3 月，中国农业百科全书编辑委员会《中国农业百科全书·森林工业卷》由农业出版社出版。该书根据原国家农委的统一安排，由林业部主持，在以中国林业科学研究院王恺研究员为主任的编委会领导下，组织 160 多位专家教授编写而成。全书设总论、森林工业经济、木材构造和性质、森林采伐运输、木材工业、林产化学工业六部分，后三部分含森林工业机械，是一部集科学性、知识性、艺术性、可读性于一体的高档工具书。其中列入的中国森林利用和森林工业科学家有公输般、蔡伦、朱惠方、唐耀、王长富、葛明裕、吕时铎、成俊卿、梁世镇、陈桂陞、申宗圻、王恺、陈陆圻、贺近恪、黄希坝。其中 73 页载葛明裕。葛明裕（1913—），中国现代木材学家、林业教育家。江苏省南京市人，1913 年 2 月 17 日生。1935 年毕业于河南大学农学院森林系，1947 年赴美留学，1948 年在华盛顿州州立大学获硕士学位。1951 年回国后任浙江大学教授，1952 年以来任东北林学院即现东北林业大学教授，曾兼任林工系系主任。曾任中国林学会第三、四届理事，国务院学位委员会森工学科评议组成员，林业部学位委员会委员，中国木材工业学会理事。葛明裕是中国高等林业院校木材机械加工专业的奠基人。他在木材保护学、木材加工化学、木材解剖学、木材改性工艺学等领域有深入的研究。50 年代，他在中国最先提出木材染色、木材真空干燥、木材滞火等多项研究课题；并将马来反应用于木材识别上。他的《石蜡油木材真空干燥方法》《缓冲容量及其对脲醛树脂胶胶凝时间的影响》《加热法制造木塑复合材》《东北次生林生材含水率与木材酸碱性质》《东北经济用材的 pH 值》等项研究，均具有相当学术价值。他先后发表学术论文十多篇，出版教材和专著《木材加工化学》《木材改性工艺学》。

5 月 25 日至 28 日，中国林学会第八次会员代表大会在福建厦门召开，会上颁发了第二届梁希奖和陈嵘奖，对从事林业工作满 50 年的 84 位科技工作者给予表彰，有黑龙江林学会葛明裕等 9 人。

6 月，陆文达主编《木材改性工艺学》由东北林业大学出版社出版。

6 月，刘一星通过东北林业大学博士论文答辩，题目是《木材表面视觉物理量与视觉环境学特性》，指导教师葛明裕。

8 月，刘一星、李坚、王金满、葛明裕《木材材色与森林地理分布的关系》刊于《东北林业大学学报》1993 年第 4 期 33 ~ 38 页。

9 月 22 日，东北林业大学林产工业系改名林产工业学院。

• 1994 年

6 月，王金满通过东北林业大学博士论文答辩，题目是《短周期工业材材性变异与材质早期预测的研究》，指导教师李坚、葛明裕。

7 月，葛明裕《建造全国性网状森林带的设想》刊于《东北林业大学学报》1994 年第 4 期 92 ~ 94 页。该文以我国山脉的自然分布为依据，指出了其具有定向规律及大致构成网格状排列的特征。提出了实现建造全国性网状森林状带的可行性和对策。对建立这样一种林带的一些造林树种也进行了讨论。

● 1995 年

3 月，葛明裕《倡议大植纪念树》刊于《森林与人类》1995 年第 15 卷第 2 期 9 页。

9 月，《东北林业大学学报》1995 年第 5 期 127 页刊登《木材学家——葛明裕教授》。

● 1996 年

4 月 16 日，《中国林业报》刊登《葛明裕教授倡议：栽植结婚纪念树》。近日，东北林业大学教授葛明裕向全社会呼吁：改革人们以往结婚时大操大办的习俗，提倡另一种有意义的活动——栽植结婚纪念树。

6 月，段新芳通过东北林业大学博士论文答辩，题目是《木材表面涂饰性的研究》，指导教师李坚、葛明裕。

● 1997 年

4 月 24 日，国务院学位委员会第十五次会议通过《关于 1997 年博士和硕士学位授权审核工作的意见》，在附件三"按一级学科进行博士学位授权审核的一级学科名单"中，代码 0829，一级学科名称林业工程。

6 月，方桂珍通过东北林业大学博士论文答辩，题目是《非甲醛系试剂与木材交联反应机理的研究》，指导教师李坚、葛明裕。

● 2001 年

是年，东北林业大学林产工业学院改名材料科学与工程学院。

● 2009 年

6 月，李坚、葛明裕《木材科学研究》由科学出版社出版。该书重点阐述国内外在木质环境学、木材的功能性改良、木材物理力学性质的综合分析及木材无损检测等有关木材科学与技术领域中新的研究成果，同时深入浅出地趣谈木材科学知识和木材加工利用中的一些疑难问题，进而使读者明了木材相关知识、木材性质评价、木材功能改良和木材检测和新方法、新技术。

● 2011 年

6 月 15 日,《东北林业大学报》载《献身林业绿树常青德高望重桃李芬芳——我校著名木材学家葛明裕教授迎来百岁寿辰》。6 月 1 日是我校著名木材学家葛明裕教授百岁寿辰。学校领导杨传平、陈文斌、曹军、胡万义、赵雨森,老领导李坚、刘宝林,民盟省委副主委杨永道,葛明裕先生的亲属、学生、同事等与葛老先生欢聚一堂,共同庆祝先生百岁寿辰。庆祝仪式由党委副书记、纪委书记陈文斌主持。她在主持讲话时说,葛明裕教授走过的百年历程,是立场坚定,政治高尚的一百年,是胸襟坦荡、磊落光明的一百年,是教书育人、桃李遍地的一百年,更是值得东林人骄傲铭记、自豪咏赞的一百年。

● 2013 年

9 月 5 日,葛明裕在黑龙江中医药大学附属医院逝世,享年 101 岁。《葛明裕教授逝世》:葛明裕教授,我国木材科学界的泰斗,著名木材科学家、教育家,江苏南京市人,1913 年生。1935 年毕业于河南农业大学森林系,留校工作后历任助教、讲师、副教授。1948 年到美国华盛顿州立大学研究生院留学,获硕士学位。1951 年初冲破重重阻力,放弃在美国攻读博士学位良机,毅然回归,报效祖国。回国后曾任浙江大学教授,东北林学院林产工业系主任等职,是东北林业大学木材机械加工专业的创始人,退休前为东北林业大学木材学博士生导师,中国林学会木材科学学会顾问。葛明裕先生曾任中国木材工业学会理事,中国林学会木材科学学会顾问,中国民主同盟黑龙江省委员会顾问,黑龙江省第五、六届人大常委会委员,第三届全国人大代表,林业部学位委员会委员,国务院学位委员会学科评议组成员,民盟哈尔滨市第四届主任委员,曾为哈尔滨市民盟组织的建设和发展以及哈尔滨市的统战工作做出了卓越贡献。1983 年 12 月成为我国第一位招收木材学专业攻读博士学位研究生的导师。

9 月 7 日早晨 8 点,葛明裕教授告别仪式在哈尔滨市西华苑丁香厅举行。出席告别仪式的领导有民盟黑龙江省委副主委杨永道、中共哈尔滨市委统战部常务副部长杨国民、民盟哈尔滨市委副主委姚书元、秘书长刘祥玉,东北林业大学在家的领导党委书记吴国春、校长杨传平、副校长曹军、党委副书记胡万义、党委副书记、副校长孙正林、副校长李斌、李顺龙、党委副书记、纪委书记陈文慧,中国工程院院士李坚,还有东北林业大学学校办公室、统战部、离退处、民盟东北林业大学委员会等部门的领导，材料科学与工程学院的领导、教师、研究生，以及葛老在哈尔滨、南京的亲属和生前友好出席。《悼词》：尊敬的各位领导、同仁、来宾、亲朋好友：今天，我们怀着十分沉痛的心情，在这里举行告别仪式，深切悼念和追思我国木材科学界的泰斗，著名木材科学家、教育家，我们的恩师葛明裕教授。葛明裕教授，江苏南京市人，1913 年生，1935 年毕业于河南农业大学森林系，留校工作后历任助教、讲师、副教授。1948 年到美国华盛顿州立大学研究生院留学，获硕士学位。1951 年初冲破重重阻力，放弃在美国攻读博士学位良机，毅然回归，报效祖国。回国后曾任浙江大学教授，东北林学院林产工业系主任等职，是东北林业大学木材机械加工专业的创始人，退休前为东北林业大学木材学博士生导师，中国林学会木材科学学会顾问。先生曾任中国木材工业学会理事、中国林学会木材科学学会顾问、中国民主同盟黑龙江省委员会顾问、黑龙江省第五、六届人大常委会委员、第三届全国人大代表、林业部学位委员会委员、国务院学位委员会学科评议组成员、民盟哈尔滨市第四届主任委员，曾为哈尔滨市民盟组织的建设和发展和哈尔滨市的统战工作做出了卓越贡献。1983 年 12 月成为我国第一位招收木材学专业攻读博士学位研究生的导师。先生退休之后，从来也没有闲适地休息，他一直在关心着国家的命运、关心着学校的建设和发展，并经常为市政的发展、为学校的建设提出许多有益的建议。忆往昔，先生为木材学、木材保护学、木工胶黏剂等方面的教学、研究和人才培养，默默地工作了七十年，倾注了他的全部精力。春风化雨般地培养了一大批莘莘学子，他们已经脱颖而出，成为栋梁之材，可谓：桃李不言，下自成蹊；先生淡泊名利，对于荣誉和待遇，总是礼让他人，仁善为先，虚怀若谷，真可是：高山可以远眺，大海容纳百川；先生凝重事业，几十年如一日，在木材科学园地上辛勤耕耘，诲人不倦；学风严谨，思维敏捷，学术内涵丰富，对科学与治学的信念坚定，称得为：孜孜不倦，创新高远；葛明裕先生的学品和人品，诚信与博爱，历经百年春华秋实，已经成为我们数以千、万计学子心中的一座巍然耸立的丰碑，一面永不褪色的旗帜，一支燃烧不熄的火炬，永远值得后人铭记和学习。他将永远活在我们的心中！安息吧，葛明裕教授。

申宗圻年谱

申宗圻（自北京林业大学）

● 1017 年（民国六年）

9 月 17 日，申宗圻（Zhen Z Y，Shen Zongqi）生于北京，祖籍江苏苏州。申玮（1888—1980 年），申宗圻父亲，字子振，1908 年从苏州考入国民政府邮政总局（北京），后任贵阳、安徽等地邮政局局长，1948 年在北平退休，申玮原配王佩珍（1886—1937 年，清末民初书法大家王雍熙之女），继室王世英（1913—1971 年），育 4 男 1 女，申宗圻排行老二。申子振宅位于苏州西百花巷 31 号，建于 20 世纪 30 年代，主体建筑是一幢青砖二层西洋楼，由建筑师屠文杰设计，2004 年 12 月，西百花巷申宅被列为苏州市第二批控保建筑名录。

● 1924 年（民国十三年）

是年，申宗圻在京师公立第四小学校（现北京师范大学京师附小）上学。

● 1930 年（民国十九年）

是年，申宗圻在北平外国语学校上中学。

● 1935 年（民国二十四年）

是年，申宗圻考入南京金陵大学医学预科。

● 1937 年（民国二十六年）

7 月 7 日，卢沟桥事变发生，抗日战争全面展开，申宗圻辍学滞留在家乡。

● 1938 年（民国二十七年）

是年，申宗圻到成都继续学业，转入金陵大学应用植物系学习。

● 1939 年（民国二十八年）

9 月，国民政府经济部中央工业试验所在重庆北碚创建木材试验室，负责全国工业用材的试验研究，这是中国第一个木材试验室。

● 1940 年（民国二十九年）

7 月，申宗圻毕业于金陵大学应用植物系，获理学学士学位，之后任四川省农业改进所技士。

是年，《木材试验室特刊》在四川创刊，由唐燿主编，经济部中央工业实验所木材试验室农产促进委员会发行，月刊，每号刊载论文一篇，至1945年共出版45号。

● 1942 年（民国三十一年）

8月，在中央工业试验所的协助下，唐燿在乐山购下灵宝塔下的姚庄，将中央工业试验所木材试验室扩建为木材试验馆，唐燿任馆长。根据实际的需要，唐燿把木材试验馆的试验和研究范畴分为八个方面：①中国森林和市场的调查以及木材样品的收集，如中国商用木材的调查；木材标本、力学试材的采集；中国林区和中国森林工业的调查等。同时，对川西、川东、贵州、广西、湖南的伐木工业和枕木资源、木材生产及销售情况，为建设湘桂、湘黔铁路的枕木的供应提供了依据。还著有《川西、峨边伐木工业之调查》《黔、桂、湘边区之伐木工业》《西南木业之初步调查》等报告，为研究中国伐木工业和木材市场提供了有价值的实际资料。②国产木材材性及其用途的研究，如木材构造及鉴定；国产木材一般材性及用途的记载；木材的病虫害等。③木材的物理性质研究，如木材的基本物理性质；木材试验统计上的分析和设计；木材物理性的惯常试验。④木材力学试验，如小而无疵木材力学试验；商场木材的试验；国产重要木材的安全应力试验等。⑤木材的干燥试验，如木材堆集法和天然干燥；木材干燥车间、木材干燥程序等的试验和研究。⑥木材化学的利用和试验，如木材防腐、防火、防水的研究；木材防腐方法及防腐工厂设备的研究；国产重要木材天然耐腐性的试验。⑦木材工作性的研究，如国产重要木材对锯、刨、钻、旋、弯曲、钉钉等反应及新旧木工工具的研究。⑧伐木、锯木及林产工业机械设计等的研究。

8月，申宗圻任中央林业实验所技士。

9月，申宗圻《藤桐之初步调查》刊于《农林新报》1942年第7～9期20～23页。

● 1943 年（民国三十二年）

9月，申宗圻《瓜玉橡胶》刊于《农林新报》1943年第20卷第31～33期3～5页。

● 1944 年（民国三十三年）

7 月，申宗圻《世界林界名人介绍》刊于《林讯》1944 年第 1 卷第 1 期 29 ~ 30 页。

7 月，申宗圻任金陵大学农学院讲师。

10 月 28 日，《中央日报》刊登《农林部考选农业人员赴美实习》招生广告。

12 月，国民政府教育部在重庆、昆明、贵阳、成都、西安、兰州、建阳七地同时举行考试，共有 1824 人报考，各科录取人数为实科类 201 名，其中农科 39 名通过考试，申宗圻被派往美国耶鲁大学林学院进修木材科学与工艺专业。

● 1945 年（民国三十四年）

3 月，国民政府农林部森林组留学生乘飞机由重庆到叙州，再转机印度加尔各答，然后到华盛顿。农林部森林组留学生有陶玉田、周映昌、杨衔晋、郑止善、周太炎、贾铭钰、陈桂陞、江良游、邓先诚、张楚宝、申宗圻、杨敬溶，后到岑保波，一共 14 人。

5 月，申宗圻到美国耶鲁大学（Yale University）林学院进修。

11 月，申宗圻《新疆产橡皮草之初步观察》刊于《农林新报》1944 年第 21 卷第 25 ~ 30 期 14 ~ 16 页。

● 1946 年（民国三十五年）

1 月，申宗圻《新疆之橡皮草——国产天然橡胶之新资源》刊于《农业推广通讯》1946 年第 1 期 43 ~ 44 页。

8 月，申宗圻从耶鲁大学林学院毕业，获理硕士学位，之后由美国随俞大绂一起回国到北京大学农学院，俞大绂任北京大学农学院院长，申宗圻任北京大学农学院讲师。

9 月，北京大学农学院改聘广西大学农学院院长汪振儒教授为森林系主任。

10 月，北京大学在北平复学，在原北平大学农学院院址重建农学院，申宗圻任北京大学农学院森林系讲师。

是年，申宗圻与朱淑仪在北平结婚。

● 1948 年（民国三十七年）

4 月 23 日，《北大、清华等四院校九十位教授驳斥吴铸人报告》，申宗圻签名。4 月 19 日国民党北平市党组主任委员吴铸人在"纪念周"中讲演，北大、清华等四院校 90 位教授驳斥吴铸人报告。吴铸人（1902—1984 年），字梦燕，别号寿金，安徽盱眙县（现属江苏）人，北京大学生物系毕业。1924 年在北京参加中山主义实践社，继入中国国民党。1927 年任国民党直隶省党部委员兼青年部部长，并任私立北京大同中学校长。1928 年任河北省党务指导委员会训练部部长。1930 年留学英国，入牛津大学，获农业经济硕士学位。1935 年任江苏省政府经济视察员。1936 年后任中央政治学校附设蒙藏学校主任、香港辅人书院院长、军委会委员长侍从室第三处第九组组长、中央训练团党政训练班高级班通讯处处长。1945 年 5 月当选为国民党第六届候补中央委员。1946 年当选为北平市党部主任委员。1948 年当选为"行宪立法委员"。1948 年底去台湾。著有《各国农业金融》《三民主义经济及经济政策》等。

12 月 30 日，军事管制委员会文化接管委员会决定北京大学农学院师生转移到良乡。31 日，俞院长等教职工学生整理仪器、图书。当晚，由解放军准备大车 20 辆，由张鹤宇、白山带领乘车到丰台，转乘火车，于 1 月 1 日和 2 日分两批到达良乡。到达良乡的教师有俞大绂院长，李景均、陈锡鑫 2 位系主任，汪菊渊、冯兆林副教授，姜秉权、华孟、陈道、申宗圻讲师，还有讲员、助教 8 人，他们是：卢宗海、涂长晟、夏荣基、申葆和、孙文荣、周启文、刘仪、吴汝焯，职员有董维朴，学生有虞佩玉、刘鹤时、杨一清、叶辰瀛，还有从城里自己来良乡的汪国益，附属小学教师严以宁、张文英，另外还有汪菊渊、陈锡鑫，姜秉权、申葆和的家属 7 人，工友 6 人。到良乡的人员总计 38 人。

● 1949 年

1 月 31 日，北平和平解放。

3 月 25 日，中共中央机关和中国人民解放军总部由河北省平山县迁到北平。

9 月 29 日，北京大学、清华大学、华北大学三所大学的农学院合并，组建成新中国第一所多科性、综合性的新型农业高等学府北京农业大学，申宗圻任北京农业大学森林系讲师。

● 1950 年

是年，华北大学农学院原设在山西灵空山的森林专科学校，迁至河北省宛平县（今北京海淀区）北安河村的秀峰寺、飨堂，由北京农业大学接办，并增设林业干部训练班，殷良弼兼任森林专修科及林业干部训练班主任，申宗圻任讲师，讲授木材学。

● 1951 年

2 月，申宗圻《胶合板扭曲的原因与改善方法》刊于《中国林业》1951 年第 2 期 46 ～ 47 页。

8 月，申宗圻《一种优良的木材防腐剂》刊于《化学世界》1951 年 2 页。

● 1952 年

5 月，北京林学院筹备组成立，唐子奇任组长，殷良弼、范济洲任副组长。

7 月，高等教育部全国农学院院长会上拟定高等农学院系调整方案，决定筹建北京林学院、华东林学院和东北林学院。之后成立北京林学院行政机构，教务长由杨锦堂副院长兼任，副教务长为殷良弼、范济洲，教务处设秘书协助教务长工作，由兆赖之担任。院长办公室主任张敬仲，副主任李兆民。总务长王林（兼），因王林还担任造林教研组主任并主讲造林学，故总务处日常领导工作由王玉负责。王玉任总务处主任。殷良弼兼林场主任，张正昆、郑汇川任副主任。各教研组主任为：森林经理教研组主任范济洲、森林植物教研组主任汪振儒、造林教研组主任王林、森林利用教研组主任申宗圻、政治理论课教研组主任朱江户。

11 月，申宗圻《木材是怎样干燥和收缩的？》刊于《科学大众（中学版）》1952 年第 11 期 338 ～ 340，343 页。

● 1953 年

2 月，杨锦堂、李相符先后到北京林学院视事。

4 月 14 日，中央人民政府高等教育部发文，任命李相符为北京林学院院长。

4 月 25 日，北京林学院基层工会委员会成立。陈陆圻任工会主席，申宗圻任工会副主席。

6 月 1 日，北京林学院第一次全体工会会员大会，张敬仲作工会会章的报告，陈陆圻因教学工作需要不再任职，工会主席由申宗圻担任，副主席由张敬仲兼任。

• 1954 年

7 月，北京林学院迁校筹备工作开始，成立北京林学院迁校委员会，主任为李相符院长，成员申宗圻、殷良弼、马骥、郑汇川、陈志奎、苗倬、张敬仲、王玉、张学恒、王春岩、王自强。

• 1955 年

7 月，北京林学院正式建立林业系，范济洲任系主任。

10 月，（苏）尼基琴（В. М. Никитин）著，天津大学化学系译《木材与纤维素化学》由高等教育出版社出版。

• 1956 年

是年，北京林学院获得科研项目 34 项，其中 14 项科研项目获得初步成果，包括申宗圻《压缩木研究（一）》。

• 1957 年

5 月，（苏）А. С. 谢尔盖耶娃（А. С. Сергеева）著，北京林学院申宗圻、西北农学院建中心译《木材与纤维素化学》由中国林业出版社出版。

6 月，（苏）В. В. 普罗坦斯基，С. А. 绥罗马特尼柯夫著，陈陆圻、阎树文、申宗圻译《森林利用学》（上册、中册、下册）由中国林业出版社出版。

12 月，北京林学院科学研究部《北京林学院科学研究集刊》刊印，其中 186 ~ 194 页收录申宗圻《压缩木研究（一）》。

• 1958 年

3 月，林业部批复同意北京林学院增设木材机械加工及林产化学两专业，于暑期招生，同意北京林学院增设森林工业系。

5 月，（苏）瓦宁（С. И. Ванин）著，申宗圻、黄达章、白同仁、魏亚、周以恪、彭海源、孙新合译《木材学》（苏联高等教育部批准为森林工业学院教科

书）由中国林业出版社出版。本书根据（苏）瓦宁（С. И. Ванин）教授著，1949
年苏联国家森林工业和造纸出版社出版《木材学》第三版译出。第一、二、三章
译者申宗圻，第四、五章译者黄达章、白同仁、魏亚，第六、七章译者周以恪，
第八章译者彭海源，第九章译者孙新。所有各章最后由北京林学院申宗圻同志校
核整理。斯蒂芬·伊万诺维奇·瓦宁（Stepan Ivanovich Vanin, S. I. Vanin），苏
联科学家，著名森林植物病理学家和木材学家，被认为是苏联森林植物病理学的
奠基人。瓦宁 1891 年 1 月 11 日生于俄罗斯梁赞州车里雅宾斯克（Kasimovsky,
Ryazan Oblast, Ruslan），1902—1909 年在教区学校和卡西莫夫完成小学教育，
并在卡西莫夫中学机械学校完成中学教育。1910 年进入圣彼得堡林学院（林业
研究所）学习，并在 A S Bondartsev 教授的指导下，在圣彼得堡帝国植物园中央
植物病理站实习，1914 年完成了一本寄生虫和危害木材的第一本书，1915 年毕
业并获得学士学位。之后在著名林学家 G F 莫洛佐夫的指导下完成研究并取得了
最高工程师文凭。1917—1919 年在圣彼得堡帝国植物园中央植物病理站担任研究
人员，1919 年担任站长助理，1919 年 3 月调到沃罗涅日农学院工作，他开始讲
授农业和森林植物病理学课程同时进行科学研究，1922 年回到列宁格勒林学院
担任助教一直到教授，1924 年担任植物病理系和木材科学系主任，1930 年领导
并创办了单独的木材科学系。1931 年他汇集 10 年的研究成果编写了第一本《森
林植物病理学》"Forest Phytopathology" 科教书，1934 年出版了《木材学》，在
木材科学实验中，他研究了木材的物理、机械和化学特性，特别是高加索和卡里
米亚的乔木和灌木的木材。1935 年瓦宁在没有经过论文答辩而基于一系列科学
著作而被授予农学博士学位。1938 年他和 S E Vanina 发表了一系列古代世界家具
的文章，他还在 "Natura" 上发表了关于古埃及和巴比伦的花园和公园的论文。
他一生写了 140 多篇论文、专著、教材，很多作品多次修订和重新出版，被翻
译成多国文字。他是苏维埃社会主义共和国功勋科学家，并获得斯大林奖。1950
年 2 月 10 日猝然去世。

8 月，北京林学院任命陈陆圻为森林工业系主任，申宗圻为副系主任，任职
至 1963 年 2 月。

8 月，陈陆圻、申宗圻、汪师孟《科学技术名词解释：林业部分（森林利用
学）》由科学出版社出版。

• 1959 年

4 月，北京林学院编订《日汉林业名词》由科学出版社出版，《日汉林业名词》由陈陆圻、孙时轩、徐化成负责，于政中、申宗圻、任宪威、李驹、汪振儒、周仲铭、范济洲、马骥、关玉秀、关君蔚、张执中，张增哲、曹毓杰、钟振威参加校订。

• 1960 年

2 月 26 日至 28 日，北京林学院第二次科学报告会举行，报告会共宣读论文 14 篇，申宗圻宣读《压缩木轴瓦》。

2 月，申宗圻当选为中国林学会第二届理事会理事。

是年，夏美君考取北京林学院木材学研究生，师从申宗圻。

• 1961 年

3 月，申宗圻主持项目"压缩木在工业中的应用"。

• 1963 年

2 月 14 日，中国林学会 1962 年学术年会提出《对当前林业工作的几项建议》，建议包括：①坚决贯彻执行林业规章制度；②加强森林保护工作；③重点恢复和建设林业生产基地；④停止毁林开垦和有计划停耕还林；⑤建立林木种子生产基地及加强良种选育工作；⑥节约使用木材，充分利用采伐与加工剩余物，大力发展人造板和林产化学工业；⑦加强林业科学研究，创造科学研究条件。建议人有：王恺（北京市光华木材厂总工程师）、牛春山（西北农学院林业系主任）、史璋（北京市农林局林业处工程师）、乐天宇（中国林业科学研究院林业研究所研究员）、申宗圻（北京林学院副教授）、危炯（新疆维吾尔自治区农林牧业科学研究所工程师）、刘成训（广西壮族自治区林业科学研究所副所长）、关君蔚（北京林学院副教授）、吕时铎（中国林业科学研究院木材工业研究所副研究员）、朱济凡（中国科学院林业土壤研究所所长）、章鼎（湖南林学院教授）、朱惠方（中国林业科学研究院木材工业研究所研究员）、宋莹（中国林业科学研究院林业机械研究所副所长）、宋达泉（中国科学院林业土壤研究所研究员）、肖刚柔（中国林业科学研究院林业研究所研究员）、阳含熙（中国林业科学研究院林业研所研究员）、李相符（中国林学会理事长）、李荫柚（四川林学院教授）、沈鹏飞（华南农学院副院长、教授）、李耀阶（青海农业科学研究院林业研究所副所长）、陈嵘（中国林业科学研究院林业研究所所长）、郑万钧（中国林业科学研究院副院长）、吴中伦（中国林业科学研究院林业研究所副所长）、吴志曾（江苏省林业科学研究所副研究员）、陈陆圻（北京林学院教授）、徐永椿（昆明农林学院教授）、袁嗣令（中国林业科学研究院林业研究所副研究员）、黄中立（中国林业科学研究院林业研究所研究员）、程崇德（林业部造林司副总工程师）、景熙明（福建林学院副教授）、熊文愈（南京林学院副教授）、薛楹之（中国林业科学研究院林业研究所副研究员）、韩麟凤（沈阳农学院教授）。

是年初，根据中国科协意见，中国林学会召开在京理事会议，决定在常务理事会下设四个专业委员会，即林业、森工、科学技术普及委员会和《林业科学》编委会，陈嵘任林业委员会主任委员，郑万钧任《林业科学》编委会主编。《林业科学》北京地区编委会成立，编委陈嵘、郑万钧、陶东岱、丁方、吴中伦、侯治溥、阳含熙、张英伯、徐纬英、汪振儒、张正昆、关君蔚、范济洲、黄中立、孙德恭、邓叔群、朱惠方、成俊卿、申宗圻、陈陆圻、宋莹、肖刚柔、袁嗣令、陈致生、乐天宇、程崇德、黄枢、袁义生、王恺、赵宗哲、朱介子、殷良弼、张海泉、王兆凤、杨润时、章锡谦，至1966年。

6月21日，北京林学院第三届院务委员会成立，主任委员胡仁奎，副主任委员王友琴、单洪、杨锦堂，委员殷良弼、李驹、汪振儒、范济洲、陈陆圻、陈俊愉、王玉、吴毅、冯致安、申宗圻、朱江户、杨省三、孙德恭、赵得申、赵静、王明、郝树田。

6月，在国家计委、经委和科委联合举办的全国工业新产品展览会上，申宗圻与有关单位协作，"试制的压缩木锚杆"获国家计划委员会、国家经济委员会和国家科学技术委员会联合颁发的"新产品"二等奖。申宗圻与有关单位协作，试制成长1.30米，直径为3.8厘米的压缩木锚杆，用作煤矿井下巷道的支撑材料，代替坑柱。锚杆插入预先在岩石顶棚中钻好的略大于3.8厘米的孔眼中，因吸湿而反弹，但又受到岩石孔壁的限制，不能充分膨胀开来，起到了挤紧作用，由于锚杆的全长整体地被抱紧，从而发挥了木材顺纹理方向的抗拉伸强度的优越性，阻止了岩层间的错位导致冒顶。

12月，申宗圻当选为中国林学会第三届理事会理事。

12 月，全国木材水解学术会议在北京举行，参加会议的有 13 个省份 43 个单位的 40 位正式代表和 30 位列席代表。会议共收到学术论文、研究报告等 55 篇，包括稀酸水解、浓酸水解、水解液生物化学加工、糠醛、木素利用等方面。这次会议比较全面地检阅了我国木材水解和一部分农副产品水解科学研究工作的成果，总结交流了经验，申宗圻参加会议。

● 1964 年

5 月，《压缩木锚杆》由煤炭部技术司在焦作矿务局组织压缩木锚杆鉴定会，《压缩木锚杆》由北京市木材厂、焦作矿务局、北京林学院、北京煤炭研究所共同完成。其中，北京林学院申宗圻完成压缩木锚杆生产工艺，列入林业部、煤炭部举行锚杆鉴定会资料。压缩木锚杆是用普通木材（如杨木）经过一定工艺热压加工制成的一种锚杆，在井下安装后，吸收潮湿空气（或淋水）在钻孔中整根杆体膨胀，挤紧钻孔，起到整体锚固的作用。压缩木锚杆既有端部锚固作用，又有全长整锚固的特点。研究起止时间 1961 年 3 月至 1964 年 5 月，试验地点焦作矿务局王封矿、演马庄矿等。

6 月，在国家计委、经委和科委联合举办的全国工业新产品展览会上，申宗圻主持的"压缩木在工业中的应用"研究成果用于军工、纺织工业，提高功效减少消耗，列为 1964 年工业新产品。压缩木应用于轧钢轴瓦和煤矿巷道锚杆，对于提高产量，节约原材料，效果显著。

● 1965 年

2 月，（苏）П. Н. 胡赫良斯基（П. Н. Хухрянский）著，申宗圻译《木材压缩与弯曲》由农业出版社出版。

8 月 9 日至 17 日，中国林学会在上海召开我国第一次木材加工学术会议，参加这次会议的有科研、院校、设计、工厂、情报和使用等单位的代表共 58 人。大会收到的论文、研究报告共 80 篇。包括木材性能、制材、木材干燥、细木工、木材防腐、胶合板和胶合剂、纤维板、塑料板、厚纸板等方面。会上宣读学术论文，讨论有关学术研究方面的问题，明确今后的任务和方向，参观木材加工厂和万吨水压机。

是年，申宗圻"压缩木在工业上的应用"获 1965 年国家经委、纺织部、二

机部奖励，这是北京林学院成立以来获得的第一个省部级奖。

● 1969 年

11 月，林业部军管会林管字（69）55 号文件《关于撤销北京林学院交云南省安排处理的请示报告》，上报国家计委军代表和国务院业务组，要求在半个月内将全院师生员工及家属 5000 多人遣送到云南，后因广大师生、员工强烈抵制未能实现。

11 月，北京林学院迁往玉龙山下的丽江纳西族自治县大研镇西南部的文笔海边建校，更名为丽江林学院。由于人员流动，仪器设备、图书资料、标本等损失惨重。

● 1972 年

4 月，北京林学院迁到云南下关市（大理市），更名为云南林业学院。

是年，申宗圻组织多位教师与东北林学院、中南林学院、南京林产工业学院等院校的教师，在上海编写木工专业 7 门主要课程的教材（内部发行），为 1973 年学校部分恢复招生做了教学用书的准备。

● 1973 年

10 月，云南林业学院开始招收工农兵学员。

● 1977 年

7 月，全国恢复统一高考制度，云南林业学院林业、森林保护、水土保持、林业经济、亚热带经济林、城市园林、木材机械加工和林业机械 8 个专业共招新生 328 名。

12 月 12 日至 16 日，中国人民政治协商会议第四届云南省委员会第一次全体会议在昆明举行，申宗圻作为特邀代表参加会议。

● 1978 年

9 月 30 日，汪振儒、范济洲、陈陆圻、申宗圻四位教授联名给叶剑英副主席书写呼吁北京林学院回京复校的请示报告。

12 月，申宗圻当选为中国林学会第四届理事会理事。

● 1979 年

1 月 23 日，经中国林学会常务委员会通过，改聘《林业科学》第三届编委会，主编郑万钧，副主编丁方、王恺、王云樵、申宗圻、关君蔚、成俊卿、阳含熙、吴中伦、肖刚柔、陈陆圻、张英伯、汪振儒、贺近恪、范济洲、侯治溥、陶东岱、徐纬英、黄中立、黄希坝，至 1983 年 2 月。

4 月 15 日，云南林业学院确定晋升教授 2 人（申宗圻、任玮），副教授 13 人（孙时轩、任宪威、于政中、关毓秀、阎树文、朱之悌、王沙生、李滨生、董乃钧、周家琪、孙筱祥、鲍禾、郝树田），讲师 114 人（含亚热带经济林系 12 人）。

9 月，北京林学院木材学招收硕士研究生马华武、欧年华。

11 月，北京林学院申宗圻《人造板表面加工技术小组讨论情况的汇报》收录《中国林学会胶粘剂与人造板二次加工学术讨论会材料》。

● 1980 年

1 月，林业部成立林业部科学技术委员会第一届委员会，主任委员雍文涛；副主任委员梁昌武、杨天放、杨延森、郑万钧；秘书长刘永良；委员雍文涛、张化南、梁昌武、张兴、杨天放、张东明、杨延森、赵唯里、汪滨、杨文英、吴中伦、陶东岱、王恺、李万新、侯治溥、张瑞林、徐纬英、刘均一、肖刚柔、范学圣、高尚武、贺近恪、关君蔚、黄枢、马大浦、程崇德、梁世镇、董智勇、郝文荣、涂光涵、牛春山、杨廷梓、吴中禄、李继书、任玮、徐国忠、刘松龄、韩师休、黄毓彦、杨衔晋、王凤翥、王长富、王凤翔、周以良、沈守恩、范济洲、余志宏、陈陆圻、邱守思、申宗圻、朱宁武、林叔宜、李树义、林龙卓、徐怡、吴允恭、刘学恩、沈照仁、刘于鹤、陈平安。

8 月，北京林学院任命申宗圻为森林工业系主任，任职至 1984 年 9 月。

8 月，张翔、申宗圻《木材材色的定量表征》刊于《林业科学》1990 年第 26 卷第 4 期 344 ～ 352 页。

11 月，（美）A. A. 莫斯勒米（A. A. Moslemi）著，申宗圻、诸葛俊鸿、陆仁书译《碎料板》由中国林业出版社出版。

11 月 29 日至 12 月 6 日，全国木材综合利用学术讨论会在福州召开，会议

由王恺副理事长主持。会议期间成立中国林学会木材工业学会，王恺任理事长，申宗圻、吴博、韩师休任副理事长，陈平安任秘书长，李永庆任副秘书长。

● 1981 年

6 月 2 日至 7 日，北京林学院陈陆圻、范济洲、申宗圻、陈俊愉出席林业部在北京召开的林业系统授予学位单位评审工作会议。

8 月，北京林学院成立第一届学位评定委员会，陈陆圻任主席，汪振儒、范济洲任副主席，申宗圻等 19 人任委员。

11 月 3 日，北京林学院木材科学与技术学科获国务院首批硕士学位授予权，申宗圻为木材学硕士生指导教师。

● 1982 年

1 月 9 日，林业部党组决定陈陆圻同志代理北京林学院院长。

6 月，北京林学院研究生欧年华、马华武通过硕士论文答辩，题目分别为《木材表面的化学特征——自由基的形成与变化》和《影响酚醛树脂胶合质量的分析》，指导教师申宗圻。

9 月 5 日至 8 日，中国林学会在山东省泰安市召开第三次制材学术讨论会。来自北京、上海等 14 个省（自治区、直辖市）的林业高等院校、科研、设计、出版、木材工业管理部门和企业的教授、专家、工程师等各方面代表 65 人参加会议。会议由中国林学会副理事长王恺同志主持。会上以"进一步提高锯材质量和出材率"为中心进行了深入的讨论，通过学术讨论和生产实践经验的交流，与会同志对我国制材工业当前主要矛盾有了统一认识，明确了解决制材质量和出材率的关键所在。

10 月 2 日，北京林学院陈陆圻代院长、申宗圻教授参加林业部组织的中国林业教育科技考察团赴联邦德国考察、访问。

12 月 21 日至 26 日，中国林学会第五次全国会员代表大会在天津市召开，共 280 多位代表参加会议。中国林学会副理事长王恺主持开幕式，陶东岱副理事长致开幕词。会议选举理事长吴中伦，副理事长李万新、陈陆圻、王恺、吴博、陈致生，秘书长陈致生（兼），副秘书长杨静。

● 1983 年

3 月,《林业科学》第四届编委会成立,主编吴中伦,副主编王恺、申宗圻、成俊卿、肖刚柔、沈国舫、李继书、徐光涵、黄中立、鲁一同、蒋有绪,至 1986 年 1 月。

12 月,北京林学院主编《木材学》(全国高等林业院校试用教材木材机械加工专业用)由中国林业出版社出版。《木材学》是依据高等林业院校木材机械加工专业教学大纲,由北京林学院、南京林产工业学院、东北林学院和中南林学院共同编写的。全书共分十章,分别由黄玲英(第一章)、张景良(第二章和第三章中阔叶树材部分以及第九章)、龚跃乾(第三章中的针叶树材部分以及第十章的一部分)、葛明裕(第四章)、申宗圻(第五、六、七章)、戴澄月(第八章中的木材防腐部分)、彭海源(第八章中的木材滞火处理部分)、王婉华、徐永吉(第十章的大部分)等同志负责撰稿,经过大家共同审订,最后由申宗圻同志负责整理完成。

● 1984 年

1 月,应中国林业科学研究院邀请,北京林学院范济洲、申宗圻 2 位教授担任中国林业科学研究院第二届学术委员会委员。

3 月,欧年华、申宗圻、侯贵、徐广智《用 ESR 研究木材中的自由基》刊于《林业科学》1984 年第 1 期 50 ～ 56 页。

6 月,申宗圻《立木中冻裂形成的机理》刊于《北林译丛》1984 年第 1 期 1 ～ 8 页。

11 月,(美) A.A. 莫斯勒米(A. A. Moslemi)著,申宗圻、诸葛俊鸿、陆仁书译《碎料板》由中国林业出版社第二次印刷出版。

● 1985 年

5 月,经全国自然科学名词审定委员会同意,中国林学会成立林学名词审定工作筹备组,并制定《林学名词审定委员会工作细则》。第一届林学名词审定委员会顾问吴中伦、王恺、熊文愈、申宗圻、徐纬英;主任陈陆圻;副主任侯治溥、阎树文、王明麻、周以良、沈国舫;委员于政中、王凤翔、王礼先、史济彦、关君蔚、李传道、李兆麟、陈有民、孟兆祯、陆仁书、柯病凡、贺近恪、顾

正平、高尚武、徐国祯、袁东岩、黄希坝、黄伯璐、鲁一同、董乃钧、裴克；秘书印嘉祐。

8月，北京林学院成立第二届学位评定委员会，阎树文任主席，沈国舫、贺庆棠任副主席，申宗圻等19人任委员。

10月31日至11月4日，中国林学会木材工业学会在云南昆明召开第二次会员代表大会，代表74人，选举第二届理事会44人，王恺任理事长，韩师休、申宗圻、吴博任副理事长，陈平安任秘书长，李永庆、丁美蓉任副秘书长。同时，举行了新技术革命对我国木材工业影响的展望学术讨论会。

● 1986 年

2月，《林业科学》第五届编委会成立，主编吴中伦，常务副主编鲁一同，副主编王恺、申宗圻、成俊卿、肖刚柔、沈国舫、李继书、蒋有绪，至1989年6月。

7月28日，国务院批准北京林业大学造林学、林木遗传育种、木材学、园林植物为第三批博士学位授予学科专业，沈国舫、朱之悌、申宗圻、陈俊愉、关毓秀、徐化成增列为博士生导师。北京林业大学木材学博士生招收方向：①木材的材性与加工工艺的研究；②木材物理与力学性质；③材性与木材生长；④木材保护与改性。

● 1987 年

3月，林学名词审定委员会正式成立。由吴中伦、王恺、熊文愈、申宗圻、徐纬英任顾问委员，陈陆圻任主任委员，侯治溥、阎树文、王明庥、周以良、沈国舫任副主任委员。该委员会成立后，对1986年6月由筹备组组织有关专家拟定的第一批《林学基本名词（草案）》进行了初审和修订，经广泛征求意见后形成了第二稿。1987年底，各学科组又经认真研究提出第三稿，并于1988年4月召开二审会议再次进行审议修改。1989年1月三审定稿并上报，全国自然科学名词审定委员会对上报稿进行了复审，于1989年3月批准公布。该批名词是林业科学的基本词，共分为造林、森林保护、森林管理、水土保持、园林、林业工程、木材加工及林产化学加工等九大类，涉及28个分支学科，共2219条。采用规范的林学名词，是我国统一科技名词术语工作的一个部分，对于林业科学研究、教学、新技术推广以及国内外学术交流有着积极意义。

3 月，北京林业大学 1987 年招收博士学位研究生招生专业目录公布，当年计划有 8 个学科专业招生（造林学、森林生态、森林经理、林木遗传育种、园林植物、木材学、水土保持等），指导教师有沈国舫、汪振儒、徐化成、范济洲、朱之悌、陈俊愉、申宗圻、关君蔚 8 位教授（研究员）和高荣孚副教授。

4 月，北京林业大学成立第三届学位评定委员会，主任沈国舫，副主任贺庆棠，委员汪振儒、范济洲、申宗圻、陈俊愉、关君蔚、陈陆圻、冯致安、关毓秀、朱之悌、徐化成、周仲铭、孙筱祥、陈有民、孟兆祯、董乃钧、廖士义、高志义、阎树文、王礼先、顾正平、孙立谔、戴于龙、姜浩、符伍儒、刘家骐、王沙生、季健、罗又青、郭景唐 31 人，秘书长罗又青、蒋顺福。

5 月 23 日至 27 日，由林业部组织的全国高等林业院校部级优秀教材评审会在北京召开，林业部聘请有关林业高等院校及科研、出版单位的 19 位专家、学者，组成 1987 年部级优秀教材评奖委员会。申宗圻主编《木材学》教材，1987 年获全国高等林业院校部级优秀教材二等奖。

8 月，申宗圻随北京林业大学访问团到美国访问。

8 月，北京市教育工会与中共北京市委教育部、市高教局联合出版《烛花集》，110 ~ 115 页收录高等院校教书育人先进工作者的事迹和经验。其中有北京林业大学森工系的《呕心沥血、教书育人——申宗圻教授教书育人的先进事迹》等经验。12 月 25 日，在北京举行的中国林学会成立 70 周年纪念大会上，由国务委员方毅、中国科协名誉主席周培源、林业部部长高德占等为荣获第一届"梁希奖"的代表颁奖。由成俊卿、李正理、吴中禄、鲍甫成、柯病凡、李源哲、申宗圻编著《木材学》获首届梁希奖。《木材学》不仅为木材的合理利用、节约利用、综合利用提供了科学依据，还为木材良种选育、适地适树栽培，优质速生丰产林的培育提供科学依据，对促进充分合理利用木材资源、提高营林建设的水平有重大价值。

是年，《全国高等林业院校、系教授、研究员人员名录》收录：木材学（9 人），有北京林业大学申宗圻，东北林业大学葛明裕、彭海源、戴澄月，南京林业大学张景良，中南林学院刘松龄，西北林学院汪秉全，安徽农学院林学系卫广扬、柯病凡；森林利用学（2 人），有北京林业大学陈陆圻，西北林学院李天笃；林产化学加工（16 人），有北京林业大学姜浩，南京林业大学王传槐、王佩卿、孙达旺、李忠正、余立琳、张晋康、张梵宝、周慧明、苗希坝、苗律先、程芝，西北林学院吴中禄，福建林学院袁同功、葛冲霄，安徽农学院林学系周平；林业机械（13 人），有北京林业大学顾正平，东北林业大学王禹忱、王德惠、朱国玺、任坤南、许其春、李屺瞻、李志彦、裴克，南京林业大学汪大纲、周之江，内蒙古林学院沈国雄，安徽农学院林学系张明轩；木材采伐运输（10 人），有东北林业大学王德来、史济彦、关承儒、李光大、张德义，南京林业大学祁济棠、姚家熹、贾铭钰，中南林学院许芳亭，内蒙古林学院卢广第；木材加工（11 人），有北京林业大学赵立，东北林业大学朱政贤、江良游、余松宝、陆仁书，南京林业大学区炽南、李维礼、吴季陵、陈桂陞、梁世镇，中南林学院郑睿贤；林区道路与桥梁工程（3 人），有东北林业大学王汉新、王博义、胡肇滋。

● 1988 年

9 月，申宗圻《纪念森工系建系三十周年——加快教改科研步伐》刊于《北京林业大学学报》1988 年第 3 期 1 ~ 2 页。

10 月 25 日，《北林报》（第 37 期）刊登《教育为的是明天——申宗圻教授一席谈》。申宗圻谈道：生产是为今天，科技是为明天，教育是为后天，因此，决不能只顾短期的利弊得失，而是要用长远的眼光看待教育。他还谈道：我们还要教育学生对国家怀有使命感，继承和发扬艰苦奋斗的精神，用所学的知识为改革开放服务，而不只是为了个人的前途。

● 1989 年

5 月 26 日至 29 日，中国木材工业学会第三次全国会员代表大会在湖南衡阳召开，参会代表 64 人，收到论文 19 篇，会议审议第二届理事会工作报告，选举产生第三届理事会和常务理事会；举行了以"提高木材合理利用、节约利用、综合利用效益"为主题的学术讨论会；讨论并通过了"关于充分合理利用我国木材资源"和"关于我国人造板工业发展战略"的两个建议。

7 月，《林业科学》第六届编委会成立，主编吴中伦，副主编王恺、刘于鹤、申宗圻、冯宗炜、成俊卿、肖刚柔、沈国舫、李继书、栾学纯、鲁一同、蒋有绪，至 1993 年 7 月。

9 月 11 日至 13 日，中国林学会木材科学学会第一届代表大会、理事会和学术讨论会在东北林业大学（哈尔滨）召开，参会代表 47 人，收到论文 40 余篇，申宗圻任木材科学学会首届理事长。近十年来，木材科学研究已和许多学科交叉渗透，出现了一批有价值、水平高的学术论文。学术内容包括木材构造、计算机在木材构造和标本管理上的应用；木材物理、力学、化学性质和木材保护资源的合理利用，并指出今后应通过技术改造和新技术成果来提高木材综合利用率。

11 月，林学名词审定委员会编《林学名词（全藏版）》（全国自然科学名词审定委员会公布）由科学出版社出版；林学名词审定委员会编《林学名词（海外版）》（全国自然科学名词审定委员会公布）由科学出版社出版。

● 1990 年

6 月，李华、申宗圻《杨木单板的表面改性与胶合效应》刊于《林业科学》1990 年第 3 期 247 ~ 253，290 页。

6 月，周清华通过北京林业大学硕士论文答辩，题目是《木材表面润湿性与胶合性能关系和探讨》，指导教师申宗圻。

8 月，张翔、申宗圻《木材材色的定量表征》刊于《林业科学》1990 年第 4 期 344 ~ 352 页。

9 月，张文杰被录取为北京林业大学木材学专业首位博士研究生，导师申宗圻教授。

9 月，中国林业人名词典编辑委员会《中国林业人名词典》（中国林业出版社）申宗圻[9]：申宗圻（1917—）男，江苏苏州人。1940 年毕业于金陵大学农学院森林系。1945 年留学美国耶鲁大学。1946 年回国，任北京大学农学院讲师。中华人民共和国成立后，历任北京农业大学农学院讲师，北京林学院、北京林业大学教授、森林工业系主任。中国林学会第二、三、四届理事，中国林学会第五届木材工业分会副理事长。从 1956 年起，先后与第二机械工业部、北京市第二棉纺厂、北京煤炭科学研究院、北京市木材厂等有关单位合作，研制成功压缩木磨球、压缩木织布木梭、压缩木锚杆。曾发表《木材的压缩》等论文，主编全国高等林业院校试用教材《木材学》。

12 月，国家教育委员会表彰从事高校科技工作四十年成绩显著的老教授，

[9] 中国林业人名词典编辑委员会. 中国林业人名词典 [M]. 北京：中国林业出版社，1990：159-160.

北京林业大学有汪振儒、陈陆圻、范济洲、陈俊愉、关君蔚、张正昆、马太和、申宗圻、孙时轩、关毓秀、董世仁。

● 1991年

1月，北京林业大学专业技术职务评审委员会成立，主任沈国舫，副主任关毓秀、顾正平，委员米国元、刘家骐、贺庆棠、胡汉斌、周仲铭、朱之悌、乔启宇、申宗圻、孙立谔、董乃钧、陈太山、廖士义、孟兆祯、陈俊愉、苏雪痕、王礼先、阎树文、关君蔚、贾乃光、季健、齐宗庆、高荣孚。

6月，何天相《中国木材解剖学家初报》刊于《广西植物》1991年第11卷第3期257～273页。该文记述了终身从事木材研究的（唐耀、成俊卿、谢福惠、汪秉全、张景良、朱振文）；因工作需要改变方向的（梁世镇、喻诚鸿）；偶尔涉及木材构造的（木材科学：朱惠方、张英伯、申宗圻、柯病凡、蔡则谟、靳紫宸）；木材形态解剖的（王伏雄、李正理、高信曾、胡玉熹）；近年兼顾木材构造的（刘松龄、葛明裕、彭海源、罗良才、谷安根）；最后写道展望未来（安农三杰：卫广扬、周鉴、孙成志；北大新星：张新英；中林双杰：杨家驹、刘鹏；八方高孚：卢鸿俊、卢洪瑞、郭德荣、尹思慈、唐汝明、龚耀乾、王婉华、陈嘉宝、徐永吉、方文彬、腰希申、吴达期）；专题人物（陈鉴朝、王锦衣、黄玲英、栾树杰、汪师孟、张哲僧、吴树明、徐峰、姜笑梅、李坚、黄庆雄）。该文写道：申宗圻教授在木材学的教学活动中，重视物理，力学性质，在科研上偏于木材改性试验。申教授曾在1987年开始招收攻读木材学的博士研究生，并被选为中国林学会木材科学学会理事长（1989—）。

10月15日至18日，中国林学会木材科学学会1991年年会暨第三次学术研讨会在西北林学院召开。全国20个省（自治区、直辖市）的教学、科研、生产和业务部门共47位代表参加会议。著名木材家、木材科学学会理事长、北京林业大学申宗圻教授及中国林业科学研究院、北京林业大学、东北林业大学、南京林业大学、中南林学院、西北林学院等老一辈木材学专家，各省属林学院及农业院校林学系的中年专家、学者和一批年青的木材科学工作者等出席会议。日本国京都大学木质科学研究所教授则元京特邀到会。

10月1日，申宗圻被国务院批准，享受政府特殊津贴。

● 1992 年

5 月，申宗圻离休。

● 1993 年

1 月 13 日，林业部举行专家春节慰问座谈会，出席座谈会的有中国林业科学研究院陈统爱、吴中伦、徐冠华、王恺、高尚武、王世绩、刘耀麟、张守攻，北京林业大学沈国舫、汪振儒、申宗圻、关君蔚、陈俊愉、朱之悌、廖士义、董乃钧、王礼先、刘晓明，林业部林产工业设计院朱元鼎、樊开凡，林业部调查规划设计院周昌祥、寇文正，北京林业机械研究所仲斯选等。会上汪振儒、吴中伦、王恺等 15 位专家发言。

3 月，中国农业百科全书总编辑委员会《中国农业百科全书·森林工业卷》由农业出版社出版。该书根据原国家农委的统一安排，由林业部主持，在以中国林业科学研究院王恺研究员为主任的编委会领导下，组织 160 多位专家教授编写而成。全书设总论、森林工业经济、木材构造和性质、森林采伐运输、木材工业、林产化学工业六部分，后三部分含森林工业机械，是一部集科学性、知识性、艺术性、可读性于一体的高档工具书。《中国农业百科全书·森林工业卷》编辑委员会顾问梁昌武，主任王恺，副主任王凤翔、刘杰、栗元周、钱道明，委员王恺、王长富、王凤翔、王凤翥、王定选、石明章、申宗圻、史济彦、刘杰、成俊卿、吴德山、何源禄、陈桂陞、贺近恪、莫若行、栗元周、顾正平、钱道明、黄希坝、黄律先、萧尊琰、梁世镇、葛明裕。其中收录森林利用和森林工业科学家公输般、蔡伦、朱惠方、唐燿、王长富、葛明裕、吕时铎、成俊卿、梁世镇、申宗圻、王恺、陈陆圻、贺近恪、黄希坝、三浦伊八郎、科尔曼，F.F.P.、奥尔洛夫，C.φ、柯士，P.。申宗圻（1917—）中国现代木材学家、林业教育家。江苏省苏州市人。1917 年 9 月 17 日生。1940 年毕业于金陵大学应用植物系，获理学学士学位。到 1944 年，先后任四川农业改进所、中央林业实验所技士，金陵大学讲师。1945 年赴美国耶鲁大学林学院林产学科进修。1946 年回国后任北京大学农学院讲师。1949 年任北京农业大学讲师。1952 年起任北京林学院（1985 年改称北京林业大学）森林工业系副教授、教授，1979—1983 年兼任森林工业系系主任。曾任中国林学会第二、三届理事，林业部科技委委员。现任《林业科学》副主编，中国林学会木材工业学会副理事长和木材科学学会理事长。

申宗圻长期从事木材学教学与科研，尤对木材性质和木材改性有深入研究。他与有关单位合作研制成功压缩木磨球、压缩木织布梭、压缩木锚杆，获 1964 年国家科委、经委、计委联合颁发的新产品二等奖。1983 年和 1986 年先后被评为北京市先进工作者和高教系统教书育人先进工作者。他主编的全国高等林业院校试用教材《木材学》（中国林业出版社，1983 年）获北京林业大学优秀教材一等奖。

8 月，《林业科学》第七届编委会成立，主编吴中伦，常务副主编沈国舫，副主编王恺、申宗圻、刘于鹤、肖刚柔、陈统爱、顾正平、唐守正、栾学纯、鲁一同、蒋有绪，至 1997 年 10 月。

9 月，申宗圻主编《木材学》（第 2 版）由中国林业出版社出版。

• 1996 年

5 月 10 日，刘业经教授奖励基金首次在京颁奖，中国林科院研究员王恺、北京林业大学教授申宗圻、东北林业大学教授周以良、南京林业大学教授李忠正、西藏农牧学院教授陈晓阳、西北林学院教授杨忠岐 6 位杰出的科研和教学人员成为这项基金的首届获奖者。其中，申宗圻教授是中国木材科学教育和现代木材科学的主要奠基人之一，也是我国首批森林工业院系的创始人之一和我国压缩木技术研究的先驱。刘业经教授奖励基金，是台湾祁豫生先生为纪念恩师中兴大学教授刘业经先生而创立，2005 年基金更名为海峡两岸林业敬业奖。

• 1997 年

11 月，《林业科学》第八届编委会成立，主编沈国舫，常务副主编唐守正、洪菊生，副主编王恺、刘于鹤、申宗圻、肖刚柔、陈统爱、郑槐明、顾正平、蒋有绪、鲍甫成，至 2003 年 2 月。

是年，张文杰通过北京林业大学博士论文答辩，题目是《木质刨花板中刨花与加工变量的互补效应》，指导教师申宗圻。

• 1998 年

9 月，《木材科学家申宗圻教授》刊于《北京林业大学学报》1998 年第 5 期封二。

是年,《木材学》获国家林业局科学技术进步奖三等奖,完成单位中国林业科学研究院木材工业研究所、安徽农业大学、北京林业大学、中国林业出版社,主要完成人成俊卿、鲍甫成、柯病凡、李源哲、申宗圻。

● 1999 年

9 月 8 日,国家林业局党组成员江泽慧专程赶往北京林业大学看望教师代表,并借此向全国林业行业各级各类院校的教师、教育工作者致以节日的问候,期间走访著名木材专家申宗圻教授。

12 月,《中国科学技术专家传略·农学编·林业卷 Ⅱ 》由中国科学技术出版社出版,申宗圻入选。《中国科学技术专家传略》分为理学编、工程技术编、农学编和医学编,第二期工程已经出版 12 卷 13 册,563 万字,记载了1921—1935 年间出生的中国现代杰出的科学技术专家 744 名,其中第 26 ~ 30 页载申宗圻。

● 2004 年

1 月 13 日,国际木文化学会记者在申宗圻先生家中进行了专访(专访记者王悦、李莉、林良交,志愿者严亚明)。

申宗圻在谈到对林业的理解及其包含的内容时说:早期林业的发展不如农业快。因为树木的生长需要一个比较长的时间。人是从森林中走出来的,从最早的钻木取火、用木材来盖房子,到现在人们家里面还在使用木地板,买家具也都买比较高级的实木家具,可以说人们对木材的利用已经有很长的历史。另外,木材可以自然分解,来自天然,最后还是回到自然,不用担心木头到处堆积。它是最早的天然原料,直到现在人们都离不开它。木材最早用来盖房子、做工具,到后来用于做燃料、造纸,现在人们甚至用木材来做人造丝。木浆是造纸的最好原料,但也存在一个缺点,就是木浆造的纸用久了容易发脆、变碎。这是因为木材中存在的木素容易降解的缘故。发展到现在,要提倡多种树。没有林业就没有农业、没有森林就不能有木材,所以林业是一个最长久的专业。同学们从林业大学毕业后,要知道"什么是林业"?如果连"什么是林业"都不知道,那就不应该了。至于"什么是林业",我觉得可以引用美国第一任林业局局长的话进行了概括。"林业"就是通过最合理、明智的利用,达到保护、发展林业的全过程,其中包括造林、经理等。虽然现在国家鼓励种植人工林，但是我们要清楚小树是不能代替大树所起的作用。比如说，工厂里一千个孩子不能代替一千个老师傅进行生产。林业不仅仅要用数量，还要有质量，因此林业的内容非常丰富。不仅是利用，还有育种、保护等。林业不光是利用森林资源，还要保证林业的可持续发展。

申宗圻在回忆一下早期的林业教育情况时说：新中国成立前林学院是农学院的一个系，规模较小，地位不高。新中国成立后林学院脱离农学院而独立存在。新中国成立前学林的人都归在农学院，一般，农学院中都有林学系。大概在1952年前后，林学院纷纷建立。新中国成立前老一辈林业学者也不少，其中最著名的是中国首任林业部部长梁希、金陵大学（现南京大学）树木学专家陈嵘先生。老一辈的人中一部分人是在日本留学，一部分人是在德国，另一部分人是在美国，20世纪初就到国外去念书了。比如，在日本的以梁希为代表，他在校时主要研究林业化学。在美国留学的有陈嵘、韩安、凌道扬和国民党农业部林业司司长李顺卿。他们学成回国后，国家没有对他们做出合理的安排。他们中大部分做了官，有的教书，也有的改了行。那时候的林业教育主要做树木分类，它不需要特殊的仪器设备、主要是采集标本，植树鉴定，这部分在国际上都很有名气。哈佛大学植物园每年给中国学校津贴，让他们帮助自己采集标本。当期的林业主要分造林、经理、利用三大类，不像现在分得那么细，大部分的学生这三方面都要学，与农学院的稻、麦、棉不同。当时有外国的教师在中国教书，例如美国水土保持专家罗德·梅科（音译），他在中国教书的同时，积累了丰富的经验，把中国的梯田等引入了美国，康奈尔大学农学系主任拉夫（音译）都曾在中国教书，也教了不少中国学生，诺贝尔文学奖得主 Pearl Buck（赛珍珠）《大地（The Good Earth）》的丈夫也曾经来到中国吉林大学教授农业经济，还在中国农村地区进行了一些调查活动。

申宗圻在谈到木材科学与技术专业的特点时说：木材科学与工程专业是永久的、最好的专业，是最合理地利用森林资源，达到保护环境，维护生态平衡的全过程。其研究的是天然的资源，木材永远不会被淘汰，而且森林可以美化环境，净化空气。木材是最古老的资源，其应用于各行各业，其再生性是其他材料代替不了的。随着人类对木材的研究逐步深入，其开发研究领域也越来越广，人们对木材的综合利用越来越高，木材将带给我们无穷的好处。

申宗圻谈到对木材科学的教与学时说：现在的学生学的知识都太单薄，基础都不扎实。打好基础很重要，因此学习必须要有教学计划，既要学的多又要学的好。要在短时间内，学习到更多的知识，就需要打好坚实的基础。老师教的是已有的知识，智慧只能靠自己去发展。老师在教学的过程中，要激发学生的智慧，让学生举一反三。老师再好，也不可能知道所有的知识，所以启发学生的本身的智慧是很重要的。有些老先生讲课的时候只传授一些概要，有些年轻老师觉得讲得不全，还不如自己讲得好。我认为，学生跟着老师讲的学，学得再好也只能达到老师的水平。教育的关键是要让学生受到启发，能够自己找书，自己看书，学会自己钻研。老师可以多讲一些书外的知识，书上已有的内容可以让学生自己去看。老师教出来的学生应该青出于蓝。他认为，基础课很关键，必须挑有经验的教师。我念大学一年级的时候，所有课程的老师都是最好的老师，因为这些老师都比较有经验，同样的一个概念，他们可以用一句话说得很清楚。我从电台里听到这样的一件事：北大数学研究所的所长问学生什么是代数。他说代数就是用一个符号代替一群数字。他之所以能用一句话把代数的概念准确地表达出来，是因为他把这个知识学得很透彻。只有把厚书能念薄，薄书能念厚，才算把书念通了。学习有一个时间的限制，一般是四年或者五年，因此必须确定灵活的教学计划。即规定最基础的课程，按照社会需要确定其他的专业课程。等四年毕业后，学生都是社会需要的人才。根据社会需要，确定必修课，制定灵活的教学计划，才能培养出人才。比如说，我们学木材的人，不学"树木学"，我觉得这是不对的。因为树木是木材的载体，有关木材的很多知识都来源于树木学，所以我觉得我们应该学一些树木学的知识。如果你可以把什么是木材说得很清楚，就证明你是学通了。什么是"材"？"材"是一定尺寸的东西。人才和木材、钢材一样，必须具备一定的规格尺寸，只有具备了一定的道德品质和学识才能称之为人才。虽然我们把 timber\log 等都叫作木材，但是他们都有自己不同的规格尺寸。我们培养一个人，不是把这个人养大了就可以了，还要让他具备一定的品德、素质。什么是"学问"？就是学了，再提问。学生必须把知识学通学透才能提出问题解决问题。中国学生有一个普遍的问题就是不爱提问。老师讲完了问，大家会了吗？讲台下没有人回应。这和外国学生有很大的差异。外国学生会积极地问老师问题。之所以可以提的出问题，这说明他对学习的内容已经了解到了一个深度，解决了一个问题必然出现另一个问题。正是如此，科学技术才能不断进步。

申宗圻在回忆早期的主要林业院校的创建过程及相关人物时说：提到中国的

林业教育，就要提到张钧成先生。张钧成先生的一生就是一部林业教育史，编写了林业教育史，从事全面林业教育，于2001年因病去世。他的生平在北林50周年校庆上有介绍。唐耀编写了中国最早的一本木材学，题目叫《中国木材学》，商务印刷馆出版。唐耀从东南大学毕业后，在北京静生生物研究工作。当时的所长钱崇树，是一位植物学家。他和他的同事一起从事包括树木、植物、草本在内的分类工作。其中代表人物有郑万均、吴中伦等，在所里做采集员。后来，吴中伦先生还曾担任过中国林业科学研究院的院长。中华人民共和国成立前没有林学院，新中国成立以后，梁希担任了第一任林业部部长，然后才有林学院。同一时期，还有一位专家叫作陈嵘，从事树木学研究。梁希与陈嵘是同辈，也是好朋友，两个人书信来往都是作诗，非常有意思。林业教育始于新中国成立后。1952年成立的北京林学院、东北林学院、南京林学院是中国正式林业教育的开始。所以说，当时的农业发展要比林业快。当时林学院规模很小，只是农学院的一个小系。新中国成立前金陵大学可能是最早有农林专业的大学。那时候北京大学没有农学院，北京有一个北京农业大学。后来北京农业大学改成了北平农业大学。刚成立时，林学系没有分那么多专业，主要分造林、经理、利用三大类。分类很粗放，说明当时林业很不发达。学生使用的教材大多是学习日本的教材，比如，森林利用学、林产制造学、森林经理学等。很多林学专业术语也是学习日本的，如细胞等术语。1941年底到1942年初，中央林业研究所成立于重庆歌乐山。首任研究所所长是韩安，号竹坪。韩安留学美国加利福尼亚大学林学系，回国后当了官，和冯玉祥很接近。抗日战争时期，南京被日本占领，中央大学搬迁到重庆沙坪坝，梁希是林学系主任。韩安把利用组搬到了沙坪坝。手底下有几员大将，有张楚宝、周慧明、周光荣等。1943年，梁希把林业利用组带到了中央大学。当时林学系规模很小，分造林组、经理组和利用组等几个组。利用组领导人物是朱惠方，曾留学德奥帝国。早期学林的人也不少。韩安，他去留学时还扎着辫子，正值李鸿章办洋学的时候。1935年唐耀在静生生物研所的时候编写了《中国木材学》，其中介绍了木材分类、木材解剖、木材力学等很多方面的东西。其间，唐耀去了美国耶鲁大学向当时该校林学院院长（一位研究木材解剖的专家）学习木材学。耶鲁大学林学院的历史很悠久，而且只招研究生，不招本科生。去美国耶鲁大学留学的还有李顺卿，后来当了国民党农林部林业司司长。朱惠方从金陵大学辞职，到中央林业研究所任副所长。当时研究的都是一般的林业，如造林、经理等。真正接触近代林业是从那时以后。耶鲁大学是美国最早创办林学院的学校，而且自创办开始就是研究生院，是美国最好的林业院校。最早美国搞利用是从防腐做起，如用木材做枕木、电杆等。木材防腐协会是美国最早的林业协会。美国林产研究所也是从做防腐开始的，到现在有 100 多年历史了。我 1965年去的时候，正值美国林产研究所建所 75 周年。当时的研究所所长叫 Henter，也是搞木材防腐的。他和耶鲁大学植物利用学家 Gualtier 合作写了一本《木材防腐学》，于 1931 年出版。1923 年到 1924 年在耶鲁大学学习的还有万晋，回国后做了国民党的官。当时还有一些在德国学习林业的人。但回国之后都当了国民党的官而没有从事本专业。在这之后，才有了真正分搞木材各专业的。汪振儒先生是其中最具代表性的人物。汪先生是广西人，自清华大学毕业后，从广西去了美国，1941 年"珍珠港事件"时回国。北京林学院的前身是北京大学农学院。在此之前，北京大学从来没有农学院。当时北京大学的校长是胡适。胡适极力主张要办一个农学院。他说要把林学院办成像北京协和医科大学一样，可以培养博士研究生。1946 年，北京大学农学院成立，院长是俞大绂。同年，清华大学也成立了农学院。后来清华大学农学院变成了国际关系学院。当时清华大学农学院院长是生理学家汤培生。北京大学农学院是院长是植物病理学家俞大绂。成立农学院必须要有基础。1935 年清华大学成立农业研究所，为成立农学院培养人才。当时的所长是植物病理学家戴芳澜，他领导了一大帮知名学者。有后来去北京大学农学院当院长的俞大绂、清华大学农学院院长汤培生、楼承厚（音）等。北京大学农学院成立时，我跟着俞大绂老师等人来了北京。当时只有森林系，汪振儒先生做了系主任。1949 年中华人民共和国成立后，华北大学乐天宇提倡学习苏联。他把北京大学农学院、清华大学农学院和华北大学农学院合并为北京农业大学，自己做了校长。我 1943 年调回金陵大学担任助教，当时正值国民党统治时期，招收国费留学生。当时，我也想报名，但是刚刚到学校就报名留学觉得有些不好意思，所以就没有去报名。学校里另一位老师李阳翰去报名了，他也给我报了名。后来我们经过考试，考了树木学，森林利用学以及外语，一共 11 个人被录取了，我也是其中之一。因为我是在外国语学校上的中学，因此外语考试没有问题。我们是 1944 年去的美国，抗战胜利以后，1946 年就回来。留学的所有费用都是国家承担。现在，我们的专业总是爱改名字，这点不好。外国人很认名字，一旦改名，就不承认你。比如"同仁堂"的药，要是不叫"同仁堂"了，在国外就没有市场了，以前，我们出口胶合板，"祥泰"是当时很有名的牌子，就应该一直用这个名字，一改名就没有人认识了。再如北京大学直到现在还沿用旧时"PK"大学。北林以前有一位教授叫冯建豪，从广州中山大学分配过来，在北京林业大学学习，当时我是系主任。1956年，由华南工学院造纸系毕业。在"文革"中，冯建豪夫妇没有参加活动，在家中学习，有时候也会找我切磋一些问题。"文革"结束后，冯建豪去美国缅因大学学造纸。我国最早一批学习造纸的留学生基本上都是去的是缅因大学，这所大学的造纸系很有名，毕业后回华南工学院，后又去弗吉尼亚大学深造。冯建豪留学期间认识了马来西亚华侨韩大卫。韩大卫在日本读硕士，在美国读博士，是弗吉尼亚大学的副教授。他非常想来中国，后来联系到了我，希望能来中国。他自费来中国后，由中国负责他食宿。欧年华去美国后，一去不返。他先去在弗吉尼亚大学读了硕士，后去了南加州攻读博士学位。听说弗吉尼亚大学办了博士后流动站就回了弗吉尼亚大学，毕业后一直没有回国。南京还没解放，朱惠方从东北去台湾，在台大学习了几年，后又去了美国，一年后回国。Sukey 通过冯建豪联系到了我。他提出要来中国。我跟他说他自己出路费来中国，由学校负责他食宿。他一个人来了中国，来了三个星期。我要求他讲三个星期的课。他讲自己写的那本书 "Water in wood"里的内容。Sukey 的系主任通过 Sukey 问我他能不能来中国。我曾经看过他的文章，觉得可以让他来讲讲细胞解剖，就让他来了。他也来了三星期，讲了三星期的课。他在美国很有名气，是一个林业研究所的所长。他来中国的时候，已经快退休了。有人说能请到他来，我的本事不小。前前后后邀请过很多外国专家来学校讲学，对我们的学习、研究、教育工作很有帮助。

● 2005 年

2月20日，申宗圻逝世。申宗圻与朱淑仪育有二子，申功迈、申功诚。《申宗圻教授生平》：我国著名木材学家、教授、博士生导师，北京林业大学创建人之一申宗圻先生，于2005年2月20日16时30分在北京不幸逝世，享年88岁。申宗圻，男，祖籍江苏苏州，1917年9月生于北京。1940年毕业于南京金陵大学应用植物系，获理学学士学位。1940—1944年先后任四川省农业改进所技士和金陵大学农学院讲师。1945年赴美国耶鲁大学林学院进修木材科学与工艺。1946年8月回国，相继在北京大学农学院、北京农业大学任讲师。1952年后历任北京林学院（1985年改称北京林业大学）讲师、副教授、教授，并当选为第一届工会主席。1958—1983年任北京林学院森林工业系副主任、主任。曾任中国林学会第二、三届理事，中央林业部科学技术委员会委员，中国林学会木材工业学会第一、二届副理事长和木材科学学会首届理事长，《林业科学》编委会第六、七、八届副主任。申宗圻教授还是全国高等林业院校木材加工专业教材编审委员会副主任委员。1985年，经国家教委批准为我国木材学学科首位博士生导师。申宗圻教授从事木材科学的教学与研究60多年，为发展我国木材科学培养了大批德才兼备的大学本科生和研究生。1952年起他积极参加北京林学院建校工作，1958年他积极参与了北京林学院森林工业系的筹建和完善工作，是我国第一批森林工业本科教育院系的创始人之一。"文化大革命"中期（1972年），他组织部分教师与东北林学院、南京林学院和中南林学院的同行在上海共同编写了木工专业7门主要专业课程的教材，为1973年恢复招生准备了教学用书，同时也为"文革"后全国林业院校统编教材奠定了基础。申宗圻教授为我国木材学学科和森林工业教育的发展，呕心沥血，勤恳工作。他先后选派15名教师出国进修或深造，还先后邀请了多位外籍教授来校做短期讲学，对提高我校森林工业的学术水平，起到了很好的作用。申宗圻教授早在50年代初，就在我国率先选题"木材改性研究"，以期补充我国珍贵硬质木材短缺问题。他与第二机械工业部所属单位合作，试制成功了高密度球磨机用木质磨球，用于生产特殊化学产品。嗣后，又与北京国棉二厂试制成功压缩木织布木梭，替代了当时极为短缺的青冈栎木梭。此外，用压缩木制成矿井巷道锚杆代替坑柱的研究，于1964年曾获国家计委、经委和科委联合颁发的"新产品"二等奖。压缩木磨球、压缩木梭和压缩木锚杆的研制成功不仅减少了对珍贵硬质木材的需求，而且解决了当时军工、纺织工业生产的难题，也对保护我国森林资源起到了积极作用。申宗圻教授发表过《木材材色的定量特征》等数十篇论文和《木材与纤维化学》《木材学》《木材压缩与弯曲》《碎料板》等译著。他还参与撰写了《中国大百科全书·农业卷》《中国农业百科全书·森林工业卷》有关条目和《森林利用学教材》。他主编的高等院校统编教材《木材学》（1983年新版，1993年第二版，修订本）曾获学校优秀教材一等奖。由于对林业事业的杰出贡献，1996年被授予首届台湾刘业经教授基金奖。申宗圻教授还于1983年和1986年先后被评为北京市先进工作者和高教系统教书育人先进工作者。申宗圻教授治学严谨、学识渊博，成为中国现代木材

学言奠基人之一，半个多世纪以来他为中国木材学科与高等教育事业，为北京林业大学森林工业教育的发展做出了巨大贡献。他为人正直、热情，工作兢兢业业、克己奉公，他忠于党的教育事业，为人师表，教书育人，桃李满天下，是当代著名的林学家和木材科学家。

● 2007 年

是年，北京林业大学申宗圻木材奖设立。申宗圻先生是我国木材学科奠基人之一，其学生欧年华博士为纪念申宗圻先生对木材学科发展的成就，弘扬治学精神，表达敬爱之情而设立，用以奖励木材学科优秀论文。

● 2009 年

11 月，《木材科学家申宗圻教授》刊于《中国林业教育》2009 年第 27 卷增刊第 2 期 5 页。

● 2010 年

5 月 20 日，克力宝胶粘剂公司向北京林业大学申宗圻木材奖捐赠 10 万元，借以弘扬我国木材学科奠基人之一的申宗圻先生的治学精神和促进木材学科的发展。

王 恺 年 谱

王恺（自中国林业科学研究院木材工业研究所）

1917 年（民国六年）

11 月 14 日，王恺（Wang K.，Wang Kai），字锡命，生于湖南省湘潭县。

1936 年（民国二十五年）

7 月，王恺从长沙岳云中学毕业。

9 月，王恺考取西北农学院森林系。

1937 年（民国二十六年）

8 月，王恺、冯钟粒、赵钻统、陈桂陞、毛庆德《太白山实习学生致校长函（一）》刊于《西北农专周刊》1937 年第 2 卷第 4 期 21 页。同期，赵钻统、陈桂陞、王恺、冯钟粒、毛庆德《太白山实习学生致校长函（二）》刊于 21 ～ 22 页。

1939 年（民国二十八年）

9 月，国民政府经济部中央工业试验所在重庆北碚创建木材试验室，负责全国工业用材的试验研究，这是中国第一个木材试验室。试验室编印《木材试验室特刊》，每号刊载论文一篇，至 1945 年共出版 45 号。该刊刊登木材、林业生产研究论文、木材应用试验分析报告、重要木材用途简表、不同地区重要商用材及其材性简编、林产术语释义、技术丛编等。

10 月，上海木业股份公司艾中全和上海木业界上层人士李宜椿、蔡和璋、曹楚宝、忻元爵等人发起创立上海市木业教育促进会。艾中全，学名宗潜，上海市川沙县养正村人，生于 1909 年，1938 年 10 月在上海加入中国共产党，从事统战工作，组建上海木业股份公司等为上海地下党筹措党费。1949 年 5 月 27 日上海解放后，任军管会贸易处代理部主任，9 月调任华东贸易部对内业务处处长；1955 年调任商业部物价局副局长、局长；1982 年离休，1983 年 3 月又经国务院任命为国务院物价小组办公室副主任，1985 年 2 月辞职，2006 年 11 月 9 日去世，享年 89 岁。

1940 年（民国二十九年）

3 月，为了进行爱国抗日的宣传教育，使沦落在孤岛上的木业界有识之士和广大木业职工振奋精神，团结起来，争取光明的到来，艾中全以上海市木业教育促进会出版委员会的名义，亲自主持创办了中国木材行业的第一本刊物《木业界》。3月5日出版《木业界》创刊号中确定的办刊宗旨："希望本刊是全木业最忠实的朋友，希望本刊是全体从业弟兄们最自由的园地，希望本刊成为全体从业兄弟们自我教育的学校，希望全木业界——从本市的到全国的，因为有了本刊而消除了世纪来的隔阂打成一片，合力负起民族经济的建设任务。""千百年散漫沉寂的木业界中出现了本刊，这好比黑漫漫的长夜里点起第一支烛光……横在我们面前是条艰苦而崎岖的长路，光明是一定会来临的，但也许等着我们去追寻，我们所处是个动荡激变的大时代，因之本刊所负也将是有着非常使命的重任。"24页一月一人介绍张效良。张毅（1883—1936年），字效良，上海南汇县沙渡庙人。清光绪七年（1881年），其父在南市董家渡开设福隆久记木行，为上海知名木行之一。光绪三十二年，他追随上海近代建筑业的创始人杨斯盛，捐资组织上海水木公所。光绪三十四年，联合顾兰洲、江裕生等捐资创办水木公学。宣统元年当选为上海水木公所董事。宣统三年当选为上海水木公所董事长。承建的主要工程有中汇银行大厦（新中国成立后曾为上海博物馆）、东方旅社（现市工人文化宫）、大上海电影院、广慈医院（今瑞金医院）、模范村住宅群、公和祥码头、其昌栈以及"内外棉"系统的一批厂房。五四运动期间，他所主持的水木公所，连续在《申报》上发表声明，号召建筑界"万众一心，坚持到底"，并捐款支持学生。民国十九年，水木公所改组为上海市营造厂同业公会，张毅被推选为主席委员。民国二十五年，中国建筑展览会在上海举行，张毅被推举出任副会长。民国二十五年6月1日去世，年仅54岁，8月29日黄炎培在追悼会上演讲称张毅"公正、热心、切实、和平、精干、眼光远大、勇敢"。

6月，中央工业试验所木材试验室毁于日机轰炸。

8月，中央工业试验所木材试验室迁至乐山。

9月，王恺毕业于西北农学院森林学系，获农学学士学位。看到中央工业试验所木材试验室招聘广告，王恺应聘任中央工业试验所木材试验室森林利用研究生。

6月19日，中央工业试验所木材试验室与王恺签订《聘书草约》（第3号）森林利用研究生，木材试验室8月2日复函接受。

12月5日，《木业界》第一次停刊，共出版10期，发表文章280多篇。

● 1941 年（民国三十年）

3 月，王恺《西京市木材业之初步调查》（中央工业试验所木材试验室调查报告）刊于《中央银行经济汇报》1941 年第 3 卷第 6 期 35 ~ 42 页。

6 月，王恺《嘉定市木业之调查》刊于《中行经济汇报》1941 年第 3 期 11 ~ 12 页。

7 月，王恺《中国西南林区之初步比较》刊于《农业推广通讯》1941 年第 3 卷第 7 期 38 ~ 42 页。

10 月，《中华林学会会员录》刊载：王恺为中华林学会会员。

11 月，王恺《成都市木材业之初步调查》刊于《经济汇报》1941 年第 4 卷第 11 期 63 ~ 74 页。

12 月，王恺《乐山木材业之初步调查》刊于《工业中心》1941 年第 9 卷第 3、4 期 1 ~ 9 页。

12 月 30 日，王恺《陕西核桃品种之初步研究》刊于中华自然科学设编行《科学世界》（战时版，双月刊）1941 年第 10 卷第 6 期 395 ~ 406 页。

● 1942 年（民国三十一年）

1 月，王恺《成都市木材业之初步调查》刊于《经济部中央工业试验所研究专报》1942 年第 133 期 1 ~ 10 页。

1 月，王恺《伐木制材报告（一）：川西伐木工业之调查》刊于《木材试验室特刊》1942 年第 3 卷第 25 期 3 ~ 21 页。

7 月，王恺《木材的好坏》刊于《农业推广通讯》1942 年第 7 期。

7 月，王恺《论吾国之锯木工业》刊于《科学世界》1942 年第 11 卷第 4 期 193 ~ 198 页。

8 月，王恺《峨边沙坪伐木工业之调查》刊于《工业中心》1942 年第 3、4 期 1 ~ 8 页。

8 月，王恺、刘晨《西京市木材调查之摘要》刊于《农业推广通讯》1942 年第 8 期。

8 月，在中央工业试验所的协助下，唐燿在乐山购下灵宝塔下的姚庄，将中央工业试验所木材试验室扩建为木材试验馆，唐燿任馆长。根据实际的需要，唐燿把木材试验馆的试验和研究范畴分为八个方面：①中国森林和市场的调查以及木材样品的收集，如中国商用木材的调查；木材标本、力学试材的采集；中国林区和中国森林工业的调查等。同时，对川西、川东、贵州、广西、湖南的伐木工业和枕木资源、木材生产及销售情况，为建设湘桂、湘黔铁路的枕木的供应提供了依据。还著有《川西、峨边伐木工业之调查》《黔、桂、湘边区之伐木工业》《西南木业之初步调查》等报告，为研究中国伐木工业和木材市场提供了有价值的实际资料。②国产木材材性及其用途的研究，如木材构造及鉴定；国产木材一般材性及用途的记载；木材的病虫害等。③木材的物理性质研究，如木材的基本物理性质；木材试验统计上的分析和设计；木材物理性的惯常试验。④木材力学试验，如小而无疵木材力学试验；商场木材的试验；国产重要木材的安全应力试验等。⑤木材的干燥试验，如木材堆集法和天然干燥；木材干燥车间、木材干燥程序等的试验和研究。⑥木材化学的利用和试验，如木材防腐、防火、防水的研究；木材防腐方法及防腐工厂设备的研究；国产重要木材天然耐腐性的试验。⑦木材工作性的研究，如国产重要木材对锯、刨、钻、旋、弯曲、钉钉等反应及新旧木工工具的研究。⑧伐木、锯木及林产工业机械设计等的研究。

8月，国民政府交通部、农林部筹办木材公司，委托中央工业试验所木材试验室主任唐燿组织中国林木勘察团，调查四川、西康、广西、贵州、云南五省林区及木业，以供各地铁路交通之需要，共组织五个分队，结束之后均有报告问世，唐燿为之编写《中国西南林区交通用材勘察总报告》。其中西南队由王恺担任，勘察赤水河流域附近之森林，都柳江（都江、榕江、融江）一带之林木，以及桂林、长沙等地木业市场。其由乐山出发，沿长江而下，调查宜宾、叙永、古蔺、赤水、合江等地之森林及木业；复由贵阳乘车至都匀，经墨充步行转黄山勘察森林，更乘车往独山，起旱至三都（三合都江），沿都江乘船赴榕江；路行至黎平、从江（用从下江）、榕江三县交界之增冲、增盈勘察森林，调查伐木；再沿榕江下行，经从江、三江至长安镇，调查木业。抵融县后，曾由贝江河溯流而上，至罗城三防区之饭甑山，勘察森林，调查该区伐木状况后，折返融县，沿融江经柳城至柳州，乘车至桂林，调查该二地之木业情况；复乘湘桂路往湖南之衡阳，转粤汉路往长沙，调查木业，沿湘江，经洞庭湖边境至常德，转桃源之辄市调查木业。此行经过四省，历时约四月。

10月，王恺《陕西核桃品种之初步研究》刊于《全国农林试验研究报告辑要》1942年第2卷第4、5期71页。

是年，王恺任中央工业试验所木材试验室技士。

● 1943 年（民国三十二年）

2 月，王恺《林木研究通俗讲座（七）：中国木材工业及木材用途的初步观察》刊于《农业推广通讯》1943 年第 5 卷第 2 期 24 ~ 26 页。

6 月，唐燿、王恺《林木研究通俗讲座（十一）：吾国战后十年内工程建国上所需木材之初步估计》刊于《农业推广通讯》1943 年第 5 卷第 6 期 44 ~ 48 页。同期，唐燿、王恺《林木研究通俗讲座（十一）：中国木材储量及伐木量之初步估计》刊于 48 ~ 50 页。

7 月，王恺《中国西南林区之初步比较》刊于《农业推广通讯》1943 年第 5 卷第 7 期 38 ~ 42 页。

8 月，王恺《西南木业之初步调查》刊于《林木勘查团专报》1943 年第 8 期 1 ~ 12 页。

10 月，王恺《西南木业之初步调查》刊于《中农月刊》1943 年第 4 卷第 10 期 52 ~ 66 页。

11 月，王恺《成都市木材业之初步调查》刊于《农业推广通讯》1943 年第 11 期 40 ~ 48 页。

12 月，王恺《林木研究通俗讲座（十七）：西南木业之初步调查（川南、贵阳、桂林、长沙）》刊于《农业推广通讯》1943 年第 5 卷 12 期 72 ~ 82 页。

12 月，王恺《伐木制材报告（三）：黔、桂、湘边区之伐木工业》刊于《木材试验室特刊》1943 年第 33 ~ 38 期 18 ~ 28 页。该期为《木材试验室特刊》停刊号。

是年，国民政府经济部决定公费派送王恺到美国密执安大学深造，继续攻读木材技术科学。

● 1944 年（民国三十三年）

3 月 13 日，《中央日报》刊登王恺《吾国森林资源与工业》。

7 月，王恺《西南木业初步调查报告》刊于《湖南省银行经济季刊》1944 年第 7 期 243 ~ 258 页。

8 月，王恺赴美国密执安大学林学院研究生部学习。

12 月，王恺《吾国森林资源》刊于《农报》1944 年第 9 卷第 7 ～ 12 期合刊 141 ～ 142 页。

● 1945 年（民国三十四年）

9 月，王恺毕业于美国密执安大学林学院研究生部，获木材工艺硕士学位，论文题目 "A Preliminary Study on Staypak Master Thesis"《压缩木的初步研究》。

11 月至 1947 年 6 月，王恺在美国林产品研究所、加拿大林产品研究所及有关木材加工工厂参观、考察。

● 1946 年（民国三十五年）

7 月 15 日，抗日战争胜利后，艾中全同志从西南返回上海，《木业界》续刊。

● 1947 年（民国三十六年）

7 月，王恺由旧金山乘美国总统号游轮回国，任上海中央工业试验所工程师兼木材工程实验室主任。

10 月 10 日，《林业通讯》（创刊号）9 页载：本所业经聘请中央工业试验所木材试验馆副主任王恺为木材工艺系名誉技正，协助办理木材加工厂事宜。

● 1948 年（民国三十七年）

6 月，王恺、刘晨、魏亚《中国重要针叶材》刊于《木业界》1948 年新第 2 卷第 8 期 178 ～ 180 页。

8 月，王恺、刘晨《中国重要阔叶树》刊于《木业界》1948 年新第 2 卷第 9 期 1 ～ 19 页。

8 月 30 日，《木业界》第二次停刊，共出版 21 期，发表文章 240 多篇。

9 月，王恺《木材之热性质》刊于《热工专刊》1948 年第 3 期 11 ～ 19 页。

12 月，王恺《上海市之软木工业》刊于《工业月刊》1948 年第 12 期 24 页。

● 1949 年

1 月 31 日，北平和平解放。

3月25日，中共中央机关和中国人民解放军总部由河北省平山县迁到北平。

4月，王恺、戴昌年《伐木用斧之研究》刊于实业部中央工业试验所发行《工业中心》1949年第3、4期11～17页。

• 1950 年

3月，王恺从上海中央工业试验所调到北京中央直属修建处工作。

5月4日，北京光华木材厂建厂。王恺受党中央办公厅的委托，负责在中央供给部供给木工厂的基础上创建北京光华木材厂，担任第一任厂长兼副总工程师，亲自主持北京"十大建筑"所需主要木制品的生产与多项新产品的试制和投产。同年，兼任北京农业大学森林系教授。

8月，王恺《造船用的木材》刊于《生产与技术》1950年第5卷第4期56～57页。

11月15日，《木业界》以上海市木材业同业公会筹备委员会名义复刊。

11月20日至26日，林垦部在北京召开第一次全国木材会议，梁希部长主持会议。会议讨论了统一调配木材、管理木商、木材合理利用等问题并取得一致认识。北京光华木材厂王恺参加了会议。

• 1951 年

2月26日，中国林学会正式宣告成立，成立中国林学会第一届理事长，理事长梁希，副理事长陈嵘，秘书长张楚宝，副秘书长唐燿，常务理事王恺、邓叔群、乐天宇、陈嵘、张昭、张楚宝、周慧明、郝景盛、梁希、唐燿、殷良弼、黄范孝，理事王恺、王林、王全茂、邓叔群、乐天宇、叶雅各、李范五、刘成栋、刘精一、江福利、邵均、陈嵘、陈焕镛、佘季可、张昭、张克侠、张楚宝、范济洲、范学圣、郑万钧、杨衔晋、林汉民、金树源、周慧明、梁希、郝景盛、唐燿、唐子奇、袁义生、袁述之、黄枢、程崇德、程复新、杰尔格勒、黄范孝。

2月28日至3月8日，林垦部在北京召开第一次全国林业业务会议，确定林业工作的方针和任务是：普遍护林，重点造林，合理采伐和合理利用。并决定筹备开发大兴安岭林区。

2月，由政务院委托林垦部李范五副部长在北京珠市口惠中饭店召开全国木材节约会议，王恺应邀参加并做了《近年来木材利用的新发展》专题发言。

5月，《木业界》停刊，共出版7期，发表文章70多篇。《木业界》自1940年3月创刊，先后经历日寇侵略、国民党统治和新中国成立初三个不同历史时期，共出版38期，发表在"评论""史料专辑""木业研究""同人园地""特约专稿""茶会"等专栏各类文章近600篇。

8月13日，中央人民政府政务院发布我国第一个指导木材节约代用工作的纲领性文件——《中央人民政府政务院关于节约木材的指示》（政财字第一三五号），全国各级行政部门和广大人民对木材节约因此有了初步认识，并在具体行动上取得了一定效果。为使该项工作制度化、长期化，成立以谭震林副总理领导的"木材节约七人小组"，成员包括计委主任王光伟、物资部部长李人俊、经委负责人李哲人、中国林业科学研究院木材工业研究所朱介子副所长、谭副总理秘书吕尹波和在光华木材厂总工程师王恺负责有关事项。

8月17日，《人民日报》第1版第1条刊登中央人民政府政务院总理周恩来签署的《中央人民政府政务院关于节约木材的指示》。随着生产建设事业的逐渐开展，木材需要量亦迅速大量增加。但我国现有森林面积原不敷需要，加以森林区偏僻，运输困难，因而形成目前木材供不应求的状况。而另一方面，许多公营企业、机关、部队、学校和团体，在使用木材上，却又存在着严重的浪费和不合理的现象。为保证建设需要，除责成各级人民政府大力发动群众进行护林造林工作，以求逐渐增加木材供应量外，对木材采伐和使用，全国必须厉行节约，防止浪费。为此，特作如下指示：一、各级人民政府财政经济委员会，应根据国家缺乏木材的情况，严格审查各需要木材单位的计划，严禁虚报多领；对工程建筑计划，亦应根据木材的来源，进行严格审查，决定批准与否，以避免计划批准了、但因为木材供应不上、又使计划落空的错误，从而招致不应有的损失。二、各需要木材的部门，经国家统一计划调拨到的木材，除贸易部门外，一律不得转让或出售，违者依法论处；其有剩余木材时，应报请省以上财政经济委员会处理。三、地方人民政府除国家布置伐木任务应予完成外，不得再用采伐木材方式，解决地方财政问题，违者依法论处。四、任何公营企业、机关、部队、团体和学校，不得以任何理由用任何名义采伐木材和经营买卖木材生意，违者依法论处。五、各公营企业、机关、部队、团体和学校的一切工程建筑，应将需用木材数量切实核减至最低标准：非迫切需要的，应缓用或少用；可以其他材料如竹头、水泥、砖、石等代替的，应不用或减用。六、使用木材应本节约原则，力求经济合理：禁止大材小用、长材短用，优材省用，提倡在了解害工程安全的条件下，适当利用杨木、桦木、柳木和陈材、废材（例如矿场推行收回矿柱运动）。七、枕木、电杆和某些土木工程用材，应逐渐进行防腐，延长木料使用年限。八、造纸原料，应尽量利用竹头、芦苇或其他纤维植物；利用木材作原料的纸浆厂，不论新设或恢复和扩大旧厂，均须报经中央人民政府轻工业部会同中央人民政府林垦部批准，始得实行。九、在习惯上使用木材、木炭当作燃料的地区，除应积极推广种植薪炭林外，如当地煤源并不缺乏，应提倡逐步改用煤炭燃料，并禁止将良好的成材木料劈作燃料出售。十、奖励研究利用废材和用其他材料代替木材的发明和发现，胶合板是节省木材的一种好的利用形式，应在适当地点奖励恢复和设立胶合板厂。鼓励营造生长迅速的各种林木（如杉木、桉树、泡桐、白杨、洋槐等）。十一、各级人民政府各主管部门和监察机关，应经常注意检查各公营企业、机关、部队、团体和学校使用木材的情况，对节用木材有成绩的，予以表扬奖励；对违反本指示第二、三、四等项规定及其他有浪费木材行为的，予以惩处。十二、凡使用木材较多的单位，应由各该单位负责人员，根据本指示，召开会议，进行检讨，对今后节用木材问题作出具体决议，规定检查制度，并对干部和工人进行教育，发动他们把节约和合理使用木材订入爱国公约，使节约木材成为群众性的工作。总理 周恩来 一九五一年八月十三日

8月17日，《人民日报》发表社论《坚决制止浪费国家木材资源的行为》。木材问题，现在已成为全国的重要问题之一。中央人民政府政务院特为此发布了节约木材的指示，号召全国人民认真节约木材，坚决反对一切浪费木材的现象。这个指示是切合时宜的。因为木材是国家生产建设的重要资源之一，我们现时的情形是需要日广，资源不足，而浪费严重。各种浪费木材的现象，如不及时纠正，将对国家建设工作造成极为不良的后果。浪费木材资源的现象，目前最主要的有两个方面：第一是某些地方机关乱伐森林，第二是某些机关、部队以木材作为机关生产的主要对象。地方政府以滥伐森林为方法来解决地方财政问题，对国家木材资源是最大的威胁。从地方财政的要求出发，他们往往对所辖林区在国家布置的采伐任务之外，又大量加以采伐，有的地区的采伐量甚至比国家布置的任务大三倍以上。有的地区公开提倡"大力砍伐、大力经营来开发财源"；有的地区公开向上级请求，允许他们采伐"财政材"；有的地区为了从木材上获取暴利，不惜滥用行政权力，对私有林的木材以低价强制收购，然后以高价卖出，造

成农民大批砍伐森林的现象；有的地区为了向需要木材的工矿交通部门索取高价，竟使某些矿山发生停工待料的现象。对木材资源另一个大的威胁，是某些机关、部队、学校，为了机关生产，大规模地做木材生意。他们凭借着国家赋予它们的权力，采取了许多非法的措施。如把国家调拨给它们自用的木材私自以高价出卖；如以建筑为名作木材买卖；如利用军政机关的便利，由东北等地贩卖木材入关；甚至为了获取厚利，勾结非法私商，在购买许可证和调拨运输车辆等方面，通同作弊。有些单位公然在市场上抢购和囤积木材，造成木材市价波动，木材市场陷于非常混乱的局面。在这种情况下，真正需要木材的单位反而不容易得到木材，这对于建设事业是十分有害的。发生这些严重现象的主要原因，是有些同志对木材问题有许多糊涂思想。第一个糊涂思想是认为中国木材资源十分充足，可以取之不竭，用之不尽，根本就没有考虑过木材不足的问题。实际上，根据一般的研究，任何国家的森林面积必须占有国土面积百分之三十以上，还要分布适当，才能减免天然灾害，并在木材的供应上满足国家的需要。但我国森林面积仅占国土面积的百分之五，且多分布在偏僻地区，交通不便，开发困难，因而木材供应特感缺乏。再过几年之后，随着国家建设的进展，需要木材的数量，必然比现在要大大增加。如果我们对国家现时仅有的一些森林资源，不能厉行节约，而是随意浪费，滥加砍伐，对于我们国家今后工业建设上木材需要，是断然无法满足的。中国农业之所以不断发生水旱之灾，也正是森林不足的结果。第二个糊涂思想是只看到局部利益，没有看到整体利益。他们只看到砍伐木材和买卖木材是解决地方财政和机关生产的有效方法，而没有看到这样做已经和正在对国家造成了严重的恶果。例如北京市是木材买卖者得利最大的城市之一，木材堆积甚多，但有些必需木材的厂矿，却得不到木材的供应。以中国木材资源之不足，需要量之大，对于现有的木材资源应特别加以爱护，应尽量使之用于重要的方面，用最经济合理的方法，为整个国家经济建设服务。很显然，地方财政和机关生产的利益，若同整个国家经济建设的利益比较，是十分渺小的。我们不应该为了某些地方和某些机关目前的小的利益，而危害国家整体的和长远的利益。局部利益应服从整体利益，眼前利益应服从长远利益。第三个糊涂思想是不重视国家关于木材的法令。机关、部队、团体经营木材买卖是非法的，政府早有明文规定。但有些同志并不遵守这个规定，他们只图赚钱，把国家法令置于脑后。一九五〇年一月五日政务院财政经济委员会发出了关于分配给各单位之使用木材均下得出卖的通知，一九五〇年□月六日，政务院财政经济委员会又发出让关内各部及所属企业今后不得在东北采购木材的通知，一九五一年四月二十七日政务院财政经济委员会又发布了关于木材供应及收购问题的决定。所有这些法令，均未被严格遵守，这是完全不应当的。有些同志以政府允许机关部队从事"土产交流"为借口，认为经营木材买卖仍是合法的。须知"木材"非一般"土产"，而且政府早有规定，不能以此为非法贸易辩护。当然做这些违法贸易的干部中，并不是全都知道法律的。有些人是明知故犯，他们以为"赚钱反正是为公，犯点法，没关系。"于是理直气壮地从事木材买卖。另外有些人则是对自己业务有关的各种法令，素来采取不闻不问的态度，于是糊里糊涂地犯了法令。这两种人虽然表现形式不一样，其犯法则一。为了停止一切在木材问题上违反法令的现象，对于那些不遵守法令的人应给以适当的处分。政务院在节约木材的指示中，一再强调"违者依法论处"的原则，是完全必要的。反对浪费木材，是一个紧急的斗争任务。有关地区的党政领导机关，应根据政务院关于节约木材指示的精神，首先在干部中进行思想教育，展开思想批评，务使所有干部都能了解我国木材资源缺乏的情况及森林对国家经济建设的重要性，反对狭隘的局部观点，制止一切违法乱纪的行为，把政务院这一指示贯彻到实际的行动中去。当日《人民日报》还刊登了《北京永茂公司违法经营木材贸易 木材联合检查组已对该公司进行检查》《奉政务院指示 成立木材联合检查组 暂以北京为中心进行检查》《东北森林工业管理工作混乱 木材不合规格好坏不分造成许多浪费 用材部门只知要红松而不主动利用杂木的现象也应纠正 反对浪费木材，反对滥伐林木！》《西南各地滥伐木材损失很大 林业机关和各有关部门应及时制止 反对浪费木材，反对滥伐林木！》。

● 1952 年

7月，高等教育部全国农学院院长会上拟定高等农学院系调整方案，决定筹建北京林学院、华东林学院和东北林学院，并建立相应的木材工业专业。

12月，政务院林垦部西南木材试验馆13人从四川迁北京并入中央人民政府林业部林业科学研究所（筹）。

是年，王连增任北京光华木材厂党委书记，齐庆祥任常务副厂长，王恺兼任厂长。

• 1953 年

是年，王恺被定为工程师一级，月工资 345 元。

11 月，郑止善编著《木材保存学》由上海永祥印书馆出版。郑止善（1913—1990 年），江苏武进人，1936 年毕业于金陵大学，后赴美国俄勒冈州大学获硕士学位。先后任浙江大学、东北林学院、浙江农学院副教授，浙江林学院副教授、教授。长期从事木材科学与技术的教学与科研工作，著作有《除虫菊》（正中书局，1944）、《五倍子》（正中书局，1945 年）、《木材气干法》（商务印书馆，1953 年）、《木材窑干法》（上海永祥印书馆，1954 年）、《变性木材（增订本）》（商务印书馆，1956 年）、《木材弯曲技术》（科学技术出版社，1956 年）、《木材介质电热技术》（森林工业出版社，1957 年）、《木材保存学（增订本）》（科学技术出版社，1957 年）、《锯屑利用》（郑止善编译，中国林业出版社，1959 年）、《胶合木结构技术》（郑止善编译，科学技术出版社，2010 年）。

12 月，北京光华木材厂成立党总支，王连增任总支部书记。

• 1955 年

是年，北京光华木材厂总工程师王恺获北京市劳动模范称号。

• 1956 年

1 月，魏亚、黄达章、白同仁《对发展我国木材科学的初步意见》刊于《科学通报》1956 年第 2 期 81 ～ 82 页。文章中提出：随着国民经济建设的飞速发展，木材用量正以空前的速度在日益增长，因此节约与合理利用木材已成为科学工作者面临着的重大任务。

1 月，党中央发出了"向科学进军"的号召，随后国务院成立了科学规划委员会，调集有关专家学者共同起草制定了《1956—1967 年全国科学技术发展远景规划》（简称"十二年科学规划"），林业小组包括邓叔群、郑万钧、周慧明、侯治溥和王恺共 5 人。

7 月，应苏联、芬兰、瑞典、挪威和民主德国的邀请，在森林工业部刘成栋（刘达）副部长的率领下，王恺和周慧明、唐燿、葛明裕、黄希坝以及翻译毕国昌、李光达前往以上五国参观学习木材综合利用的新经验，前后共费时一月有余，收获丰富。结合我国国情林情，确定了我国木材发展思路：以人造板为主，从造板中又以纤维板为主。经向部党组和中共中央农村工作部领导汇报后，得到同意。随后，即在伊春建设工厂，引进瑞典年产 1.8 万吨硬质纤维板的设备一套，又在北京木材厂制造自行设计的设备，全国各地也纷纷建立年产几千立方米的工厂。

9 月 22 日，森林工业部第 13 次部务会议决定成立森林工业科学研究所，任命李万新为筹备主任，张楚宝、唐燿、成俊卿、黄丹、贺近恪为委员。

● 1957 年

2 月，光华木材厂总工程师王恺当选为北京市建材系统北京市人大代表。

3 月 14 日，中国林业科学研究院森林工业科学研究所成立，李万新兼任所长，任职至 1963 年 4 月。

3 月，郑止善编著《木材保存学（增订本）》由科学技术出版社出版。

7 月 22 日，国务院批准科学规划委员会成立专业小组，全国共设 34 个小组，其中第 25 组为林业组。林业组组长邓叔群（中国科学院真菌植病研究室主任）、副组长张昭（林业部部长助理）、郑万钧（南京林学院副院长）、周慧明（森林工业局林产工业局副局长），成员王恺（北京光华木材厂总工程师）、朱惠方（森林工业局森林工业研究所研究员）、刘慎谔（科学院林业土壤研究所副所长）、李万新（森林工业局森林工业研究所）、齐坚如（安徽农学院教授）、侯治溥（林业部林业科学研究所副研究员）、陈嵘（林业部林业科学研究所所长）、陈桂陞（南京林学院教授）、秦仁昌（云南大学教授）、韩麟凤（林业部经营局副总工程师），秘书组设在林研所。

● 1958 年

8 月，光华木材厂副厂长、总工程师王恺当选为北京市建材系统北京市人大代表。

是年，A. H. 皮索斯基著，江良游等译《制材学》由东北林学院刊印。江良游（1910—1993 年），木材加工学家。安徽寿州（今寿县人）。1941 年毕业于中央大学森林系，在重庆国民政府农林部工作。1945 年入耶鲁大学进修，次年回国，曾任中正大学副教授。中华人民共和国成立后，历任浙江大学副教授，东北林学院、东北林业大学教授兼森林工业系副主任，从事制材学的教学与研究。发表有《划线下锯技术及其实现现代化问题》《木材综合利用问题》等论文。合译有（苏）A. H. 皮索斯基《制材学》、（美）威利斯顿《制材技术》。

• 1960 年

2 月，王恺任中国林学会第二届理事会常务理事。

8 月，光华木材厂副厂长、总工程师王恺《谈木材的综合利用》刊于《前线》1960 年第 15 期 8 页。

12 月，光华木材厂副厂长、总工程师王恺当选为北京市建材系统北京市人大代表。

• 1961 年

7 月 11 日，光华木材厂副厂长兼总工程师、高级知识分子木材加工专家王恺加入中国共产党。

7 月，光华木材厂召开第一次党代表大会，彭德昆代表上届党委作报告，大会选举产生由 17 名委员组成的新党委以及监委，并决定本次党代表大会选举的党委会为第一届委员会，彭德昆任党委书记。

• 1962 年

12 月，王恺任中国林学会第三届理事会常务理事。

12 月，《北京市林学会 1962 年学术年会论文摘要》由北京林学会刊印，其中收录北京光华木材厂王恺《论木材的综合利用》。

• 1963 年

是年初，根据全国科协的意见，召开在京理事会议，决定在理事会下分设四个专业委员会，即林业、森工、科学技术普及委员会和《林业科学》编委会。陈嵘任林业委员会主任委员，郑万钧任《林业科学》编委会主编。森工委员会由 38 名委员组成，主任朱惠方，副主任王恺。《林业科学》北京地区编委会成立，编委陈嵘、郑万钧、陶东岱、丁方、吴中伦、侯治溥、阳含熙、张英伯、徐纬英、汪振儒、张正昆、关君蔚、范济洲、黄中立、孙德恭、邓叔群、朱惠方、成俊卿、申宗圻、陈陆圻、宋莹、肖刚柔、袁嗣令、陈致生、乐天宇、程崇德、黄枢、袁义生、王恺、赵

宗哲、朱介子、殷良弼、张海泉、于兆凤、杨润时、章锡谦，至 1966 年。

4 月 10 日，国家计划委员会、国家经济委员会和林业部召开首次全国木材节约会议，制定《木材节约利用试行条例（草案）》。国务院于 1963 年 9 月 23 日批转下达执行。

5 月，南京林学院木材学及木材水热处理教研组编《木材学》由农业出版社出版。

9 月，中国土壤学会森林土壤组组织《第一次森林土壤学术讨论会》在沈阳召开，王恺主持会议，参会 100 余人，收到论文 91 篇。

12 月，中国林学会在北京举办全国木材水解学术讨论会，王恺主持会议。

• 1965 年

8 月 9 日至 17 日，中国林学会在上海召开木材加工学术会议，会议由中国林学会常务理事、森工委员会副主任王恺总工程师主持。

是年，王恺、刘广茂、王加祥等《跨长 25 米无金属胶合木桁架试制报告研究报告》由国家科委出版。

是年，王恺等《纸质装饰塑料贴面板生产工艺研究报告》由国家科委出版。

• 1966 年

4 月，南京林学院《木工识图》由农业出版社出版。

• 1968 年

是年，Franz F. P. Kollmann，Wilfred A. CôtéJr. "*Principles of Wood Science and Technology Ⅰ Solid Wood*" 由 Springer-Verlag Berlin and Heidelberg Gmbh & Co.Kg 出版。

• 1972 年

11 月，北京市建材工业局党委批复，王恺任北京市木材工业公司总工程师。

• 1973 年

5 月 21 日，北京市建材工业局党委批复同意光华木材厂新一届党委成立，党委委员 24 人，常委 8 人，郎冠英任党委书记，唐澄、王松岩任党委副书记。

8 月 20 日，北京市革命委员会批复同意建材工业局成立北京市木材工业研究所，开展木材工业的研究工作，该所属事业单位，编制定为 100 人，今年内可发展到 40 ~ 50 人，王恺任北京市木材工业研究所所长。

● 1974 年

是年，王恺、李永庆等《日本塑料建筑材料生产技术考察报告》由北京科学技术文献出版社出版。

● 1975 年

7 月，陆禹任北京光华木材厂党委书记，任职至 1977 年。

是年，E. W. Kuenzi，Franz F. P. Kollmann，A. J. Stamm "*Principles of Wood Science and Technology Ⅱ Wood Based Materials*" 由 Springer-Verlag Berlin and Heidelberg Gmbh & Co.Kg 出版。

● 1978 年

3 月，王恺主持"纸质装饰塑料贴面板的研制"获 1978 年全国科学大会奖。

9 月 22 日至 28 日，中国林学会在黑龙江齐齐哈尔举办制材技术现代化学术讨论会，王恺主持会议。

12 月，中国林学会第四届理事会召开，名誉理事长张克侠、沈鹏飞，理事长郑万钧，副理事长陶东岱、朱济凡、李万新、刘永良、吴中伦、杨衔晋、马大浦、陈陆圻、王恺、张东明，秘书长吴中伦（兼），副秘书长陈陆圻（兼）、范济洲、（兼）、王云樵。

12 月，陈陆圻、王恺任中国林学会第四届理事会评奖工作委员会主任和副主任。

● 1979 年

1 月 23 日，经中国林学会常务委员会通过，改聘《林业科学》第三届编委会，主编郑万钧，副主编丁方、王恺、王云樵、申宗圻、关君蔚、成俊卿、阳含熙、吴中伦、肖刚柔、陈陆圻、张英伯、汪振儒、贺近恪、范济洲、侯治溥、陶

东岱、徐纬英、黄中立、黄希坝，至 1983 年 2 月。

6 月 5 日至 11 日，中国林学会在成都举办森林病害学组暨第一次森林病害学术讨论会，成立森林病害专业小组，推选袁嗣令、李世光、任玮、李传道、赵震宇、陈守常、景耀、贺正兴、谌谟美、郭秀珍、王庄、刘世骐、周仲明、沈瑞祥、狄原勃、邵力平、高雅为委员，推选北京农业大学陈延熙教授为名誉主任委员，会议由副理事长王恺总工程师主持。

10 月，王恺调任中国林业科学研究院木材工业研究所所长，任职至 1983 年 4 月。

10 月，中国林业科学研究院科技情报研究所《中国林业科技三十年 1949—1979》由中国林业科学研究院科技情报研究所刊印，其中 397 ~ 407 页收录王恺、林凤鸣《我国木材工业科技工作的回顾与建议》。

10 月 12 日至 17 日，中国林学会在北京召开林业科学技术普及工作会议，产生第四届科学技术普及工作委员会。会上交流经验，制定计划，健全组织机构，制定科普工作条例。会议由副理事长、科学技术普及工作委员会主任委员陈陆圻主持。科学技术普及工作委员会由 80 位委员组成。主任委员陈陆圻，副主任委员程崇德、常紫钟、李莉、高尚武，常务委员王恺、汪振儒、肖刚柔、陈致生、关君蔚、关百钧、孟宪树、吴博。

11 月，中国林学会在上海举办胶黏剂及人造板表面处理第二次加工学术讨论会，王恺主持会议。

是年，中国林业科学研究院学术委员会成立，郑万钧任主任委员，陶东岱、吴中伦、王恺任副主任委员。

● 1980 年

1 月，林业部成立林业部科学技术委员会第一届委员会，主任委员雍文涛；副主任委员梁昌武、杨天放、杨延森、郑万钧；秘书长刘永良；委员雍文涛、张化南、梁昌武、张兴、杨天放、张东明、杨延森、赵唯里、汪滨、杨文英、吴中伦、陶东岱、王恺、李万新、侯治溥、张瑞林、徐纬英、刘均一、肖刚柔、范学圣、高尚武、贺近恪、关君蔚、黄枢、马大浦、程崇德、梁世镇、董智勇、郝文荣、涂光涵、牛春山、杨廷梓、吴中禄、李继书、任玮、徐国忠、刘松龄、韩师休、黄毓彦、杨衔晋、王凤翥、王长富、王凤翔、周以良、沈守恩、范济洲、余志宏、陈陆圻、邱守思、申宗圻、朱宁武、林叔宜、李树义、林龙卓、徐怡、吴允恭、刘学恩、沈照仁、刘于鹤、陈平安。

3月15日，中国科学技术协会第二次全国代表大会在北京召开，中国林学会选举吴中伦、王恺、陈陆圻、杨衔晋、陈桂陞、朱容6位代表出席会议。吴中伦、陈陆圻当选为中国科协第二届全国委员会委员。

4月2日至8日，为了贯彻中国科协第二次全国代表大会的精神，总结交流学会工作经验，修改中国林学会会章和奖金条例，明确学会今后工作方针任务，中国林学会在北京召开了中华人民共和国成立以来第一次学会工作会议。出席会议的有全国各省（自治区、直辖市）林学会的领导和工作干部以及有关单位的代表共70余人。中国林学会理事长郑万钧，副理事长陶东岱、李万新、吴中伦、陈陆圻、王恺，北京林学院党委书记王友琴、中国林业科学研究院副院长杨子争等同志出席和参加会议。

4月24日至5月21日，应美国内政部长和爱达荷州州长、密西西比州州长的邀请，以林业部部长罗玉川同志为团长的中国林业代表团一行12人首次赴美参观访问，从此开启了改革开放后中美林业合作之序幕。先后参观访问了内政部、农业部、爱达荷州、华盛顿州、俄勒冈州、密西西比州、爱达荷大学、华盛顿州立大学、密西西比州立大学以及惠好公司、中密度纤维板厂、林业试验站、森林防火研究中心等30多个单位。代表团广泛接触了政府部门和地方各界人士，结交了许多朋友，做了一些友好工作，初步考察了美国林业情况，并和有关单位探讨了林业科技合作的途径。林业部科技司司长吴博，木材学家王恺、陈桂陞等参加访问，美籍华人许忠允在美国农业部林务局南方研究院接待了代表团，成为改革开放以来中美木材科学科技合作的核心开创者，1981年第一次来到祖国大陆开始交流与合作，40年来累计在美国交流中国学者100多位，并先后来华指导工作80余次。**许忠允（Hse C Y，Chung-yun Hse，Chung Y. Hse），男，1935年2月出生于台湾，著名木材学家，国际木材科学院资深院士。1957年台湾中兴大学获森林学学士学位，1959—1961在台湾林务局工作，1961年赴美留学，1963年获路易斯安娜大学林学硕士学位，1973年获华盛顿大学木材学博士学位。1967年硕士毕业后就职于美国农业部林务局南方研究院，曾任美国农业部林务局南方研究院首席研究员，联合国粮农组织和开发计划署专家，国际林联第五学部"胶合利用"学科组组长、美国林产品协会中南分会主席等。1973年获美国农业部最高**

利研创新奖，1994 年获中国林业国际合作奖，2012 年获美国木材科学技术协会杰出贡献奖，2001 年获中华人民共和国国家外国专家局友谊奖，2013 年获中华人民共和国国际科学技术合作奖。2021 年 11 月 12 日在美国去世，享年 87 岁。

11 月 29 日至 12 月 6 日，中国林学会在福建省福州市举办木材工业学会成立暨木材综合利用学术讨论会，王恺主持会议。会议期间成立中国林学会木材工业学会（简称木工学会），秘书处挂靠中国林科院木材工业研究所，选举出第一届理事会理事 39 人；王恺任理事长，申宗圻、吴博、韩师休任副理事长，陈平安任秘书长，李永庆任副秘书长。

12 月，王恺、寇庆德《家具的新时代》刊于《家具》1980 年第 1 期 21 ~ 23 页。

是年，王恺任中国林业科学研究院副院长。至此，中国林业科学研究院郑万钧、吴中伦、王恺三位德高望重的领导被称为林科院"三老"。

● 1981 年

1 月，北京市木材工业研究所决定创办《北京木材工业》（季刊）。

2 月，王恺《看芬兰·想我国 展望八十年代的家具工业》刊于《家具》1981 年第 1 期 2 ~ 4 页。

3 月 13 日，《光明日报》刊登王恺《积极发展木材综合利用》。

3 月 23 日至 4 月 7 日，中国林学会受林业部委托在北京组织召开联合国工业发展组织人造板和家具工业讨论会，会议是联合国工业发展组织与我国外经部、林业部共同商定，经国务院批准在我国召开的一次国际学术性会议，会议由中国林学会副理事长王恺主持。

5 月，北京市木材工业研究所《北京木材工业》创刊，出刊 81-1 期，为木材工业专业技术性刊物，主要刊载木材工业和家具工业的研究报告（包括调研和考察报告）、技术革新成果、经验介绍、造型设计及综述评论和有针对性的译文等文章。报道重点为提高人造板的技术水平，改进产品质量，增加数量，发展新技术应用及新产品研制方向；其次是大力介绍国内外家具工业发展动向，刊登家具设计、科研和生产中取得的新成就以及行业中节能、节水、环保等方面的经验。供木材工业系统的科技人员、技术工人以及广大用户参阅。

6 月 13 日，国务院学位委员会第二次会议通过第一届国务院学位委员会学科评议组成员名单。农学评议组有马大浦、马育华、王广森、王恺、方中达、史瑞和、邝荣禄、朱国玺、朱宣人、朱祖祥、任继周、许振英、刘松生、李竞雄、李连捷、李曙轩、杨守仁、杨衔晋、吴中伦、吴仲贤、余友泰、邱式邦、汪振儒、沈隽、陈华癸、陈陆圻、陈恩凤、范怀中、范济洲、郑万钧、郑丕留、赵洪璋、赵善欢、俞大绂、娄成后、徐永椿、徐冠仁、黄希坝、盛彤笙、葛明裕、蒋书楠、鲍文奎、裘维蕃、熊文愈、蔡旭、戴松恩。

10 月，Wang K "*Chinese Processing Sector Advances*" 刊于 "*World Wood*" 1981 年第 22 卷第 10 期 20 ～ 24 页。

11 月 21 日至 26 日，中国林学会林业经济学会在北京召开。全国木材理论价格学术讨论会。参加这次会议的有科研、教学、生产单位的代表 40 余名，国务院价格研究中心、国家农委、中国社会科学院农业经济研究所和财贸物资经济研究所、国家物价总局、国家物资总局也派代表参加会议。会议收到学术论文 70 多篇。

12 月，王恺、寇庆德《现代家具的设计与生产》刊于《现代化杂志》1981 年第 7 期 13，16 ～ 17 页。

● 1982 年

8 月，中国林业科学研究院第一届学位评定委员会成立，郑万钧任主任委员，李万新、吴中伦、王恺任副主任委员。

9 月 5 日至 8 日，中国林学会在山东省泰安市召开第三次制材学术讨论会。来自北京、上海等 14 个省（自治区、直辖市）的林业高等院校、科研、设计、出版、木材工业管理部门和企业的教授、专家、工程师等各方面代表 65 人参加会议。会议由中国林学会副理事长王恺同志主持。会上以"进一步提高锯材质量和出材率"为中心进行了深入的讨论，通过学术讨论和生产实践经验的交流，与会同志对我国制材工业当前主要矛盾有了统一认识，明确了解决制材质量和出材率的关键所在。

10 月 5 日，中共林业部党组转中共中央组织部通知，郑万钧同志为中国林业科学研究院名誉院长，杨文英同志为党委书记，黄枢同志为院长，王庆波同志为党委副书记、副院长，王恺和侯治溥同志为副院长。

10 月 25 日至 31 日，中国林学会木材工业分会在上海市召开首次木材工业污染问题学术讨论会。参加会议的有来自 10 个省（自治区、直辖市）的 36 个科研、教学和生产单位的代表 67 人，中国林学会副理事长、中国林业科学研究院副院长、中国林学会木材工业分会理事长王恺同志参加并主持会议。参加这次会议的还有中国林学会理事、林业部科技司司长吴博，上海木材工业公司经理张兴远等。会议在讨论中许多代表都提出，随着木材工业特别是人造板工业的迅速发展，木材工业污染问题日益增加，产生的污水、噪音、粉尘和有害气体污染环境，危害人民健康。

12 月 21 日至 26 日，中国林学会第五次全国会员代表大会在天津市召开，中国林学会副理事长王恺主持开幕式，陶东岱副理事长致开幕词，会议选举理事长吴中伦，副理事长李万新、陈陆圻、王恺、吴博、陈致生，秘书长陈致生（兼），副秘书长杨静。

12 月，《林业科学》第四届编委会成立，主编吴中伦，副主编王恺、申宗圻、成俊卿、肖刚柔、沈国舫、李继书、徐光涵、黄中立、鲁一同、蒋有绪，至 1985 年 12 月。

是年，日本木材保存协会编著《木材保存学》由文教社出版。

● 1983 年

1 月 13 日，中共林业部党组通知中国林业科学研究院，院党委由杨文英、黄枢、王庆波、王恺和侯治溥 5 名委员组成，杨文英同志为党委书记，黄枢同志为院长，王庆波同志为党委副书记。

1 月 7 日至 15 日，国家计划委员会、国家经济委员会、林业部、国家物资局、中国包装总公司组织在北京召开全国木材节约代用会议。

3 月，陈陆圻、王恺任中国林学会第四届理事会评奖工作委员会主任和副主任，王恺任学术工作委员会主任，熊文愈、蒋有绪、朱容、黄伯璿任副主任。

4 月，Wang K. ，Zhu H. M. "Developing China' s Wood Panel Lndustry" 刊于 "World Wood" 1983 年第 24 卷第 4 期 4 ～ 15 页。

8 月，中国林业科学研究院第二届学位评定委员会成立，黄枢任主任委员，吴中伦、王恺、侯治溥任副主任委员。

10 月，王恺、朱焕明《印度人造板工业的简况（考察报告）》由中国林业科学研究院刊印。

12 月，王恺《木材利用的新时代》刊于《森林与人类》1983 年第 6 期 27 ～ 29 页。

12 月，中国林学会成立学术工作委员会，委员会共 35 人，主任委员王恺，副主任委员熊文愈、蒋有绪、朱容、黄伯培。

• 1984 年

3 月，王恺任中国林业科学研究院第二届学术委员会委员。

5 月 28 日至 30 日，中国林学会木材工业分会在北京召开木材供需问题学术讨论会，王恺主持会议。

8 月，王恺《我国的木材工业》刊于《森林与人类》1984 年第 4 期 3 ～ 8 页。

8 月 1 日至 4 日，全国林业出版工作会议在北京召开，会议决定聘请王恺、吴中伦、陈陆圻、王战、汪菊渊、王长富、阳含熙、刘学恩为中国林业出版社特约顾问。

9 月 9 日至 12 日，中国林学会木材工业分会和中国铁道学会材料工艺委员会在安徽屯溪联合举办木材保护学术讨论会，王恺主持会议。

9 月，（德）F. F. P. 科尔曼等著《木材学与木材工艺学原理 人造板》由中国林业出版社出版。该书由（德）F. F. P. 科尔曼（Kollmann, Franz F. P.），（美）E. W. 库恩齐（Kuenzi, Edward W.），A. J. 施塔姆（Stamm, Alfred J.）著 "*Principles of Wood Science and Technology*"（下册 人造板）译出，杨秉国译，梁世镇校。

10 月 21 日至 26 日，中国林学会林木情报专业委员会筹备组在湖南株洲举办林业情报专业委员会暨林业科技情报学术讨论会，王恺主持会议。中国林学会成立林业情报专业委员会，沈照任任主任委员，关百钧、李光大任副主任委员。

• 1985 年

2 月，王恺、侯知正《中国的木材供需问题》刊于《林业经济》1985 年第 1 期 8 ～ 15 页。文章认为：长期以来，我国的木材需求量大于供给量，供需矛盾相当尖锐，导致了不少地区森林资源过量采伐。根据到 20 世纪末全国工农业年产值在 1980 年基础上翻两番的战略目标要求，经济建设进入高速度发展的时期需要增加的木材供给量，如何才能得到满足，是当前急待研究解决的重大课题。

4 月 19 日至 21 日，江苏省木材工业学会 1985 年学术年会在南京林学院举行，来自全省各市、县的 80 多名代表出席会议，中国林学会副理事长、中国林业科学研究院副院长王恺同志特邀到会作指导。

5 月，经全国自然科学名词审定委员会同意，中国林学会成立林学名词审定工作筹备组，并制定《林学名词审定委员会工作细则》。第一届林学名词审定委员会顾问吴中伦、王恺、熊文愈、申宗圻、徐纬英；主任陈陆圻；副主任侯治溥、阎树文、王明庥、周以良、沈国舫；委员于政中、王凤翔、王礼先、史济彦、关君蔚、李传道、李兆麟、陈有民、孟兆祯、陆仁书、柯病凡、贺近恪、顾正平、高尚武、徐国祯、袁东岩、黄希坝、黄伯璠、鲁一同、董乃钧、裴克；秘书印嘉祐。

10 月 31 日至 11 月 4 日，中国林学会木材工业分会在云南昆明举办木材工业学会第二次会员代表大会暨新技术革命对我国木材工业影响的展望学术讨论会，王恺主持会议。会议选举王恺任木材工业学会第二届理事会理事长，王恺任理事长，韩师休、申宗圻、吴博任副理事长，陈平安任秘书长，李永庆、丁美蓉任副秘书长。

12 月，中国林学会第六次全国会员代表大会在郑州召开，河南省委常委、副省长秦科才，省科协副主席蒋家樟，中国农学会副会长方悴农，林业部副部长董智勇出席会议并讲话。王恺主持开幕式，李万新致开幕词。吴中伦作五届理事会工作报告，陈陆圻作修改会章的报告。选举第六届理事会，理事长吴中伦，副理事长王恺（常务副理事长）、王庆波、冯宗炜、陈陆圻、吴博、周正、陈统爱，秘书长唐午庆。

12 月，王恺任中国林学会第六届理事会学术工作委员会主任，蒋有绪、沈国舫、陈统爱、唐午庆、朱容任副主任。

● 1986 年

2 月 26 日，中共林业部党组会议决定，增补陈统爱、缪荣兴、甄仁德、刘永龙、罗湘五同志为中共中国林业科学研究院委员会委员，免去王恺同志中共中国林业科学研究院委员会委员。

2 月 28 日，林业部任命陈统爱、缪荣兴为中国林业科学研究院副院长，免去王恺的副院长职务。

2 月，王恺、林凤鸣《我国木材综合利用的现状和前瞻》刊于《林产工业》1986 年第 1 期 15 ~ 21 页。

2 月，《林业科学》第五届编委会成立，主编吴中伦，常务副主编鲁一同，副主编王恺、申宗圻、成俊卿、肖刚柔、沈国舫、李继书、蒋有绪，至 1989 年 6 月。

5 月，王恺、王金林《杨树资源的加工利用问题》刊于《林业科技通讯》1986 年第 4 期 1 ~ 4 页。

6 月，王恺、侯知正《我国木材工业产品结构变化的展望》刊于《绿色中国》1986 年第 3 期 2 ~ 7 页。该文还收录于《报刊资料选汇（工业经济）》1986 年第 7 期 183 ~ 189 页。文章认为：合理的木材工业产品结构是林业部门经济结构合理化的基础，是选择林业发展战略目标的重要内容。木材工业产品结构的变化必然会引起林业部门经济结构和林业发展战略目标的变化，因而，对木材工业产品结构变化的展望是林业发展战略研究中的重大课题。

7 月，Wang K, Huang Y. W. "*MDF Output Expands with China's Economy*" 刊于 "*World Wood*" 1986 年第 27 卷第 4 期 42 ~ 43 页。

7 月，中国林业科学研究院木材工业研究所硕士研究生张奕、许伟毕业，论文题目分别为《石膏木质刨花板生产工艺的初步研究》《石膏棉秆刨花板生产工艺的初步研究》，指导教师王恺、李源哲。

9 月，《中国建筑技术政策》由中国建筑工业出版社出版，王恺、于夺福、丁美蓉《论建筑木材的合理利用》收入《中国建筑技术政策》。

10 月，《新技术革命对木材工业影响的展望：中国林学会木材工业学会论文集（1）》由《林产工业》编辑部出版发行，王恺《新技术革命与我国木材工业》收入《中国林学会木材工业学会论文集（1）》1986 年 1 ~ 3 页。

12 月，王恺、王金林《杨树资源的加工利用问题》刊于《新疆林业》1986 年第 6 期 6 ~ 8 页。文章认为，适时地开发杨树资源的加工利用，是解决我国木材短缺、保证杨树集约栽培和持续发展的急待解决的一个重大问题。

12 月，王恺、许伟、张男男《中密度纤维板的应用技术问题》收入《中国林学会刨花板应用技术学术讨论会》论文集。

● 1987 年

4 月，《木材工业》创刊，王恺任主编。王恺《团结奋斗，繁荣木材工业科学技术——发刊词》刊于《木材工业》1987 年第 1 期 1 ~ 2 页。同期，王恺、王金林《杨树资源的加工利用问题》刊于 39 ~ 45 页。《发刊词》中写道：《木材工业》杂志是在新技术革命的形势下，为发展我国木材加工工业，应中国林学会木材工业学会第二次会员代表大会和广大会员及科技工作者的迫切要求创办的。本刊将面向经济建设，围绕木材工业发展的方针、政策和面临的重大战略课题，本着"百家争鸣"的方针，各抒己见，共同探索其对策、方案和措施，供国家决策咨询；同时及时反映我国木材科学和木材工业的科研成果和水平，报道有关的学术活动，介绍国内外有关最新成就，交流国内外重要市场信息等，以促进木材科学及木材工业的科技进步，推动木材的充分合理利用。

4月，王恺、张奕《石膏刨花板生产新工艺》刊于《林产工业》1987年第2期15～18页。

7月，王恺《中密度纤维板的应用技术问题》刊于《北京木材工业》1987年第2期1～10页。

12月，王恺、张奕《矿渣刨花板——一种新型的水泥刨花板》刊于《木材工业》1987年第4期26～29页。

7月，《国家重要领域技术政策研究》荣获国家科学技术进步奖一等奖。国家科委、国家计委、国家经委自1981年起，组织全国各地方、各部门的技术专家、经济专家、管理专家，对国家多个重要领域的技术政策进行研究，并自1983年以来相继制订了能源、交通运输、通信、农业、消费品工业、机械工业、材料、建材、城市建设、村镇建设、住宅建设、环境保护，国家12个重要领域的技术政策。这些重要的技术政策在1985年编制"七五"计划时被作为指导性文件。1986年国务院发布12项技术政策要点，作为国家对技术和经济发展进行宏观指导的政策性规定。经过三年多的试行和实施，这些政策已取得了较大的实际效益。其中王恺主持制订的《木材综合利用技术政策》，受到国家科委、国家计委、国家经委有突出贡献的表彰。

● 1988 年

2月2日至3日，中国林业科学研究院第三届学术委员会第一次会议在北京召开。会议由学术委员会主任委员陈统爱主持。第三届学术委员会成员李文华、裴维藩、侯学煌、李连捷、吴中伦、黄枢、李继书、李石刚、吴博、邱守思、徐化成、周正、王恺、侯治溥、刘于鹤、陈统爱、洪菊生、马常耕、张万儒、盛炜彤、王世绩、蒋有绪、陈昌洁、竺兆华、肖江华、方嘉兴、卢俊培、赖永棋、刘德安、王华缄、杨民胜、成俊卿、何乃彰、董景华、王培元、王定选、宋湛谦、金锡侏、唐守正、朱石麟、施昆山、曾守礼、王棋等 43 人。李文华、曾守礼、王棋、王定选等同志请假未参加会议。学术委员会主任委员刘于鹤，副主任委员吴中伦、陈统爱，常务委员刘于鹤、吴中伦、陈统爱、王恺、侯治溥、黄枢、洪菊生，秘书吴金坤。刘于鹤主任委员作了第二届学术委员会的工作总结。

3 月，王恺退休。

4 月，中国林学会常务副理事长、中国林学会木材工业分会理事长王恺《国外杨树速生丰产用材林及其加工利用》刊于《木材工业》1988 年第 1 期 1 ～ 7 页。

6 月 10 日至 16 日，中国科协根据江苏省 50 多位专家、学者发出的"赶快防治虫害，保护松林资源"的紧急呼吁，特委托中国林学会组织裘维藩、邱式邦、王恺等 25 位专家对江苏省的南京市、镇江市、江浦县以及南京中山陵等地的 12 个林地进行了现场考察，并提出建议：①加强对这种毁灭性病害的检疫工作；②把松材线虫病的防治工作提高到执法的高度上，坚持下去；③及时彻底地清除林间病死树。

7 月 16 日至 19 日，由山东林学会林产工业专业委员会举办的《山东省木材工业专家报告会》在青岛市北海宾馆举行，参加会议的代表共 56 名。中国林业科学研究院原副院长、中国林学会副理事长王恺、山东省林业厅原副厅长、山东林学会副理事长朱洪德等出席会议并分别讲话。

8 月，中国林业科学研究院第三届学位评定委员会成立，刘于鹤任主任委员，吴中伦、陈统爱任副主任委员，王恺任委员。

9 月，第 18 届国际杨树会议在北京召开，与会的五大洲 24 个国家的 132 位代表以极大兴趣进行学术交流和实地考察，这次会议带来世界各国发展杨树的大量新信息，对我国杨树发展起到巨大推动作用。透过这个窗口向国人介绍世界各国杨树发展概况和主要领域发展新动向，以及客观地分析我国杨树发展现状，是很有必要的。中国杨树委员会秘书长、中国林业科学研究院副研究员郑世锴，中国林业科学研究院研究员王恺、副研究员陈绪和，北京林业大学教授黄竞芳、副教授沈瑞详以及中国林业科学研究院情报所副编审丁蕴一等撰文。

9 月，Wang K. et al. "*The Processing and Utilization of Poplar Wood in China. Theses of China's Section*" 收入 "*International Poplar Commission 18th Session*,

王 恺 年 谱

Poplar Comrnission of China" 1988 年 1 ～ 20 页。

10 月 27 日，中国林业科学研究院建院三十周年纪念会在北京举行，林业部部长高德占，副部长沈茂成，原副部长张昭、荀昌五、杨珏、杨天放、梁昌武、刘琨，科技司司长吴博，林科院刘于鹤、陈统爱、缪荣兴、甄仁德、李万新，吴中伦、刘学恩、王恺、侯治溥等领导和老同志，各所、局、中心，院各处（室）的负责同志以及职工代表共 80 余人参加会议。会议由副院长陈统爱主持，院长刘于鹤在会上首先讲话。

11 月，王恺、陈平安、张维钧《开源节流并举是促进我国林业发展的战略措施》收录中国林学会学术部《林业发展战略文集》1988 年 25 ～ 28 页。

12 月 27 日，林业部机关和部在京直属单位召开表彰大会，赵尚武、王自强、王恺、王蔚百、逮文秀、谢宗政、金彩萱、楼化蓬、江心、张通 10 名离退休老干部获"老有所为精英奖"。

• 1989 年

1 月 8 日至 12 日，中国林学会第七次全国会员代表大会在陕西省西安市召开，来自全国 30 个省（自治区、直辖市）的会员代表、特邀代表和列席代表共 181 名出席大会。开幕式由第六届理事会副理事长吴博同志主持，第六届常务副理事长王恺同志致开幕词。林业部副部长徐有芳、陕西省常务副省长徐山林、中国农学会副会长胡恒觉分别代表林业部、陕西省和兄弟学会到会并讲话。大会选举理事长董智勇，副理事长吴博（常务）、刘于鹤、沈国舫、周正、王明麻、冯宗炜、朱国玺，秘书长唐午庆，推选吴中伦为名誉理事长，汪振儒、范济洲、王战、阳含熙、徐燕千、王恺、陈陆圻、周以良、张楚宝、王庆波为顾问。

1 月，在中国林学会第七次全国会员代表大会上举办了第二次从事林业建设 50 年以上的科技工作者表彰活动，受表彰的 98 位林业科技工作者是：易淮清、王权、杨润时、吴绪昆、敖匡之、程崇德、王恺、肖刚柔、徐纬英、高尚武、关君蔚、陈陆圻、阳含熙（北京）；陈安吉（河北）；曹裕民（山西）；王峰源、辛镇寰、吴凤生、林立、黄自善、朱国祯、盛蓬山、博和吉雅（内蒙古）；马永顺、王凤煮、王治忠、邓先诚、杨魁忱、傅德星、魏砚田、孙学广、张凤岐、胡田运、宫殿臣、于世海（黑龙江）；王建民、韩师宣、卢广勋、齐人礼、徐文洲（辽宁）；于泳清、太元燮、牛觉、王庭富、冯际凯、宋延福、李真宪、张嘉伦、林书勤、宫见非（吉林）；董日乾、薛鸿雄、魏辛（陕西）；王见曾、汉昃、乔魁利、张汉豪、赵瓒统、高廷迭、龚得福（甘肃）；李含英（青海）；李树荣、宫运多、梅林（宁夏）；杨文纲、胡韶（四川）；李永康、黄守型（贵州）；任玮、曹诚一（云南）；贾铭玉、梁世镇、熊文愈、景雷（江苏）；邓延祚、吕自煌、吴茂清、郝纪鹤、柯病凡、曹永太、徐怀文、周平、乐承三（安徽）；王藩（江西）；向鑫、刘承泽、李贻格、黄景尧、蒋骥、解奇声、陈贻琼、郭荫人、石明章（湖南）；刘炎骏（广东）；李治基、黄道年、谢福惠（广西）。

2 月，中国林学会木材工业分会理事长王恺《展望我国木材工业新产品的发展》刊于《全国新产品》1989 年第 2 期 9 ~ 10 页。

2 月，王恺、陈绪和《世界人造板生产技术的新进展》刊于《世界林业研究》1989 年第 1 期 35 ~ 39 页。

3 月，王恺《国外杨树速生丰产用材林及其加工利用》收入诸葛俊鸿主编《速生林木的综合利用》1 ~ 7 页。

4 月，王恺、陈平安《充分合理利用我国木材资源的若干建议》刊于《木材工业》1989 年第 1 期 26 ~ 28 页。同期，王恺、陈绪和《世界人造板生产技术的新进展》刊于 35 ~ 39 页；王恺、肖亦华《重组木国内外概况及发展趋势》刊于 40 ~ 43 页。

4 月，王恺、陈平安《展望我国木材工业新产品的发展》刊于《林产工业》1989 年第 2 期 9 ~ 10 页。

4 月，王恺、陈绪和《世界人造板生产技术的新进展（续）》刊于《木材工业》1989 年第 2 期 38 ~ 44 页。

7 月，《林业科学》第六届编委会成立，主编吴中伦，副主编王恺、刘于鹤、申宗圻、冯宗炜、成俊卿、肖刚柔、沈国舫、李继书、栾学纯、鲁一同、蒋有绪，至 1993 年 7 月。

10 月，王恺、丁美蓉《我国木材工业科技工作的进展》刊于《林产工业》1989 年第 5 期 4 ~ 9 页。

11 月，林学名词审定委员会编《林学名词（全藏版）》（全国自然科学名词审定委员会公布）由科学出版社出版；林学名词审定委员会编《林学名词（海外版）》（全国自然科学名词审定委员会公布）由科学出版社出版。

● 1990年

4月，王恺、张奕《积极开发木质复合材料，优化木材资源高效利用》刊于《木材工业》1990年第1期19～21页。

4月，王恺《竹材在土木建筑工程上的应用》刊于《竹子研究汇刊》1991年第1期1～12页。

4月，王恺、袁东岩《积极利用农业剩余物，大力发展人造板生产》刊于《木材工业》1990年第4卷第2期35～40页。

6月25日至30日，吴中伦、王恺、王定选同志参加国务院学位委员会学科评议组第4次会议，并在29日受到江泽民、李鹏等党和国家领导人的接见。

6月，陈平安、王恺、侯知正《从世界发展趋势初探我国木材节约战略》刊于《世界林业研究》1990年第3期19～27页。文章认为：实行开源与节流并举的方针，在不增或少增原木采伐量的前提下，大力节约木材，充分合理利用木材资源，是适合我国国情的最现实、最有效的措施，也是解决我国林业"两危"的重大战略对策。

9月，中国林业人名词典编辑委员会《中国林业人名词典》（中国林业出版社）王恺[10]：王恺（1917—），木材加工专家。湖南湘潭人。1962年加入中国共产党。1940年毕业于西北农学院森林学系。1945年毕业于美国密执安大学林学院研究生部，获木材工业硕士学位。1946年被学位美国科学研究会会员。曾任中央工业试验所技士。中华人民共和国成立后，历任北京市光华木材厂厂长、总工程师、北京市木材工业公司总工程师、北京市木材工业研究所所长、中国林业科学研究院木材工业研究所所长、中国林科院副院长、高级工程师。是中国林学会第一、二、三届常务理事、第四、五届副理事长、第六届常务副理事长，中国林学会木材工业分会第一、二届理事长，国务院学位委员会第一、二届学科评议组成员，第三届全国人大代表。先后研制成纺织用胶合木滚筒、压缩木打梭棒、胶合枪托等产品。1950年负责筹建北京光华木材厂。主持研制的纸质装饰塑料贴面板和钙塑装饰板，获1978年全国科学大会奖。合撰有《跨长25米无金属胶合木桁架试制》等论文。

9月，《中国大百科全书·农业卷》出版。全卷共分上、下两册，共收条目2392个，主要内容有农业史、农业综论、农业气象、土壤、植物保护、农业工

[10] 中国林业人名词典编辑委员会.中国林业人名词典 [M].北京：中国林业出版社，1990：36.

程、农业机械、农艺、园艺、林业、森林工业、畜牧、兽医、水产、蚕桑15个分支学科。《农业卷》的编委由80余名国内外著名的专家组成，编辑委员会主任刘瑞龙，副主任何康、蔡旭、吴中伦、许振英、朱元鼎，委员马大浦、马德风、方悴农、王万钧、王发武、王泽农、王恺、王耕今、石山、丛子明、冯秀藻、朱元鼎、朱则民、朱明凯、朱祖祥、刘金旭、刘恬敬、刘锡庚、刘瑞龙、齐兆生、吴中伦、许振英、任继周、何康、李友九、李庆逵、李沛文、陈华癸、陈陆圻、陈恩凤、沈其益、沈隽、余友泰、武少文、俞德浚、陆星垣、周明群、张季农、张季高、贺致平、胡锡文、娄成后、钟麟钟、俊麟、侯光炯、侯治溥、侯学煜、柯病凡、范济洲、郑丕留、费鸿年、梁昌武、梁家勉、徐冠仁、高惠民、陶鼎来、袁隆平、奚元龄、郭栋材、常紫钟、储照、曾德超、盛彤笙、粟宗嵩、杨立炯、杨衔晋、黄文沣、黄宗道、黄枢、裘维蕃、熊大仕、熊毅、赵洪璋、赵善欢、蒋次升、蒋德麟、薛伟民、蔡旭、樊庆笙、戴松恩。金善宝、郑万钧、程绍迥、扬显东任顾问。《森林工业》分支编写组主编陈陆圻，副主编王恺、黄希坝，成员丁振森、王凤翔、史济彦、齐宗唐、顾正平、葛冲霄。

11月9日，林业部科技情报中心召开"90年代林业科技发展展望"研讨会，木材工业专家、教授级高工王恺和李继书发言认为：如果林业行业林产工业不发达就不是完整的林业。林产工业要走出低谷必须靠科学技术，木材加工行业要开发新产品。在上海木材工业不景气的情况下，上海扬子木材厂搞新产品开发，年利润达100万元。90年代木工应适应原料结构的发展，如小径材的开发，竹材以及农业加工和收获剩余物将是我国木材工业的三大原料。

● 1991 年

1月，中国木材标准化技术委员会第二届委员会第一次全体会议在苏州市召开，会议选举林业部副部长蔡延松为主任委员，陈人杰、孙丕文、范银甫为副主任委员，王恺任顾问，孙建国、陈志民分别任正副秘书长。

3月，董智勇、沈国舫、刘于鹤、关百钧、魏宝麟、关君蔚、沈照仁、徐国忠、王恺、李继书、陈平安、林风鸣、张华令、孔繁文、广呈祥、黄枢、蒋有绪、周仲铭、吕军、杨福荣、黄鹤羽、廖士义、侯知正《90年代林业科技发展展望研讨会发言摘要》刊于《世界林业研究》1991年第1期1～21页。

3月20日，《中国绿色时报》刊登王恺《刨花板和纤维板应用技术亟待开发》。

4月，王恺、袁东岩《九十年代我国木材工业展望》刊于《木材工业》1991年1期1~5页。

5月，徐友春主编《民国人物大辞典》由河北人民出版社出版，收录有关人物12000余人。《民国人物大辞典（上）》第51页收录王恺：王恺：（1917—），湖南湘潭人，1917年生。1940年9月，毕业于西北农学院林学系，获学士学位。毕业后，入四川乐山中央工业试验所木材试验室任技佐、技士、技正。1944年8月，赴美国密执安大学林学院学习，获木材工业硕士学位。1945年11月，在美国林产品研究所、加拿大林产品研究所及有关木材加工厂参观、考察。1947年7月，在上海中央工业试验所任工程师兼木材工程实验室主任。1950年5月，在北京市光华木材厂先后任厂长、总工程师，并兼任北京农业大学林学系教授。1953年至1964年，曾任北京市历届人大代表。1964年，当选为第三届全国人大代表。中国共产党党员。1972年11月，任北京市木材工业公司总工程师。1973年10月，任北京市木材工业研究所所长。1979年5月，调任中国林业科学研究院木材工业研究所所长。后任中国林业科学研究院副院长，中国林学会副理事长，中国林学会木材工业分会理事长等职。还任国家科委林业组组员，国家科委发明评选委员会农林评选小组组员，国家学位委员会森工学科评议组召集人，林业部科学技术委员会委员。

5月，中国科学技术协会编《中国科学技术专家传略·农学编·林业卷1》由中国科学技术出版社出版。其中收录韩安、梁希、李寅恭、陈嵘、傅焕光、姚传法、沈鹏飞、贾成章、叶雅各、殷良弼、刘慎谔、任承统、蒋英、陈植、叶培忠、朱惠方、干铎、郝景盛、邵均、郑万钧、牛春山、马大浦、唐燿、汪振儒、蒋德麒、朱志淞、徐永椿、王战、范济洲、徐燕千、朱济凡、杨衔晋、张英伯、吴中伦、熊文愈、成俊卿、关君蔚、王恺、陈陆圻、阳含熙、黄中立共41人。其中477~487页刊载王恺。

6月，王恺、白雪松《国外小径原木加工与利用现状及进展》刊于《世界林业研究》1991年第3期69~75页。

11月13日，《中国绿色时报》刊登王恺、白雪松《小径原木的利用倍受重视》。

● 1992年

7月，管宁、王恺《速生丰产用材林的培育、材性和加工利用展望》刊于

《木材工业》1992 年 2 期第 2 ～ 6，28 页。

9 月 14 日至 19 日，中国林学会木材科学分会第四次学术研讨会在呼和浩特市内蒙古林学院召开，来自全国高等林业院校、科研单位、木材公司等 19 个单位 41 名代表出席会议。学会名誉会员、日本国京都大学木质科学研究所教授则元京博士和日本国奈良县林业试验场研究员小林好纪博士应邀到会，并分别做了题为《用力学模型分析化学处理木材的振动特性》和《利用微波加热对原木的木材整形》的专题讲演。

11 月，中国林业科学研究院第四届学术委员会成立，陈统爱任主任委员，吴中伦、洪菊生任副主任委员，王恺等任委员。

● 1993 年

1 月 9 日，《中国绿色时报》刊登王恺《林木资源必须与加工利用紧密结合》。

1 月 13 日，林业部举行专家春节慰问座谈会，出席座谈会的有中国林业科学研究院陈统爱、吴中伦、徐冠华、王恺、高尚武、王世绩、刘耀麟、张守攻，北京林业大学沈国舫、汪振儒、申宗圻、关君蔚、陈俊愉、朱之悌、廖士义、董乃钧、王礼先、刘晓明，林业部林产工业设计院朱元鼎、樊开凡，林业部调查规划设计院周昌祥、寇文正，北京林业机械研究所仲斯选等。会上汪振儒、吴中伦、王恺 15 位专家发言。

3 月，中国农业百科全书总编辑委员会《中国农业百科全书·森林工业卷》由农业出版社出版。该书根据原国家农委的统一安排，由林业部主持，在以中国林业科学研究院王恺研究员为主任的编委会领导下，组织 160 多位专家教授编写而成。全书设总论、森林工业经济、木材构造和性质、森林采伐运输、木材工业、林产化学工业六部分，后三部分含森林工业机械，是一部集科学性、知识性、艺术性、可读性于一体的高档工具书。《中国农业百科全书·森林工业卷》编辑委员会顾问梁昌武，主任王恺，副主任王凤翔、刘杰、栗元周、钱道明，委员王恺、王长富、王凤翔、王凤翥、王定选、石明章、申宗圻、史济彦、刘杰、成俊卿、吴德山、何源禄、陈桂陞、贺近恪、莫若行、栗元周、顾正平、钱道明、黄希坝、黄律先、萧尊琰、梁世镇、葛明裕。其中收录森林利用和森林工业科学家公输般、蔡伦、朱惠方、唐燿、王长富、葛明裕、吕时铎、成俊卿、梁世镇、申宗圻、王恺、陈陆圻、贺近恪、黄希坝、三浦伊八郎、科尔曼，F.F.P.、

奥尔洛夫，С.ф.柯十 Р

4月，王恺、袁东岩《高新技术在木材工业中的应用》刊于《木材工业》1993年第1期2~6页。

5月25日至28日，中国林学会第八次会员代表大会在福建厦门召开。北京林业大学校长沈国舫当选为第八届常务理事会理事长，刘于鹤（常务）、陈统爱、张新时、朱元鼎选为副理事长，甄仁德当选为秘书长。第八届理事会第一次全体会议通过吴中伦为中国林学会名誉理事长；授予王庆波、王战、王恺、阳含熙、汪振儒、范济洲、周以良、张楚宝、徐燕千、董智勇为中国林学会荣誉会员称号。

8月，王恺、陈广琪《近年来刨花板工业发展动态》刊于《建筑人造板》1993年第3期27~29，33页。

8月，《林业科学》第七届编委会成立，主编吴中伦，常务副主编沈国舫，副主编王恺、申宗圻、刘于鹤、肖刚柔、陈统爱、顾正平、唐守正、栾学纯、鲁一同、蒋有绪，至1997年10月。

10月，中国林学会木材工业分会四届一次理事会在天津举行，会议选举产生19位常务理事，理事长由王恺先生担任。

● 1994 年

2月，王恺、陈绪和《面向21世纪的木材工业》刊于《木材工业》1994年第1期5页。

5月，王恺《木质纤维复合材料——一种有发展前景的复合材料》刊于《木材工业》1994年第2期4页。

10月，王恺、吴双《中国木材工业用砂带的现状与展望》刊于《林业科技通讯》1994年第10期10~11页。

10月7日，《中国绿色时报》刊登王恺《爱我中华 自强不息》，文中最后写道：如今，我虽已年近八旬，但我是一个中共党员，应该始终不渝地在党的召唤下自强不息，为我国木材工业的发展奋斗终身。

● 1995 年

1月，王恺、林凤鸣《我国城市国营木材加工企业发展问题的探讨》刊于

《木材工业》1995 年第 1 期 5 页。

4 月，中国林学会木材工业分会理事长、全国木材行业著名专家王恺先生被聘为北京林业大学兼职教授。

9 月，中国林学会木材工业分会"面向 21 世纪我国人造板工业发展问题研讨会"在北京召开，王恺、林凤鸣《面向 21 世纪，建立有中国特色的可持续发展的人造板工业体系》收入论文集 1 ~ 8 页，王恺、丁美蓉《我国人造板工业原料资源问题》收入论文集 100 ~ 103 页。

12 月 8 日，《林业"九五"计划和 2010 年远景目标草案》审议论证会在北京召开，审定委员会由全国政协委员、林业部科技委副主任蔡延松担任主任委员，全国政协委员、中国科学院院士、中国工程学院院士张新时，全国政协委员、林业部科技委常委黄枢，全国人大环资委委员、中国工程院院士王涛，国务院参事高尚武，中国林学会木材工业分会理事长王恺，以及北京林业大学校长贺庆棠，林业部规划院院长周昌祥，中国林科院副院长熊耀国，林业部林产工业规划设计院总工程师陈坤霖 13 名高级专家、学者担任委员。

12 月，王恺、林凤鸣《面向 21 世纪，建立有中国特色的可持续发展的人造板工业体系》刊于《世界林业研究》1995 年第 6 期 1 ~ 7 页。

• 1996 年

1 月，王恺、林凤鸣《面向 21 世纪，建立有中国特色的可持续发展的人造板工业体系》刊于《木材工业》1996 年第 1 期 1 ~ 5 页。

5 月，王恺、李永庆《家具工业的新时代》刊于《家具与环境》1996 年第 5 期 4 ~ 5 页。

5 月，王恺主编《木材工业实用大全：胶粘剂卷》由中国林业出版社出版。《木材工业实用大全》共 12 卷。

5 月 10 日，刘业经教授奖励基金首次在北京颁奖，中国林科院研究员王恺、北京林业大学教授申宗圻、东北林业大学教授周以良、南京林业大学教授李忠正、西藏农牧学院教授陈晓阳、西北林学院教授杨忠岐 6 位杰出的科研和教学人员成为首届获奖者。刘业经教授奖励基金，是台湾祁豫生先生为纪念恩师中兴大学教授刘业经先生而创立。2005 年基金更名为海峡两岸林业敬业奖。

9 月，王恺《竹材在土木建筑工程上的应用》刊于《北京木材工业》1996 年

3 期 6 页。

9 月，王恺、曹志强《世界中密度纤维板发展态势》刊于《木材工业》1996 年 5 期 18 ～ 22 页。

9 月 24 日，《中国绿色时报》刊登王恺、叶克林《试论建立我国发达的人造板工业体系》。

● 1997 年

1 月，王恺《祝贺〈木材工业〉创刊十周年》刊于《木材工业》1997 年 1 期 1 页。

3 月，王恺、王天佑、叶克林、丁美蓉《我国中密度纤维板的发展问题》刊于《建筑人造板》1997 年 1 期 10 页。

3 月，叶克林、王恺《再论我国中密度纤维板发展问题》刊于《木材工业》1997 年 3 期 3 页。

9 月，王恺、傅峰《当代木材加工技术发展态势》刊于《木材工业》1997 年第 5 期 4 页。

10 月 28 日至 31 日，中国林学会木材工业分会五届一次理事会暨学术研讨会在河北省正定县召开。参加本次会议的理事和专家来自全国 20 个省（自治区、直辖市）81 个单位，共计 105 名代表。中国林学会理事长、林业部副部长刘于鹤，中国林学会副理事长、中国林业科学研究院副院长张久荣，河北省林业厅副厅长曲宪忠和正定县县长仵增刚等领导到会祝贺并讲话。王恺当选为中国林学会木材工业分会五届理事长。

11 月，《林业科学》第八届编委会成立，主编沈国舫，常务副主编，副主编唐守正、洪菊生，副主编王恺、刘于鹤、申宗圻、肖刚柔、陈统爱、郑槐明、顾正平、蒋有绪、鲍甫成，至 2003 年 2 月。

● 1998 年

1 月，侯知正、王恺《2010 年我国木材供需基本达到平衡问题的探讨》刊于《木材工业》1998 年 1 期 5 页。

1 月，王恺主编《木材工业实用大全：刨花板卷》由中国林业出版社出版。

9 月，王恺主编《木材工业实用大全：木材干燥卷》由中国林业出版社出版。

9 月，王恺主编《木材工业实用大全：涂饰卷》由中国林业出版社出版。

12 月，王恺著《木材工业实用大全：家具卷》由中国林业出版社出版。

● 1999 年

1 月，王恺《面向 21 世纪，中国木材工业的发展初探》刊于《木材工业》1999 年 1 期 3 页。

3 月 25 日，《中国绿色时报》刊登王恺、熊满珍《对我国实施天然林保护工程后解决木材供需问题的探讨》。

5 月，王恺、熊满珍《新形势下我国的木材供需问题》刊于《林产工业》1999 年第 3 期 3 ~ 6，13 页。该文针对我国大面积禁止天然林采伐，木材供应减少而木材需求增加的新形势，详细分析了国内外木材供应新情况。在此基础上提出解决我国木材供需矛盾的最佳战略应是立足国内，开源与节流为主，适量进口木材为辅，即利用木材可再生的特点，大力营造和科学培育工业人工林，持续有效地发展木材综合利用，加强木材节约和非木材可再生资源的代用，并在国家外汇承受力和国际木材市场允许的情况下适量进口木材。

5 月，王恺主编《木材工业实用大全：制材卷》由中国林业出版社出版。

6 月，王恺、傅峰《当代木材加工技术发展趋势》刊于《中国林业》1999 年第 6 期 2 页。

9 月，王恺著《英汉木材工业辞典》由中国标准出版社出版。《英汉木材工业辞典》编写人员，主编王恺，副主编陈绪和、袁东岩，编者王华滨、王志同、王恺、叶克林、汤宜庄、孙振鸢、杨虹、杨家驹、余松宝、陈绪和、祖勃荪、袁东岩、钱大威、管宁。

11 月 26 日，《中国绿色时报》刊登王恺、管宁《木材代用莫入误区》。

12 月 12 日至 13 日，由中国家具协会和中国环境标志产品认证委员会主办的"21 世纪中国家具产业绿色产品市场推广发展研讨会"在北京召开，中国林业科学研究院原副院长兼总工程师王恺发言：有人统计过，人一生大约百分之八十多的时间在家庭中生活，和居室打交道，就必然有一个安全和健康的问题。木材是地地道道的绿色产品，但是在人们利用的时候，侵害人体健康的问题就出来了。比如说锯木屑、加工噪音、胶粘剂、游离甲醛等。现在发达国家的产品开发，除了讲究经济效益、社会效益和生态效益以外，还特别强调一个环保敏感

性。环保是大势所趋，从这个意义上来说，这个会开得很及时，很有现实指导意
义，将对我们国家在家具的环保问题上大大地推进一步。

● 2000 年

1 月，王恺、管宁《森林资源保护和社会产品材料结构优化》刊于《木材工业》2000 年第 1 期 3 ～ 4，7 页。

1 月，王恺、管宁《我国木材的节约与代用问题》刊于《林产工业》2000 年第 1 期 4 ～ 6 页。文中认为：在森林资源严重不足，急需保护的背景下，木材代用受到新的关注。对我国社会产品材料结构的落后和木材加工利用中的严重浪费进行分析，认为应在大力发展人工用材林的同时强调木材节约，而笼统强调木材代用，在重要的利用方向上排除木材利用，提倡以不可再生材料代替木材是不可取的。

5 月，王恺、丁美蓉、潘海丽《21 世纪我国木材工业展望》刊于《林产工业》2000 年第 3 期 3 ～ 6 页。文章就面向 21 世纪我国木材工业发展前景的一系列重要问题，如正确认识木材和木材工业，我国木材工业的原料结构、工业布局、产品结构、生产技术、环境保护和企业管理，以及加入 WTO 后的影响等进行分析，表明应坚持走可持续发展的道路。

6 月，张会平、晓闻《林业老专家谈木材及人造板在建筑业的应用》刊于《建筑知识》2000 年第 3 期 9 ～ 10 页。

7 月，王恺、袁东岩、丁美蓉《我国建筑业木材应用中的几个问题》刊于《建筑技术》2000 年第 7 期 473 ～ 475 页。文中认为：我国目前人均年木材消费仅 0.22 立方米（发展中国家为 0.47 立方米），为此应挖掘木材资源的利用潜力，即提高木材资源利用水平，提高人工林单产和优化树种结构，发展非木材人造板。坚持木材合理利用、节约利用应成为一项长期的技术政策。

8 月 21 日，为更好地开发西北，缓解当地的木材供需矛盾，由王恺先生带队的中国林学会木材工业分会专家组对内蒙古自治区伊克昭盟进行了调研，之后在呼和浩特市内蒙古农业大学汇集全国人造板行业的专家、企业家召开了沙生灌木和农业剩余物人造板技术开发和推广研讨会。

11 月 7 日至 9 日，由中国林学会木材工业分会、中国林业杂志社和浙江省嘉善县人民政府联合举办中国林学会木材工业分会庆祝成立 20 周年和新世纪初我国木材工业发展问题学术研讨会在浙江省嘉善县召开，中国林学会木材工业分

会理事长王恺认为：当前木材工业面临的挑战主要有以下几个方面：第一，森林资源严重匮乏。目前我国可供采伐利用的森林资源约为 14 亿立方米，年均木材总耗约 2.5 亿立方米，人均年耗木材 0.22 立方米，仅相当于世界人均年耗木材 0.65 立方米的 34.8%。天然林资源保护工程实施后，大量天然林禁伐，天然林砍伐量将从 1997 年的 1853 万立方米减少到 2003 年的 1102 万立方米，减幅达 41%。大口径的木材和常用的椴木、水曲柳等名贵木材将大大减少。与此同时，木材资源浪费现象仍然十分严重。由于中国木材工业总体水平不高，木材综合利用率只有 60%，与先进国家的 80% 至 90% 相去甚远。第二，从国际上看，国际建筑规范委员会主张在 21 世纪提高多项标准，如房屋空间应该加大，木材阻燃标准应该提高，且世界环境保护组织对环保方面的要求也将更高。第三，技术进步缓慢，技术创新机制不健全。

● 2001 年

1 月，王恺、傅峰、丁美蓉《我国西北地区的木材供需问题》刊于《木材工业》2001 年第 1 期 3 ~ 5 页。

4 月，由中国老年人体育协会等单位主办的第五届全国健康老人和由国家林业局主办的二〇〇〇年国家林业局健康老人评选活动评选揭晓，国家林业局的唐子奇、乔书林、王仲伦、王恺、张健民被评为全国健康老人，梁昌武、杨珏、张瑞林等 37 名同志被评为国家林业局健康老人。

5 月，王恺、管宁《生态建设与木材工业》刊于《中国林业》2001 年第 5 期 3 页。

7 月 22 日至 24 日，中国林学会木材工业分会西北地区第二届委员会在陕西杨凌西北农林科技大学召开。会议选举产生第二届委员会委员。来自西北五省（自治区）和内蒙古农业大学林业工程学院等十几家企事业单位的 30 多位代表参加会议。中国林学会木材工业分会理事长王恺出席会议并作学术报告。

● 2002 年

1 月，王恺、管宁《我国木材资源战略转移的技术支持》刊于《木材工业》2002 年第 1 期 3 ~ 5 页。文中认为：我国紧迫的木材资源从天然林向人工林的战略转移需要强有力的技术支撑，该技术支撑应解决的主要问题和成功构筑此技

术支撑值得考虑的基本要点，建议成立一个重大研究开发项目。

6 月，王恺、汤宜庄、刘燕吉编《木材工业实用大全：木材保护卷》由中国林业出版社出版。

7 月，王恺、于夺福编《木材工业实用大全：人造板表面装饰卷》由中国林业出版社出版。

10 月，王恺、王天佑编《木材工业实用大全：纤维板卷》由中国林业出版社出版。

12 月，王恺、傅峰《我国人造板工业发展展望》刊于《人造板通讯》2002年第 12 期 3 ~ 5 页。

● 2003 年

1 月，王恺、袁东岩《木材工业与林业跨越式发展》刊于《木材工业》2003年第 1 期 1 ~ 4 页。

3 月，王恺主编《木材工业实用大全：木材卷》由中国林业出版社出版。

3 月，王恺主编《木材工业实用大全：木制品卷》由中国林业出版社出版。

6 月，王恺、丁美蓉《我国人造板工业的现状与展望》刊于《监督与选择》2003 年第 6 期 8 ~ 9 页。

● 2004 年

1 月，王恺、王申《从木材中呼吸森林的气息》刊于《森林与人类》2004 年第 1 期 52 ~ 53 页。

2 月，王恺、赵荣军、潘海丽《展望我国木结构建筑复苏后的前景》刊于《中国林业产业》2004 年第 2 期 12 ~ 15 页。

5 月，王恺、潘海丽《话说竹木筷子》刊于《中国林业产业》2004 年第 5 期 30 ~ 33 页。

6 月 18 日，《中国绿色时报》刊登王恺、段新芳《再认识木材节约》的文章。文章提出实行木材全面节约应包括下列四个方面的内容：①产品设计时的木材节约利用，指在满足产品功能需求的前提下，选用适宜的木材树种，以最经济的规格和科学结构设计产品，实现最大限度地节约木材。②木材加工时的综合利用，指对以木材为原料的产品，采用多层次加工，延长产业链，并要注意原材料的保管及各个加工环节，降低原材料的消耗，以获取木材的最大综合利用率和最大经济效益。③本着循环经济的理念和木材的特性，不断开拓废旧木材的回收复用，特别是纸和纸制品的循环利用。④木材改性的增值利用，指对木材应用方面的一些弱点，利用现代科技进行改性处理，以延长其使用年限，如防腐、防虫处理等，或赋予木材其他的功能，如阻燃性、耐久性和抗菌性等，或提高木材表面美学效果，如漂白、染色处理等，实现木材的增值利用。

● 2005 年

3 月，王恺《中国近代木材工业的回顾》刊于《木材工业》2005 年第 2 期 1 ～ 3 页。

● 2006 年

1 月，王恺《木材对人体健康的保健功效和危害（1）——木材对人体健康的保健功效》刊于《林产工业》2006 年第 1 期 65 ～ 67 页。正确合理选择木材树种，积极发挥木材的保健功效，努力减少木材加工时粉尘对人体的危害，这是一项既体现以人为本，至关人体健康，又是充分发挥木材潜在的天然优异性能，抑制其有害性，提高木材产品的利用价值和拓展利用途径的重要科研课题。有关这一课题，过去研究较少，诸多信息散见在有关中外文献和资料中，有的则属民间传说。王恺先生多年来，就有关资料初步开展了挖掘、调查和搜集整理，迄今已编写了三个方面内容的报告，即：①木材对人体健康的保健功效；②世界人体保健木材初探；③木材加工中粉尘对人体健康的危害；总题目为木材对人体健康的保健功效和危害。

3 月，王恺、丁美蓉、陆熙娴、潘海丽《木材对人体健康的保健功效和危害（2）——世界人体保健木材初探》刊于《林产工业》2006 年第 2 期 57 ～ 59 页。

3 月 23 日，《中国绿色时报》刊登《鼓励使用 高效利用 科学代用——解读木材节约代用》一文，其中王恺提出实行木材全面节约应包括以下四个方面内容：一是产品设计环节。在满足产品功能需求的前提下，选用适宜的木材树种，以最经济的规格和科学结构设计产品，实现最大限度节约木材。二是木材加工环节。对以木材为原料的产品，采用多层次加工，延长产业链，并注意原材料的保管及各个加工环节，降低原材料的消耗，以获取木材的最大综合利用率和最大经济效益。三是本着循环经济的理念和木材的特性，不断开拓废旧木材的回收复用，特别是纸和纸制品的循环利用。四是木材改性的增值利用。对木材应用方面的一些弱点，利用现代科技进行改性处理，以延长其使用年限，如防腐、防虫处理等，或赋予木材其他的功能，如阻燃性、耐久性和抗菌性等，或提高木材表面美学效果，如漂白、染色处理等，实现木材的增值利用。他还就我国开展木材节约代用提出几点建议：一是针对当前我国木材浪费情况，采用各种群众喜闻乐见的形式，广泛开展节约木材的宣传活动，提高全民爱木、用木和节木意识，特别是青少年和生产企业、用材大户和流通组织。二是编制木材节约专项规划，明确目标、重点和政策措施。出台《木材经营加工监督管理条例》等重要文件，完善有关法规和标准。三是制定有关激励政策，促进木材节约。国家从林业政策上应该向有利于节约木材的产业倾斜，并在财政、税收、金融等渠道给予扶持；适时宣传表扬节约木材的先进单位、企业和个人，并宣传推广其事迹。四是加快推广和研究急需的实用木材节约技术，开展有关信息沟通。五是建立健全木材节约责任制和监督检查机构，以保证各项规划、法规、标准的实施。

5月，王恺、丁美蓉、陆熙娴、潘海丽《木材对人体健康的保健功效和危害（2）——世界人体保健木材初探（续）》刊于《林产工业》2006年第3期56～59页。

7月，王恺、丁美蓉、陆熙娴、潘海丽《木材对人体健康的保健功效和危害（2）——世界人体保健木材初探（续2）》刊于《林产工业》2006年第4期58～59页。

9月，陆熙娴、龙玲、王恺、丁美蓉《木材对人体健康的保健功效和危害（3）——木材加工中粉尘对人体健康的危害》刊于《林产工业》2006年第5期57～59页。

11月，陆熙娴、龙玲、王恺、丁美蓉《木材对人体健康的保健功效和危害（3）——木材加工中粉尘对人体健康的危害（续）》刊于《林产工业》2006年第6期66～69页。

11月9日，王恺同志因病在北京逝世，享年89岁。《王恺同志生平》：王恺，国家一级工程师，教授级高工，著名木材工业专家，我国木材工业主要奠基人、开拓者之一，北京市劳动模范。1917年11月14日，出生于湖南省湘潭县。1940年毕业于西北农学院森林学系。1945年获美国密执安大学林学院木材工艺硕士学位。学成归国后，任中央工业试验所工程师兼木材工程试验室主任、上海扬子木材厂厂务主任、总工程师。中华人民共和国成立后，他作为国家一级工程师先后任北京市光华木材厂厂长、总工程师、北京市木材工业公司总工程师、北京市木材工业研究所所长。1962年加入中国共产党，1964年当选第三届全国人民代表大会代表。1979年调入中国林科院，先后任中国林科院木材工业研究所所长、中国林科院副院长。他曾任中国林学会第一至三届常务理事和第四、五届副理事长及第六届常务副理事长，国务院学位委员会第一、二届学科评议组成员，中国林学会木材工业分会第一至五届理事长、第六届名誉理事长。在他倡导下，1986年创办《木材工业》杂志，并任主编。他还兼任南京林业大学、西北林学院教授等职。1988年3月退休。他长期从事木材工业的组织领导和科学研究工作，主张科研与生产相结合，是我国木材工业界公认的权威。他在扬子木材厂研制成质量超过英商的优质胶合板、压缩木梭等纺织器材以及装配式房屋和跨度30英尺的胶合木梁等木材工业产品，在上海木业界、造船业、建筑业、纺织业有很大影响。中华人民共和国成立后，他受中央办公厅委托，负责创建了新中国第一代木材加工厂——光华木材厂，并担任第一任厂长兼总工程师，亲自主持北京"十大建筑"所需主要木制品的生产与多项新产品的试制和投产。光华木材厂的建成，对我国木材工业向着现代化发展起到了极大的示范推进作用。"文化大革命"中，他克服重重困难，建成了北京市木材工业研究所。任光华木材厂厂长期间，他与中国林科院木材工业研究所合作，在人造板胶粘剂及表面加工技术方面进行了新的探索，研制的脲醛和酚醛树脂胶粘剂大大提高了胶合板质量，研发的航空胶合板和船舶胶合板填补了国内空白。其中"航空胶合板生产技术""纸质装饰塑料贴面板的研制"获1978年全国科学大会奖。他积极为国家科技发展战略献计献策，为开创我国木材工业做出了重要贡献。他对森林资源的合理、综合利用进行了深入系统的研究，不断拓宽了木材工业研究领域，提出了许多宝贵的意见和建议，并取得丰硕成果。1956年他提出了木材工业应以木材的综合利用为主、综合利用以人造板为主、人造板以纤维板为主的方针；提出了工厂逐步实现无木屑、无刨花、无碎料、无树皮的"四无"设想，使木材综合利用向深层次发展。他呼吁树立木材合理利用、综合利用和节约利用三者结合的整体观念，阐明开发利用竹材和农业剩余物（包括沙生灌木等）作为木材工业的第二、第三资源的观点，对新中国木材工业的发展有重要的指导意义。调任中国林科院木材工业研究所后，他致力于林业科研工作的组织领导，参与国家技术政策制定、重大科研成果审评、国务院学位委员会学科评议，为国家林业科技方面的重大决策提供了依据。1986 年写的《新技术革命与我国木材工业》一文，指出了中国木材工业的发展方向和任务，至今仍有重要的指导意义。他参加制订的《国家十二个重要领域技术政策》获 1988 年国家科技进步一等奖，其中他主持制定的《木材综合利用技术政策》得到原国家科委、计委、经委有突出贡献的表彰。他是一位德高望重、深受爱戴的良师，在欧美、东亚等国家和我国台湾省享有崇高的声誉。他注重培养研究生和青年人才、倾心育人，筹设木材工业青年科技奖，对后辈学者关怀有加、鼓励提携，许多青年学者得到了他学术上的帮助。他一生为振兴木材工业而呕心沥血，1988 年退休后仍然笔耕不辍，多有文著发表，主持编纂了《中国农业大百科全书·森林工业卷》《木材工业实用大全》（共12 卷）两部巨著和《英汉木材工业词典》，对"中国人能否自己解决需要的木材问题""我国如何实现由世界人造板大国成为强国""木材对人体保健和危害"等重大和热点问题给出了答案。为表彰他的功绩，1988 年林业部授予他"老有所为精英奖"。他 1994 年担任中国老教授协会农业专业委员会副会长，1996 年担任林业专业委员会第一任主任，期间由他主编的《中国国家级自然保护区》获国家图书奖提名奖，2000 年中国老教授协会授予他"科教兴国贡献奖"，王恺同志将奖金全部捐赠中国老教授协会林业专业委员会。他热爱祖国、热爱科学、献身林业、奋斗不息的精神以及对科学的执着追求、严谨的治学态度和一丝不苟、注重实践的工作作风，永远是我们学习的楷模。他的去世是我国木材工业界的重大损失。王恺同志安息！

11 月 16 日，《中国绿色时报》第 1 版刊登《我国著名木材工业专家王恺同志逝世》。我国木材工业主要奠基人、开拓者之一，著名木材工业专家王恺同志，2006 年 11 月 9 日上午 8 时 15 分，因病于北京逝世，享年 89 岁。王恺遗体告别仪式 11 月 15 日在北京八宝山革命公墓举行。国家林业局领导贾治邦、李育材、赵学敏、江泽慧、杨继平、雷加富、祝列克、张建龙分别敬献花圈。江泽慧还致电表示深切慰问和哀悼，祝列克代表局党组前往悼念。前往悼念的还有全国政协委员、原林业部副部长刘于鹤。王恺，1917 年出生于湖南省湘潭县，1940 年西北农学院毕业，1945 年获美国密执安大学硕士学位，同年归国，任中央工业试验所工程师。中华人民共和国成立后，先后任北京光华木材厂厂长、北京木材工业研究所所长。1962年加入中国共产党。1964年当选为第三届全国人大代表。1979年调入中国林科院，曾任中国林科院副院长、中国林学会常务副理事长、《木材工业》杂志主编等职。1988年退休。王恺为我国木材工业界公认权威，长期从事木材工业的组织领导和科研工作。中华人民共和国成立初期，受中共中央办公厅委托，创建了新中国第一代木材加工厂——北京光华木材厂，曾任厂长兼总工，主持北京"十大建筑"所需主要材料的生产和新产品试制工作。任北京市木材工业研究所所长期间，与中国林科院合作研发的航空、船舶胶合板填补了国内空白。他提出的木材工业应以木材综合利用为主、综合利用以人造板为主、人造板以纤维板为主的方针和工厂应实现无木屑、无刨花、无碎料、无树皮的设想及所著《新技术革命与我国木材工业》，至今仍具指导意义。他主持编纂了《中国农业大百科全书·森林工业卷》《木材工业实用大全》《英汉木材工业词典》等，倡导创办了《木材工业》杂志。其研究成果"航空胶合板生产技术""纸质装饰塑料贴面板的研制"获1978年全国科学大会奖。参加制订的《国家十二个重要领域技术政策》获国家科技进步一等奖，主持制定的《木材综合利用技术政策》贡献突出，获国家科委、计委、经委联合表彰。获原林业部"老有所为精英奖"、中国老教授协会"科教兴国贡献奖"。王恺毕生治学严谨，执着追求，德高望重，为开创我国木材工业作出了重要贡献，深受他人爱戴和尊敬。

11月，《林业科学》2006年第11期刊登《原〈林业科学〉副主编王恺先生逝世》。

11月，《木材工业》2006年第6期刊登《王恺先生生平》。

12月，《家具》2006年第6期刊登《著名木材工业专家王恺先生逝世》。著名木材工业专家，我国木材工业主要奠基人、开拓者之一，中国林业科学研究院原副院长，正高级教授王恺先生，于2006年11月9日8时15分在北京不幸逝世，享年89岁。

12月，《中国人造板》2006年12期刊登《沉痛悼念著名木材工业专家中国林学会木材工业分会名誉理事长王恺先生》。著名木材工业专家，我国木材工业主要奠基人、开拓者之一，中国林业科学研究院原副院长，中国林学会木材工业分会第一至五届理事长、第六届名誉理事长，教授级高级工程师王恺先生，于2006年11月9日8时15分在北京不幸逝世，享年89岁。王恺先生长期从事木材工业的组织领导和科学研究工作，为我国木材工业的科技创新、行业进步和企业发展做出了巨大的贡献，是我国木材工业界公认的权威，在国内外都享有崇高的威望，他的逝世是我国木材工业的巨大损失。

● 2007 年

10 月 19 日，《中国绿色时报》开始连续刊登王恺口述、赖雪莹整理的《往事杂记》。编者按：已故著名木材工业专家王恺先生，是我国木材工业的泰斗，曾担任中国林业科学研究院副院长。早年留学美国，1959 年作为国家一级工程师及北京市光华木材厂总工程师参加了人民大会堂、中国历史博物馆、全国农业展览馆等十大建筑的木构件和木制品制造，其中人民大会堂内的大会厅吊顶和墙面，采用他主持研制的蓝色网纹塑料贴面板，被周恩来总理誉为"秋水共长天一色"的好产品。退休后，他仍担任中国林学会常务副理事长兼木材工业分会理事长，80 多岁后还应邀到国内很多林业科研院校讲学，而且笔耕不辍，多有文著发表。老年时，他忆起往事常常兴奋不已。2006 年，他因病第三次住院，儿子王首、儿媳赖雪莹前去看他时，他希望他们能把他的一些往事记录下来，让后人知道他这代人成长的艰辛。儿媳赖雪莹是他的学生，对王老非常敬重。尊王恺先生的嘱咐，赖雪莹用了二三个月的时间记下了他这篇口述：《往事杂记》。文章出来后，送到他的病榻前，他仔细地审阅后露出满意的笑容。正当儿子儿媳积极地联系有关报纸发表此稿时，王恺先生却因一个不太大的手术术后应激反应导致出血不止，最终，没能看到他这篇《往事杂记》的发表，就与世长辞了。今经赖雪莹夫妇的同意，本报自即日起将择选《往事杂记》里的部分篇章（字句略有改动）陆续刊发，一来以此文悼念已经仙逝的王恺先生；二来希冀对后来人有所启示。

● 2008 年

3 月 10 日，《中国绿色时报》王恺口述、赖雪莹整理的《往事杂记》连载结束。编后语：由已故著名木材专家王恺先生生前口述、其儿媳赖雪莹女士整理的《往事杂记》今天全部结束，我们用了几个月的时间连载了这篇文章。这些朴实简单的文字记录了这位老木材工业专家平凡而有不乏传奇色彩的一生。像那个时代所有知识分子一样，王恺的命运曾随着国家的命运起伏而有不同的波澜，呈现不同的色彩；也像在那个时代党和国家所培养出来的科技工作者一样，王恺先生把祖国的需要、人民的需要视为自己的人生目标和方向，不慕权，不嗜利，唯有在自己的岗位上兢兢业业地工作、学习，为国家、为人民尽一份力，并以此作为衡量自己人生价值的标准。这是值得我们学习的。一个人，无论身在何方，无论身处何位，也无论做什么工作，可能都不很重要，重要的是你的心里是否装着祖国和人民的利益，是否能在自己的岗位上把工作做好。

● 2011 年

6 月，王申《怀念父亲——"洋木匠"王恺》刊于《中国林业产业》2006 年第 6 期 28，44 ~ 45 页。

● 2019 年

8 月 1 日，《中国绿色时报》刊登刘露霏《以治旱兴林初心为中国木业立"命"——追忆中国木材工业奠基人王恺》。文中说道：在长沙岳云中学读书时，一次放映《人道》无声电影，他担任配音讲解，目睹西北大旱、哀鸿遍野、民不聊生的悲惨景况，哽咽地说不出话来。血气方刚的王恺决定学水利，将来整治旱灾以救农民。这时，从英国留学归来的石声汉博士又介绍，西北地区缺少森林，是旱灾频繁发生的根本原因，治旱先兴林。王恺受到很大启迪，毅然选择报考了西北农林专科学校（西北农学院、西北农林科技大学前身），立志务林。

后 记

　　什么是木材？木材是植物产品，木是基础，材是目标。成俊卿先生提出木材利用应该是"材尽其用"。

　　2019 年 6 月 25 日，中国林业科学研究院木材工业研究所所长傅峰到我处一叙，我们就中国林业事业的先驱和开拓者年谱编写进行了探讨。我在中国林业事业的先驱和开拓者年谱编写过程中，由于专业知识的限制对木材科学的认识是有很大局限的，有点班门弄斧，经过他的提及，尤其是王恺先生，谈话时间虽然不长，但使我对中国林业事业的先驱和开拓者的认识有了新的认识，可以说是质的飞跃，这次谈话促成了我们共同完成这本年谱的编写，年谱由十卷变成了十一卷，当然没有他后来负责的精神也就没有这本年谱。年谱的编写还得到北京林业大学申功诚，东北林业大学田刚，安徽农业大学刘盛全、柯曙华，中国林业科学研究院木材工业研究所姜笑梅、闫昊鹏、殷亚方、马青以及唐致沪、朱家琪、朱昌延、朱昌颐、王介一、丁美蓉等的帮助。

　　年谱中写到提及的人物都是我国木材科学工作者甚至林业科学工作者应该了解的或必须了解的，其中唐耀、成俊卿、朱惠方、柯病凡、葛明裕、申宗圻、王恺先生是 20 世纪中国木材学研究的杰出代表，他们的一生贯穿了20 世纪中国木材学发展的全过程。

　　虽然木材科学也属于林学的一部分，但受到人们认识的影响，总觉得木材研究和制造不属于科学，而属于技术。在林业高等院校中，林学属于农科，归林学系，木材学属于工科，归森工系。实际上，木材学研究既有理科的内容，也有工科的内容，既有纯理论的问题，又有技术的问题，两项都不可偏废，都需要强有力的支撑。唐耀、成俊卿、朱惠方、柯病凡、葛明裕、申宗圻、王恺先生都是木材标本室（馆）的建设者，从基础做起，没有他们基础的工作，中国木材学研究很难取得今天的成就。学习历史、研究历史，必须有自己的历史观，没有历史观就不是一个合格的史学工作者，史学研究需要天赋，更重要的是需要刻苦，中国木材科学发展史也是如此。收集这本年谱的资料难度是很大的，同时也使我学习了木材科学的系统知识。

山高月小，水落石出。唐耀、成俊卿、朱惠方、柯病凡、葛明裕、申宗圻、王恺先生，这些林业事业的先驱和开拓者都有一个共同的特点：一生潜心木材科学研究，虽历经艰辛，但衷心不改。他们十年、几十年事一事，一心一意，终成成就。他们脚踏实地、艰苦奋斗，他们的人生就是一个学科、一个专业、一个行业的成长史、发展史，筚路蓝缕、砥砺前行，为中国木材科学技术发展奠定了坚实的基础。

中国著名作家沈从文晚年专著《中国古代服饰研究》一书，填补了中国物质文化史上的一页空白。看着这本书，想到沈从文不折不从，星斗其文；亦慈亦让，赤子其人，想到做科学研究，也有点像做服装，做时装的，变化得快，做正装的，变化得慢，但社会上时装和正装都是需要的，而真正的科学研究很大程度像做正装，十年、几十年如一日，踏踏实实，正正派派，几十年的努力才能出一个像样的成果，像《中国树木分类学》《中国树木志》《中国主要树种造林技术（1978年版）》《中国木材学》《木材学》《中国森林》《中国森林土壤》《中国森林昆虫（第1版、第2版）》《中国乔、灌木病害》《森林气象学》等，这是往往是有钱也难办到的，而是需要一批科学家和科技工作者默默工作才能完成。我们能够在先哲们开辟的道路上继续前进，这是最好不过的事了。

森林利益关系国计民生，至为重大。通过他们的年谱，我们可以看到他们这些先哲们在中国木材科学发展中所做的工作。我们只有努力、努力、再努力，一心一意，加倍工作，才能无愧于党和国家对我们的培养，无愧于父母对我们的养育之恩，无愧于组织和友人对我的特别关爱，无愧于生活在这个波澜壮阔的时代。

王希群

2021年4月15日于中国林业科学研究院